基督教文化研究丛书

主编 何光沪 高师宁

三编 第4册

《圣经》官话和合本句法研究

邢 梅 著

花木兰文化事业有限公司

国家图书馆出版品预行编目资料

《圣经》官话和合本句法研究／邢梅 著 -- 初版 -- 新北市：花
木兰文化事业有限公司，2017〔民106〕

目 4+244 面；19×26 公分

（基督教文化研究丛书　三编　第 4 册）

ISBN 978-986-485-129-4（精装）

1. 圣经研究

240.8　　　　　　　　　　　　　　　　　　106013525

ISBN-978-986-485-129-4

9 789864 851294

基督教文化研究丛书
三编　第四册

ISBN：978-986-485-129-4

《圣经》官话和合本句法研究

作　　者 邢 梅
主　　编 何光沪 高师宁
执行主编 张 欣
企　　划 北京师范大学基督教文艺研究中心
总 编 辑 杜洁祥
副总编辑 杨嘉乐
编　　辑 许郁翎、王筑　美术编辑 陈逸婷
出　　版 花木兰文化事业有限公司
社　　长 高小娟
联络地址 台湾 235 新北市中和区中安街七二号十三楼
　　　　　电话：02-2923-1455 ／传真：02-2923-1452
网　　址 http://www.huamulan.tw 信箱 hml 810518@gmail.com
印　　刷 普罗文化出版广告事业
初　　版 2017 年 9 月
全书字数 179252 字

定　　价 三编 6 册（精装）台币 11,000 元

《圣经》官话和合本句法研究

邢梅 著

作者简介

邢梅，山东青岛人，出生于 1977 年。主要研究方向文化语言学，师从复旦大学中国语言文学系理论语言研究所申小龙教授，2012 年获得博士学位。发表论文《论官话正音的南北之争及明代官话的语音标准》、《清朝的语言政策对官话正音的影响》、《〈圣经〉官话译本对现代白话文发展的影响》等。曾从事记者编辑及文案等工作。电话：13716118611，电邮：hsingmay@163.com。

提　　要

对于现代汉语史、白话文运动和现代汉语的研究，以往学者的注意力大都集中在五四时期及以后，清末传教士的译介活动却很少受到关注。实际上，传教士译介活动及其汉译作品以及其他西人汉译作品对现代汉语的影响这一领域，应该是现代汉语史有待重点研究的领域之一。

传教士希望借助《圣经》的中文译本取得最大的播道效果，以《圣经》官话译本为代表的传教士翻译作品，作为当时已行的一种白话文作品，其翻译又是在中国社会、文化、书面语言发生前所未有的剧烈变革的时代，其译文的语言结构和风格不可避免地影响着当时及其后的现代汉语书面语。

《圣经》官话和合本在中国的教会和基督教徒中一直有着独特的地位和深广的影响。和合本的译文语言，是精通中国语言文字并对中国社会变革异常敏感的译者长期进行比较和选择的结果。现有研究成果还不足以探索其在现代白话文发展过程中的价值。本书选择《圣经》官话和合本作为分析对象，希望通过分析其译文语言的应用情况，包括一些语法词、词组结构、句式在该译本的应用实例，并对照其他现代汉语译本，考察其句法的欧化因素和汉化因素，以进一步探索和合本在现代汉语史上的历史影响和现代汉语书面语的变革过程。并期望抛砖引玉，以待后续进一步发掘现代白话文欧化因素的深层，注重对现代白话文翻译作品的研究，并进一步开拓现代汉语史的研究领域。

"基督教文化研究丛书"总序

何光沪 高师宁

基督教产生两千年来，对西方文化以至世界文化产生了广泛深远的影响——包括政治、社会、家庭在内的人生所有方面，包括文学、史学、哲学在内的所有人文学科，包括人类学、社会学、经济学在内的所有社会科学，包括音乐、美术、建筑在内的所有艺术门类……最宽广意义上的"文化"的一切领域，概莫能外。

一般公认，从基督教成为国教或从加洛林文艺复兴开始，直到启蒙运动或工业革命为止，欧洲的文化是彻头彻尾、彻里彻外地基督教化的，所以它被称为"基督教文化"，正如中东、南亚和东亚的文化被分别称为"伊斯兰文化"、"印度教文化"和"儒教文化"一样——当然，这些说法细究之下也有问题，例如这些文化的兴衰期限、外来因素和内部多元性等等，或许需要重估。但是，现代学者更应注意到的是，欧洲之外所有人类的生活方式，即文化，都与基督教的传入和影响，发生了或多或少、或深或浅、或直接或间接、或片面或全面的关系或联系，甚至因它而或急或缓、或大或小、或表面或深刻地发生了转变或转型。

考虑到这些，现代学术的所谓"基督教文化"研究，就不会限于对"基督教化的"或"基督教性质的"文化的研究，而还要研究全世界各时期各种文化或文化形式与基督教的关系了。这当然是一个多姿多彩的、引人入胜的、万花筒似的研究领域。而且，它也必然需要多种多样的角度和多学科的方法。

在中国，远自唐初景教传入，便有了文辞古奥的"大秦景教流行中国碑颂并序"，以及值得研究的"敦煌景教文献"；元朝的"也里可温"问题，催生了民国初期陈垣等人的史学杰作；明末清初的耶稣会士与儒生的交往对话，带来了中西文化交流的丰硕成果；十九世纪初开始的新教传教和文化活动，更造成了中国社会、政治、文化、教育诸方面、全方位、至今不息的千古巨变……所有这些，为中国（和外国）学者进行上述意义的"基督教文化研究"提供了极其丰富、取之不竭的主题和材料。而这种研究，又必定会对中国在各方面的发展，提供重大的参考价值。

就中国大陆而言，这种研究自 1949 年基本中断，至 1980 年代开始复苏。也许因为积压愈久，爆发愈烈，封闭越久，兴致越高，所以到 1990 年代，以其学者在学术界所占比重之小，资源之匮乏、条件之艰难而言，这一研究的成长之快、成果之多、影响之大、领域之广，堪称奇迹。

然而，作为所谓条件艰难之一例，但却是关键的一例，即发表和出版不易的结果，大量的研究成果，经作者辛苦劳作完成之后，却被束之高阁，与读者不得相见。这是令作者抱恨终天、令读者扼腕叹息的事情，当然也是汉语学界以及中国和华语世界的巨大损失！再举一个意义不小的例子来说，由于出版限制而成果难见天日，一些博士研究生由于在答辩前无法满足学校要求出版的规定而毕业受阻，一些年轻教师由于同样原因而晋升无路，最后的结果是有关学术界因为这些新生力量的改行转业，后继乏人而蒙受损失！

因此，借着花木兰出版社甘为学术奉献的牺牲精神，我们现在推出这套采用多学科方法研究此一主题的"基督教文化研究丛书"，不但是要尽力把这个世界最大宗教对人类文化的巨大影响以及二者关联的方方面面呈现给读者，把中国学者在这些方面研究成果的参考价值贡献给读者，更是要尽力把世纪之交几十年中淹没无闻的学者著作，尤其是年轻世代的学者著作对汉语学术此一领域的贡献展现出来，让世人从这些被发掘出来的矿石之中，得以欣赏它们放射的多彩光辉！

2015 年 2 月 25 日
于香港道风山

目

次

引　言

一、研究范围

　　晚清到五四运动一百年间，中国社会正处于一种文化转型时期，其间政治、经济、社会、思想等各个层面都在酝酿剧烈的变革。此时中西文化交流被认为呈现出一种"西风压倒东风"的"西学东渐"的局面。而翻译，作为文化交流最重要工具之一，在这场文化交流、冲突与融合中扮演了极为重要的角色。翻译的主体逐渐从西方传教士向中国文人转移，西方文化的译介规模空前。同时汉语书面语也正处于转型之前的酝酿时期，对翻译理论的探讨和翻译作品的语言形式问题也开始得到中国文人的关注，逐渐产生了"欧化"汉语的种种设想和实践。汉语与印欧语的这种接触，打破了汉语书面语自我发展的封闭状态，是汉语语法欧化的开始，加快了汉语书面语选用最终语体倾向的进程。研究汉语书面语的现代转型，即从文言到白话的演变，研究现代白话文（新白话），我们就不能绕开这个时期的汉语事实，尤其是这个时期的翻译作品，而现代汉语语法研究中的一个重要课题——欧化汉语的研究，更是要从这个时期的汉语事实中追根溯源。

　　《圣经》官话和合本正是在这样一个背景下产生的，本研究以这个译本的句法现象为研究对象，分析它具体应用的欧化句法现象以及其中合乎汉语习惯的句法现象，探讨以其为代表的传教士白话文翻译作品对现代白话文的影响，并希望借此进一步开拓现代汉语史的研究领域，探索传教士以外的其他西人白话文翻译作品对现代白话文的影响。因此本研究涉及现代汉语"欧化"语法现象和现代白话文形成两个领域。

对汉语"欧化"语法的研究由来已久。目前学术界认为，最早的"欧化"主张出自傅斯年的《怎样做白话文》、周作人的《理想的国语》、钱玄同的《吴歌甲集》等。"欧化"语法的研究，则始自王力的《中国现代语法》（下册）（1944 年）和《中国语法理论》（下册）（1945 年）；之后《五四以来汉语书面语言的变迁》（1959 年）也提及印欧语影响的问题，但没有详细论述。该领域更多的是对"欧化"语法的某个或某几个现象的研究，例如：郭鸿杰、周国强（2003）、曹逢甫（1978）对"被"字句、数词"一"跟量词连用、可能句式的增加等三种句式的数据库分析；卓志诚（1979）对英语影响汉语名词片语的研究；另外比较全面的有 Coraelius Kubler（1985）《白话文欧化语法之研究》，以及贺阳（2004，2006，2008）的一些专著。"欧化"语法的概括研究，以谢耀基的《现代汉语欧化概论》（1990）为代表。

谈到汉语语法的欧化，我们不得不先对"欧化"这个概念作个界定。中国文化与欧洲文化是两种截然不同的文化："中国与欧洲文化有形上及无形上，皆完全不同，上自政治组织，下至社会风俗，饮食起居，各自其数千年之历史展转推演，而成今日之状态。"[1]近代两者之间的交流接触，或者更应该说是"冲撞"，中国文化成了弱势的一方，"自中欧交通以来，欧洲文化逐渐敷布东土，犹之长江黄河之水，朝宗于海，自西东流，昼夜不息，使东方固有文化，日趋式微，而代以欧洲文化"[2]。由此，两种文化之间的"冲撞"就成了中国文化"欧化"的开始。于是我们可以这样界定"欧化"这个概念："兹不论其高下，与夫结果之善恶，但凡欧洲人所创造，直接或间接传来，使中国人学之，除旧布新，在将来历史上留有纪念痕迹者，皆谓之欧化。"[3]

在语言上，印欧语言和汉语"在结构形态、组织方略和文化精神上分别处于人类语言连续统的对立的两极"：一端是"形态变化丰富"、"结构上有较强的自足性"、"以动词为中心的物理（形合）空间体"；另一端是"没有形态曲折变化"、"词语块然孤立、以意相合"、"以事理逻辑为基础的心理（意合）时间流"。[4]中西两种文化的碰撞、西学东渐的大潮，使以形缚义的印欧语对以意相合的汉语产生了明显的影响。这种影响，表现在语言应

1　参见：吴敬恒. 欧化东渐史[M]. 商务印书馆，1934.1: 2。

2　同上。

3　同上。

4　申小龙. 论汉语句型的功能分析[J]. 孝感学院学报，2002（2）：19-25.

用的实践上，就产生了汉语语法的"欧化"。而汉语的"欧化"，可以分为汉语的欧化实践和欧化理论（主张）两方面。

汉语的欧化实践即"欧化语法现象"，指的是"现代汉语在印欧语言，特别是在英语影响下产生或发展起来的语法现象"。它既包括模仿和移植印欧语言形式而产生的新兴语法成分和句法格式，又包括汉语语法形式受印欧语言影响的推动和刺激作用而产生的使用频率的变化。（贺阳，2008：1）

语言是人的语言，语言的演变发展与社会文化的演变发展密切相关，语言演变包含了两方面内容：语言的物质基础和人对这个系统的运用。人们对语言的态度、社会的变迁，影响着人们对语言的选择，这种选择的基础在于语言自身所存在的引起变化的条件。[5] "语言是社会的产物。社会的政治、经济、文化不断前进，新的事物不断出现，语言也就必须与生活的发展相适应。人的思维是受客观的存在而决定的。客观的事物有了发展和变化，人的思维也就随之而有改进，日趋于复杂，同时语言也必然日趋于精密和完善，否则就不能很好地表达思想。"（周祖谟，1988：7）"语言，象文化一样，很少是自给自足的"，同时又是"最闭关自守、最顽抗"的社会现象，每一种语言都有保全自己格局的强烈趋势，其语言形式——语音格局和形态发展是连续的，自给自足的，基本结构所受的外来影响极其有限。语言演变有其自主的沿流，语言接触引起的变异是可以接受的，"只要新变异或加强了的旧变异和本地沿流方向一致"。即使在语言接触影响下采用了一些结构特征，那也"只不过是加在语言形态核心的表面上的"。"在语言边疆上兴起的个人变异——不管是由于外国语习惯的无意识的暗示，还是外来的声音真正移植到说两种语言的人的言语里——会逐渐掺合到一种语言的语音沿流里去。在语音方面，一种语言主要关心的是保持它的语音格局，而不是个别的声音本身。""研究一种语言在面对外国词时起怎样的反应——拒绝它们，翻译它们，或是随便接受它们——很能帮助我们了解这种语言内在的形式趋势。"[6]

汉语里"语"和"文"一向分得很清楚，中国历史基本上是一种文献历史，汉代之后书面语逐渐脱离口语，文言文成为汉语书面语主要的表达形式。但语言自身趋势的演变却是不可抗拒的，口语的与时俱进和书面语的人为加工，使汉语书面语形成了文言和白话两个系统。由于汉语自身演变的影响，

5　转引自：徐时仪. 汉语白话发展史[M]. 北京：北京大学出版社，2007: 293-294。

6　[美]爱德华·萨丕尔. 语言论[M]. 商务印书馆，1985:208，页 173-185.

文言系统中也存在着两种倾向："一种是竭力仿效古人，用古语代今语，……虽然有时还是不免露马脚，可是他们至少是拿周秦文做他们的理想的（唐宋以后的文人又常常拿唐宋古文家改造过的古文做他们的理想），他们的作品表面上也做得很像，我们可以称这一派为'正统文言'"；另外一种是"对于口语的影响采取宽容的态度。他们虽然沿用文言的架子，却应合当前的需要，容纳许多口语的成分。随笔和书札里面有很多例子，公文、契约等等应用文字更是如此，这一类文言可以称为'通俗文言'。"[7]而口语基础上形成的古白话系统，也经历了一个从掺杂较多通俗文言成分的语体向比较纯粹的语体发展的过程："口语成分较多的通俗文言，也就可以算作语体，最显著的是由和尚们开始而宋明理学家继从的'语录体'，和由唐五代的'变文'开始，后来流为弹词和鼓儿词，以及由宋词元曲开始，后来衍为旧剧的戏词以及小曲的种种语体韵文。这些里面都还掺杂许多文言成分。比较纯粹的语体是宋人的平话，我们可以称之为'平话体'。旧小说一直沿用这个文体，从前所说白话一般也就指的这个。"[8]

汉语书面语的沿流在"言""文"分离和统一这两种张力的交互影响下，缓慢而坚定地向前流动，外来影响即"欧化"则加速了它的流动。鸦片战争以后中国的有识之土意识到亡国灭种的危机，开始大量学习西方，希求救亡图存。在探索救国道路的各种实践中，汉语作为知识的载体而引起注意，许多人开始认为中国贫穷落后的原因，在于"载道明理"的汉字、汉语太难掌握，无助于普及国民教育，于是关于汉语语法、词汇以及文字的各种欧化主张纷纷而起，希望通过对汉语汉字的改造达到"言文一致"的理想，快速普及教育，提高国民语言文字水平，及早掌握西方科技：使"童蒙入塾能循是而学文焉，其成就之速必无逊于西人。然后及其年力富强之时，以学道而明理焉，微特中国之书籍其道理可知，将由是而求西文所载之道，所明之理，亦不难精求而会通焉"[9]。

最先开始的是汉字的欧化，出现了多种拼音方案帮助切音识字，并提出了统一全国语言甚至汉字拉丁化的主张。1891 年，宋恕（俞樾的学生）提出"造切音文字"；1892 年卢戆章提出了第一个拼音方案《一目了然初阶》，主

7　参见：吕叔湘. 中国文法要略[M]. 北京：商务印书馆，1956.8：4。

8　同上。

9　马建忠. 马氏文通[M]. 北京：商务印书馆，1983。

张统一语言；王照指定《官话合声字母》强调"语言必归画一"；劳乃宣认为"语言画一与文字简易，皆为中国今日当务之急"，而编《合声简字谱》。

　　《马氏文通》引进了泰西语法框架，一向被认为是汉语现代语法学的开山之作，从此语法学在中国开始独立为一门学科，汉语语法的欧化也由《马氏文通》全面移植拉丁文法而正式揭开帷幕。马建忠在唯理普世语法观的指导下，沿用了拉丁文语法框架，把汉语词汇分为实词和虚词，以先秦到唐代"经籍子史之书"中的句子为例进行语法分析。他认为"西文有一定之规矩，学者可以循序渐进而知所止境；华文经籍虽亦有规矩隐寓其中，特无有为之比拟而揭示之"（《马氏文通》例言），因此用"希腊、辣丁之文词""一定不易之律""以律吾经籍子史诸书"，"因所同以同夫所不同者"。[10] 希望通过这种方法使中国人更快学会汉文之法，把更多时间和精力放在"学道"和"明理"上："斯书也，因西文已有之规矩，于经籍中求其所同所不同者，曲证繁引以确知华文义例之所在，而后童蒙入塾能循是而学文焉，其成就之速必无逊于西人。然后及其年力富强之时，以学道而明理焉，微特中国之书籍其道理可知，将由是而求西文所载之道，所明之理，亦不难精求而会通焉。"[11]

　　汉语语法学自草创开始就以印欧语法为蓝本，西方语法范畴对汉语事实具有强烈的暗示和雕塑作用。"早期的语法著作大都以印欧语法为蓝本，这在当时是难以避免的。但由于汉语和印欧语在某些方面有根本区别，这种不适当的比附也确实给当时以及以后的语法研究带来了消极的影响。"（朱德熙. 汉语语法论丛序）[12]

　　这个时期的汉语语法欧化，还处于不自觉的实践层面。大多数"欧化"主张，都是以中国人自己为主体，强调主动地借用外来语。《马氏文通》的语言材料取自古代汉语，因此马氏虽然引进了泰西语法框架，为汉语语法学的建立和后来的语法研究提供了借鉴，但在当时对汉语书面语的演变并没有发挥即时影响。直至后来傅斯年提倡"造成一种超于现在的国语，欧化的国语，因而成就一种欧化国语的文学"；周作人认为"理想的国语"应该"以白话（即口语）为基本，加入古文（词及成语，并不是成段的文章）、方言及外来

---

10 马建忠. 马氏文通[M]. 北京：商务印书馆，1983。

11 马建忠. 马氏文通[M]. 北京：商务印书馆，1983. 12.

12 马建忠. 马氏文通[M]. 北京：商务印书馆，1983.

语"。"欧化"主张在诸多白话文变革理论中的反复论述和强调，使"欧化"似乎成为现代汉语史上的重大事件，"欧化"似乎成了造成古白话和现代白话差异的重要原因。在创作实践上身体力行"欧化"主张，则大多集中在五四时期，例如鲁迅提倡翻译外国作品时采用"直译"法，并将直译的方法用于自己的创作中。这种欧化论骨子里依然秉承汉语从古到今演化变革的传统。实际上，大部分所谓的"欧化"语法现象，"均能在古代汉语中找到其始源形式"，"现代汉语史研究沉浸在一种'欧化的迷思'当中"。[13]

而关于所谓"欧化"语法现象的研究，大都集中在中国本土作家作品（包括香港和台湾地区）上，来华传教士的翻译文本基本上不在研究视域之内。

二、研究背景

与本研究有关的国内外研究包括现代汉语史的研究、汉语"欧化"现象的研究以及传教士翻译活动及其翻译作品对汉语的影响研究。本研究主要侧重于《圣经》的官话（现代汉语）译本的影响。因为现代汉语形成初期中国文学的主流作家并没有明确提及汉译圣经的影响，所以本研究还要对当时中国社会上汉译圣经的出版发行情况做一个简单介绍，并从目的语——汉语的使用者、圣经汉译本的接受者角度，侧面揭示《圣经》的官话译本的影响。迄今为止这三个领域的研究现状如下：

（一）关于现代汉语史的研究

早先使用现代语言学的历史观点研究汉语，把现代汉语的形成作为汉语史研究对象的，是王力的《汉语史稿》（1957，1958）。他以语言的各个部门（语音、语法、词汇）为纲，以时代为目，把汉语史分为上古、中古、近代、现代四个时期。但在具体论述时，只对语音方面做了较为明确的时代分期，而语法和词汇则在叙述中随时注意历史发展的过程，并不以时代为纲。虽然王力最先把现代汉语史纳入汉语史的研究领域内，但还没有来得及把现代汉语史作为一个独立的研究领域。其后《五四以来汉语书面语言的变迁和发展》（1959），也从汉语史的角度研究汉语书面语言的文体应用、词汇、语法三个方面在现代的变迁和发展。濮之珍《中国语言学史》（1987）在对"五四"运动后的中国现代语言的叙述中，也论及现代汉语的形成和发展。其他有关

---

13 庄黄腾. 现代汉语语法"欧化论"的全新审视[D]. 上海：复旦大学，2009：9-10

现代汉语史理论方面的论述有：张寿康《五四运动与现代汉语的最后形成》（1979）、胡明扬的《论现代汉语和现代汉语规范化》（1983）、蒋冀骋（1990）、向熹《简明汉语史》（1993）、邢公畹《现代汉语教程》（1994）石毓智《现代汉语语法系统的建立——动补结构的产生及其影响》（2003）等，另外徐通锵（1991）、祝敏彻（1996）、等在近代汉语研究领域，也提及现代汉语的形成。而王力的《中国现代语法》（1944）以《红楼梦》样本的语法研究、太田辰夫的《中国语历史文法》《汉语史通考》、申小龙的《汉语语法学》，都是从史的角度研究现代汉语语法的重要成果。而刁晏斌则在1992年以"现代汉语史"作为专著名称，并把现代汉语史的研究分为史论和语料两个部分，在《现代汉语史》（2006）中把现代汉语史从汉语史中明确分立出来，成为一个与古代汉语史、近代汉语史对等的分支。

（二）关于汉语"欧化"的研究

对"汉语语法欧化"这个提法，大概可以分为两种态度——支持或反对，对于汉语语法欧化的研究，也都以此为前提列举事实对各自持论加以论证。但不管持哪种观点，大多都承认这样一个事实：欧化有限度。

最早的"欧化"主张出自傅斯年的《怎样做白话文》、周作人的《理想的国语》、钱玄同的《吴歌甲集》等。到二十世纪二、三十年代，"全国的白话小说猛增至四百余种。日报的副刊也大都取消了旧式诗文，改登新文艺和白话译出的作品。中小学的国文课本也由各地自发编写白话文教材发展到教育向全国推行《新体国语教科书》。"[14] "风气突变，不论教育性书刊，文艺文和理论文，白话文都成了'正宗货'，又陆续出了大量的白话翻译作品，吸收了许多外来语和欧化的造句法。新的语言形式和新的思想内容是互相伴随而来的。"（黎锦熙）[15]欧化文随着当时中国人对西方的新思想、新科学、新文化的追求，以与中国传统语文对立的身份，"披着'新词汇'、'新的表达方式'的洋服，堂而皇之地进入了汉语"，"给汉语语法特点的研究设置了重重迷障"。"当时中国语法学家的语法著作中已有鲜明的反映。语法学家们惊叹从民国初年以来短短二十余年之间，文法的变迁比汉至清有过之而无不及，文法的

14 申小龙. 科学主义还是人文精神？[M]. 上海：学林出版社，1989，第28-33页。
15 转引自：申小龙. 科学主义还是人文精神？[M]. 上海：学林出版社，1989，第33页。

欧化成了汉语语法史上划时代的大事"。[16]陈望道与沈雁冰、胡愈之、叶圣陶等人发动了著名的大众语运动（1934年），批判了当时白话文因欧化而脱离群众语言的倾向，主张建立真正以群众语言为基础的"大众语"和"大众语文学"，却因为缺乏充分的实践而失败，终究抵不过大量欧化白话文翻译实践所带来的欧化趋势。

王力把语法的欧化与生活的欧化看作是当时不可遏止的潮流："语法欧化的趋势是极自然的，正如生活的欧化一样。"[17]"五四以后，汉语的句子结构在严密化之一点上起了很大的变化。基本要求是：主谓分明，脉络清楚，每一个词、每一个词组、每一个谓语形式、每一个句子形式在句中的职务和作用都经得起分析。"[18]但他把"欧化的语法"与"中国现代的语法"分开："一般中国语法书的做法，自然是以欧化的文章为对象来得方便，因为它是以西洋语法书为蓝本的，欧化的文章更适宜于比附。"但是这种欧化的语法，只是"知识社会的一种特殊语法"，"往往只是中西语法的杂糅；彻底欧化是不可能的"，"而且这种特殊语法也往往只出现于文章里"。但是我们研究汉语语法时，也不能把它完全撇开不提，"现在它虽然不够资格代表中国现代语，谁也不敢担保它永远不或多或少地侵入民众的口语里。单就它在文坛上的势力而论，至少它是侵入了文法的领域了的"。[19]

吕叔湘也认为"和西洋文明的接触，……在语文上也发生了影响。这个影响有直接和间接两方面。间接的影响是西洋的语文相当一致的情形促起我们的语文合一运动。……同时直接在我们的语文上发生了影响，最重要的是词汇的改造，新的词语跟着新的物件和新的思想像潮水一样的涌进来；其次是文法方面，也增加了好些新的语句组织的方式。"[20]

而申小龙则指出，汉语欧化表达形成的关键在于，"印欧语的句子组织是以动词为中心的，句中各种成分都以限定动词为中心，明确彼此关系"。[21]受欧化影响，汉语句子越来越趋向于以动词为中心，其他成分紧密联系在一起构成长句。

16 同上，第31-33页。

17 王力. 中国语法理论（下册）[M]. 中华书局，1954.12，第257页。

18 王力. 汉语史稿[M]. 载《王力文集》第九卷，山东教育出版社，1988:553.

19 王力. 中国语法理论（下册）[M]. 中华书局，1954.12，第256-257页。

20 吕叔湘. 中国文法要略[M]. 商务印书馆，1956: 5.

21 申小龙. 汉语与中国文化的结构通约[A]. 光明日报 1993.12.13.

因此，我们所认定的汉语欧化语法，从总体原则上来说，是指受英语等印欧语言影响而"以动词为核心组织句子"的语法现象，也就是"各种句子成分都是以限定动词（核心动词）为中心明确彼此的关系的"。[22]

"欧化"语法的研究，始自王力的《中国现代语法》（下册）（1944年）和《中国语法理论》（下册）（1945年），其中"欧化的语法"单列一章。王力把欧化语法的表现分为"新兴形式"的使用和旧形式、旧用法使用频率的增加两个方面，具体有六种表现：1、复音词的创造；2、主语和系词的增加；3、句子的延长；4、可能式、被动式、记号的欧化；5、联结成分的欧化；6、新替代法和新称数法。北京师范大学中文系汉语教研组编写的《五四以来汉语书面语的变迁和发展》（1959），在论及五四以来汉语语法发展时，也谈到印欧语的影响，但没有详细论述。该领域更多的是对"欧化"语法的某个或某几个现象的研究，例如：郭鸿杰、周国强（2003）、曹逢甫（1978）对"被"字句、数词"一"跟量词连用、可能句式的增加等三种句式的数据库分析；卓志诚（1979）对英语影响汉语名词片语的研究；另外比较全面的有 Coraelius Kubler（1985）《白话文欧化语法之研究》，谢耀基的《现代汉语欧化概论》（1990）以及贺阳（2004，2006，2008）的一些专著。此后又有专门欧化语法现象研究的论述出现，例如台湾学者曹逢甫对"被"字句、数词"一"跟量词连用、可能句式的增加等进行数据库分析并探讨其发展趋势（1978）；卓志诚对英语影响下汉语名词片语发展的文本实证论述（1979）；Kubler 的《白话文欧化语法之研究》对汉语词法和句法两个层面的欧化现象研究；香港学者谢耀基对现代汉语欧化语法的全面综合研究（1990）。郭鸿杰论及英语对汉语语法的影响的论文，等等。近年来贺阳发表了多篇论文，利用语言接触理论，对特定语法结构中的欧化影响进行计量研究，并注意了书面语和口语的区分。

目前对欧化语法现象研究较为全面的，是贺阳的《现代汉语欧化语法现象研究》。该著运用语言接触理论，引用历史文献，作了详尽的统计分析，提供了可靠的数据，最重要的是论证了各种欧化现象的性质、产生时期，进行了理论探讨。

更新、更激进的"欧化"论，则直接将现代汉语书面语的源头指向了传教士的翻译作品。周作人对《圣经》官话和合本的评价是相当高的，认为它

---

22 申小龙. 文化语言学[M]. 江西教育出版社，1993.4，第460页。

对中国文学有深远的影响："我记得从前有人反对新文学，说这些文章并不能算新，因为都是从《马太福音》出来的；当时觉得他的话很是可笑，现在想起来反要佩服他的先觉：《马太福音》的确是中国最早的欧化的文学的国语，我又豫计他与中国新文学的前途有极大极深的关系。"[23]

袁进在这一点上走得更远，但对西方传教士的作品只是偶有提及，一掠而过，且大多是在谈及西方文学对现代作家的影响时寥寥数语，对西方传教士在汉语书面语变革进程中的作用，并没有从语言层面进行详尽探讨。他认为"近代来华的西方传教士，他们创作了最早的欧化白话文。……西方传教士必须更加注意发展文化水平较低、无法阅读文言的信徒，用白话传教正是在这种状态下进入了他们的视野。……大约在 19 世纪 60 年代之后，古白话渐渐退出历史舞台，欧化白话开始登上历史舞台。今天看来，这些传教士的译本是中国最早的欧化白话文本，也是最早的新文学前驱。""西方传教士对于新文学的影响，不仅在于提供了最早的欧化白话文的文本；更在于在汉语的语法、词汇、语音三方面，都推动了现代汉语的建立。"[24]

反对者如 Peyraube，认为中国学者夸大了语言接触的作用，指出所谓的汉语欧化与其说是事实，毋宁说是假设。（见 Peyraube，2000）他对许多"欧化论者"的研究提出了很多反例，证明大多数持论者所举的例子在中西接触之前都已存在，就形式始源而言，西化对汉语语法的影响很有限。正如庄黄腾的硕士学位论文《现代汉语语法"欧化论"的全新审视》所指出的那样，大部分所谓的"欧化"语法现象"均能在古代汉语中找到其始源形式"，"现代汉语史研究沉浸在一种'欧化的迷思'当中"。

不管是支持或反对汉语"欧化论"，论者都承认这样一个事实：汉语语法的欧化从根本上来讲是汉语自身的一种演变，欧化更多地是影响它本来就有的形式。"一种语言不会对另一种语言在形态上发生改造性的影响，语言的演变也许是最闭关自守的、最顽抗的社会现象。……把它灭绝了倒比瓦解它本身的形式还要容易些。"（萨丕尔 1985）

对于汉语书面语的"欧化"，中国的学者也有着清醒的认识。瞿秋白提出"现代普通话的新中国文，应当用正确的方法实行欧洲化"，"应当明白

---

23 周作人. 圣书与中国文化[A]. 小说月报丛刊（第二十五辑）. 上海：商务印书馆，1924.
24 袁进. 警惕"西化"重新审视新文学的起源——袁进教授在牛津大学的演讲[EB].: 人民网 2007-3-12: http://book.people.com.cn

中国言语有自己的文法，根据中国文法来采用欧洲'印度日耳曼语族'的文法"。他把"那些一味模仿而不顾汉语民族习惯的句法"称为"极恶劣的中国话"。[25]鲁迅认为"支持欧化式的文章"是为了"立论的精密"，而不是"故意胡闹"。[26]欧化语法概念的提出者王力，在谈到汉语欧化的语法时，承认"某一族语言之受外族语言的影响，亦自有其限度。尤其是语法一方面，必须这族语本来有某种可能性，然后能容许某种变化。""到了某一限度之后，似乎是不能更进一步了。例如中国决不能创造一种关系代名词，和西洋的 relative pronouns 相当。所谓欧化的语法，往往只是中西语法的杂糅，彻底欧化是不可能的。""再者，中国原有的语法有时候也发生一种反动力，对于欧化的趋势成为一种平衡锤。譬如每句必有主语乃是看重逻辑和倾心欧化的人所遵守的一种法则；然而在别的条件不能完全和欧语相同的时候，这种法则往往会使文章呆板，于是自然有人仍旧利用中国语法所容许的自由，在不失明显性的条件之下，博得更简洁的好处。"（王力，1954：259）

（三）关于《圣经》汉译的研究

对传教士翻译作品及汉译《圣经》的研究，大部分集中在翻译理论、翻译方法、文学文化等领域，其中略微提及传教士翻译作品对现代汉语的影响。圣经汉译和汉译圣经的研究主要从翻译史、翻译理论、宗教文化和文学等角度，集中研究圣经汉译理论、圣经汉译对中国文化、文学的影响等。

关于《圣经》官话和合本对中国文学影响的研究，也基本上属于概览式的研究。例如任东升的论著，集中在《圣经》汉译史、汉译理论、汉译文化及对中国文学的影响方面。偶有论及《圣经》等传教士翻译作品对现代汉语的影响，如蒋骁华（《〈圣经〉汉译及其对汉语的影响》），在论述《圣经》汉译理论时谈及《圣经》汉译对现代汉语词汇、句法的影响，不过并没有深入。

近年来出现了一些圣经汉译和汉译圣经的专门研究论文，对《圣经》的官话和合本及其他译本作了比较详细的比较研究，开始有了汉译本的具体分析。例如：王海燕（2006）的硕士学位论文，从译介学的角度，探讨了汉译圣经作为中西文化交流的载体在现代早期中国社会中所扮演的角色，对汉语尤其是白话的产生所起的作用，肯定了官话和合本对新文化运动的推动作

---

25 转引自：濮之珍. 中国语言学史[M]. 上海古籍出版社，1987.10，第 492-493 页。
26 同上，第 493 页。

用，并对近年汉译圣经的发展和发行情况作了简单介绍。该论文关注的重点在于圣经汉译和汉译圣经在中西文化交流史上的作用，对《圣经》官话和合本在现代汉语形成过程中的作用作了简略叙述，而对文本自身的语言形式并未过多关注。

从语言学层面对传教士的翻译作品进行文本的实证考察，目前还是汉译《圣经》研究和传教士翻译作品对现代汉语影响研究中的一项空白。

因此，虽然传教士"创作了最早的欧化白话文"，但是现代汉语书面语的源头即中国自身的古白话转化为欧化白话是否要归结到西方传教士身上，尚欠缺具体的语言事实依据。

三、研究目的

本文的主要研究对象是官话和合本《新旧约全书》的句法现象（又称《圣经》官话和合本、国语和合本《圣经》。如无特殊说明，以下简称"和合本"的，皆指这个译本），参照英译原本（钦定本修订版，the English Revised Version，简称 ERV），以及几种不同时期《圣经》现代汉语译本，分析和合本的句法现象的成因，梳理出和合本的句法面貌，分析英文原本的影响程度，从而探讨现代白话文的形成过程，试图以此研究结果进一步开拓现代汉语史的研究领域，探索传教士的白话文汉译作品、白话文著作乃至其他白话文翻译作品在现代汉语书面语形成过程中的作用和影响。

现代白话文的形成，是一个复杂的过程，来自不同时期的历史变异、外来语言和文化影响下的变异、方言的影响等，进一步增加了这种复杂性。早期传教士力图利用欧洲先进的科学知识来争取中国人，并利用中国人同基督教在道德规范及宗教上的相似点来传教，但这些相似点的真实性很快受到质疑。最初翻译《圣经》是通过中国的士大夫阶层，但很难达到他们想要的效果。因为同他们自己一样，中国的士大夫阶层是一个完整的文化的不自觉的载体，由于语言和文化的巨大差异，在翻译时经常采用的策略是"附会"和"格义"，而这往往引起意义的转变。后期的《圣经》汉译开始由传教士们自身为主，引起了语言形式上的变化。之所以选择传教士翻译的《圣经》官话和合本作为研究对象，就是想从这个复杂的演变过程中抽取其中相对重要、单纯、同质的要素，作具体、集中的分析。

本文希望达成的目标为：

1）梳理《圣经》官话和合本的欧化句法现象和汉化句法现象；

2）通过具体的句法分析，探讨《圣经》官话和合本在现代白话文发展过程中的影响，并结合《圣经》官话和合本译本的具体情况及其历史背景，分析传教士翻译作品在现代白话文变革中所扮演的角色，对袁进现代欧化白话文"应归结到近代来华传教士"这一观点作出评价。

为此，本文的研究对象除了官话和合本《新旧约全书》之外，还包括其他几个时期的《圣经》现代汉语（官话）译本、和合本同时代的、后出的白话文作品。

本文期望通过对《圣经》官话和合本句法现象的具体分析，探讨它在现代汉语史上的地位，以求进一步探索传教士翻译作品在现代白话文变革中所起的作用。

四、研究方法

本文主要采用专书穷尽性分析法，对语料进行收集、定量统计、定向分析，梳理"官话和合本"《圣经》的句法现象，分析英文原本的影响，同时比较同时期的白话小说文本、后出白话文本及其他后出《圣经》汉译本，对和合本的句法现象作具体分析。具体分析方法为：

1）对相关问题作比较全面的静态描写；

2）统计、分析其中语法现象的发展变化，并研究相关原因和规律。

五、本文的语料来源

本论文的语料取自以下几个《圣经》译本：

1）《新旧约全书》（上帝）官话[和合本] 1919 年版，上海美国圣经会印发；共 1189 章，31173 节，约 94 万字。来源：CADAL 民国书刊网站（中美百万图书电子项目）。

该译本又称为《圣经》官话和合本（《圣经》国语和合本），本文简称和合本。本文所举例句，除特别标明的，均皆出自该译本。

2）English Revised Vision：来源：http://erv.scripturetext.com/

3）《重译〈新约全书〉》朱宝惠译本：1936 年版；来源：CADAL 民国书刊（中美百万图书电子项目）

4）天主教《思高圣经注释本》：1950 年版；来源：信仰之门网站

5）《新约全书》（新译本）：1976 年版；来源：信仰之门网站

6）《圣经》官话和合本[修订版] 2010 年；来源：香港圣经公会网站

六、研究意义

选择《圣经》官话和合本作为传教士翻译作品的实证考察文本，是由《圣经》本身的性质以及《圣经》官话和合本在中国近现代社会中的影响，以及当前研究的现状所决定的。

在西欧，几乎每一种民族语言《圣经》译本的出现，都影响到该民族共同语的统一、确立和规范。在中国，《圣经》的作用虽然没有欧洲国家那么明显，但对汉语书面语的现代转型，它的影响也是不可忽视的。《圣经》官话和合本是传教士翻译作品的最典型代表，也是在中国流传最广的传教士翻译作品。它所面向的对象，是一般的"平民百姓"，从而不可避免地为白话文的推行打下了群众基础。同时由于它对于中文文采的追求，也对当时尚未确立的中国标准"国语"的规范产生了不可忽视的影响。

"官话和合本译本"译委会以具有很高文学价值的"钦定本"之"修订本"作为翻译的蓝本，希望出版一部"简单、流畅、具有文学品味的译本"。最初的翻译原则强调使用"操官话的平民百姓所日常使用和明白的"、"文句的结构应该符合口语"、"文笔风格应是真正的中文"。后来的翻译原则开始强调"贴近原文"、"比喻直译"。在完成之后，传教士译者期望他们翻译的白话《圣经》成为标准"国语"的典范："难道我们不也希望，它会对中国语言还未曾有过的标准国语文体作出明显的贡献吗？"[27]实际上，20年代中国推行文学大众化期间，"和合本"的四福音书曾在许多政府学校中被用作标准的国语范本。

而与《圣经》官话和合本的重要影响形成鲜明对比的是《圣经》译文语言结构研究的阙失。目前汉译《圣经》的研究集中在翻译理论、翻译方法、汉译文化以及文学等方面，尚无人从语言学角度对汉译《圣经》的文本进行具体的语法分析，《圣经》官话和合本对现代汉语的影响也就模糊不清。

论文的创新点在于语料选取的独创性：以典范作品为个案，从语言学角度进行穷尽性的语言描写，从而填补目前传教士翻译作品研究及其对现代汉语影响研究的空白。

---

27 《教务杂志》1919 年第六卷，第 4-5 页。

　　《圣经》官话和合本的翻译原则之一是"必须贴近原文"，语料本身受原文（英译本）影响很大，某些具体语言现象可能会背离汉语的实际情况。单个个案研究所得出的结论在普遍性有较大不足。同时期的汉语语言现象纷乱复杂，语法面貌没有一个标准样态。传教士的汉语句法观没有专门的论述，难以上升到理论高度，因此理论部分显得比较单薄。针对这些问题，本文尽量从汉语事实出发，以表达功能为本，运用汉语感知，参照相关中国人同类译本，对比英译本原文，把汉语事实和翻译影响的语法现象区别开来。

第一章 《圣经》汉译与和合本

第一节 传教士翻译活动

  鸦片战争以后，清王朝长期以来的闭关锁国状态被彻底打破，中国社会发生了剧烈震荡，开始进入近现代时期。1842 年《南京条约》签订以后，清政府被迫允许外国传教士在内地自由传教，各国传教士纷纷来华，掀起了基督教来华传教的第四次高潮，同样也开启了近代中西文化交流的大浪潮。

  翻译作为文化交流的最重要活动，在这个过程中起了至关重要的作用。"西方文化大量涌入中国，与此相适应，译介西方文化成了近代文化交流的一大景观"[1]，"睁眼看世界"的国人越来越多，爱国志士和先进的知识分子对现状越来越不满，译介西方文化成为他们全面挑战旧传统观念及文化的有力工具。中西语言文化交流日益频繁，从开始的西学东渐，到后来的全面学习西方文化；从"洋务运动"的科技翻译，再到 20 世纪初以"开启民智"、"救亡保种"为目的的大规模译介西方著作，翻译到中国的西学著作几乎囊括了所有学科。

  在这次中西文化交流的大浪潮开始前后相当长一段时间，基督教传教士一直扮演着重要的角色。为了在中国传播上帝的福音，传教士一直积极寻求、施行各种手段，试图找到最有效的播道方式，翻译被他们看作是最重要、也是最有效的手段之一。西方传教士的翻译活动和翻译作品，尤其是基督教圣

1　李伟. 中国近代翻译史[M]. 济南：齐鲁书社，2005：前言 4。

典《圣经》在中国的翻译、出版、推行，对中西文化交流起了积极推动作用，在很大程度上促进了中国社会文化各个层面进入现代化，在某种程度上，《圣经》汉译是欧洲语言和汉语书面语言全面接触的开始，刺激、促进了现代汉语书面语的变化和发展。

汉语与印欧语具有一定规模的接触，在五四白话文运动之前就有三次，分别是：明末清初耶稣会传教士对西方自然科学的译介、鸦片战争之后新教传教士的传教活动、清末民初的文学翻译。[2]而对白话文即现代白话文产生实际影响的则从传教士用白话文翻译甚至写作开始。西方传教士的传教意图使这种影响受到很大的限制，但是西方传教士与中国社会各阶层的广泛接触，"弃文言而用白话"作为翻译活动的重要工具，使欧洲语言有了直接影响白话文的机会。为了更好地在中国传播"上帝的福音"，传教士对汉语各个层面进行了细致研究，在语音学、构词法、语法学等方面形成了一些专著，对现代汉语研究作出了不可磨灭的贡献。在语法层面，传教士大多参照印欧语的语法体系，但也注意到了汉语语法的特殊性，对汉语句法形成了一些自己的看法，而他们译介的作品，就成为其汉语语法观的重要体现。

鸦片战争以后，大量传教士来华传教，"到19世纪末，欧美天主教、耶稣教，先后向中国派遣传教士3000多人"。[3]传教士在中国设立教堂讲道、创办学校、开设医院，甚至街头布道等，在传教过程中，不少传教士发现这些手段收效太慢且影响不大，认为文字布道是传播福音相当重要的手段，"只有文字出版才是'以百万计地进行感化'的方法；'别的方法可以使成千的人改变头脑，而文字宣传则可以使成百万的人改变头脑'。……从1807年马礼逊入华传教到1949年新中国成立为止，西方传教士在中国设印刷厂、出版社，翻译、写作并出版了大量图书和小册子，兴办了许多期刊。"[4]

办报刊和翻译《圣经》等教义宣传作品，是传教士利用文字传播道义的最重要手段，是他们身体力行"文字播道"的传教思想的集中体现。"书报不为地所限，能不胫而走遍天下；书报亦不为时所限，一读之后，若有遗忘，可以再读；书报亦不为人所限，一人读过，可以贻于他人。而且人类从耳入之感动，极为浮浅，远不及从目入之深；故听讲之道，易得而易失，由书册

---

2 参考：贺阳. 现代汉语欧化语法现象研究[M]. 商务印书馆 2008，第 4 页。
3 何凯立. 基督教在华出版事业 1912-1949[M]. 四川大学出版社，2004.8：前言页 3.
4 同上。.

上研究所得，往往终身不忘。然则一万金之收效，恐当倍蓰于十万金之讲堂而无算也。'用文字扩充上帝的功业，配合时世所必需'。"[5]传教士在华传教过程中，越来越认识到"文字播道"对基督教在华传播的重要性，"阐释耶教，介绍西方，决难囿于讲坛，徒恃口舌，必须利用文字，凭借印刷，方能广布深入，传之久远矣。"[6]因此，来华传教士愈加热衷于创办学校和报刊，建立教堂、网罗教徒、翻译圣经和教会文学作品。第一份中文期刊《察世俗每月统计传》就是传教士创办的。

自确立文字播道以来，传教士的译著及创办的报刊销量日增，为越来越多的中国读者所熟知："蔡尔康译《广学会第十一届（1898 年）年报纪略》：'……惟广学会于十年来译著《自西徂东》《察西新史揽要》《中东战纪本末》《格物探原》《时事新论》《列国变通与盛记》及《万国公报》诸书。初印时，人鲜顾问，往往随处分赠，既而渐有乐读者，近三年内，几于四海风行。今将历年分售各省书价略仿年表体裁，汇录于后：1893 年收书价洋银八百余圆。1895 年收书价洋银二千余圆。1896 年收书价洋银五千余圆。1897 年收书价洋银一万二千余圆。1898 年收书价洋银一万八千余圆。试观右表，相距五年陡增二十倍不止，已足证中国求亲之众。'"[7]

目前中国翻译史、现代汉语史等研究领域，主流研究一直把关注的重点和焦点放在五四新文化运动上，关于传教士翻译活动的研究很少。这与传教士译介活动在中西文化交流史上地位和作用严重不符。近二十年来，这种情况逐渐得到改善，有关传教士译介活动的研究越来越多，形成了不少专著和论文，但大多数集中在其对中国文化、文学的影响上。而对于《圣经》汉译本等传教士汉译作品在现代汉语形成过程中的作用，目前争议颇多，尚无定论。最早是周作人在《圣书与中国文学》中虽然对《圣经》官话和合本多有推崇，但也仅限于感性认知。明确主张汉译《圣经》等传教士汉译译作品对现代汉语形成有推动作用的，以袁进为代表（参见袁进 2007）。他从文学史的角度论述了传教士的翻译作品对中国现代文学的影响，而对现代汉语的推动作用，更多的是从传播角度侧面论证，更像是一种感悟。在整个现代汉语史研究领域，我们很少见到传教士翻译作品的影子。因此，袁进极力主张传教

---

5 张静庐. 中国近代出版史料（二编）[M]. 上海：群联出版社，1954:333-334.

6 姚崧龄. 影响我国维新的几个外国人[M]. 传记文学出版社，1971

7 张静庐. 中国近代出版史料（二编）[M]. 上海：群联出版社，1954:333-334.

士"创作了最早的欧化白话文",这是就现代文学形态的作品而言的。而其对现代白话文语言体系上的影响,还需要通过语言应用现象的具体分析来论证。

第二节 《圣经》汉译概况

一、《圣经》汉译历史的分期[8]

根据翻译主体的不同,圣经汉译的历史可以分为六个阶段:

1、公元 1806 年以前,圣经汉译的前奏阶段。

2、1806-1902 年,国外基督教各差会分散译经阶段。

3、1890-1919 年,国外基督教各差会联合译经阶段。

4、1930-1970 年,华人圣经学者个人独立译经阶段。

5、1970 年以后,华人圣经学者集体译经的阶段。

6、1980 年以后,华人教会对《圣经》官话和合本的修订、注释阶段。

(一)《圣经》汉译的前奏阶段

这个阶段圣经汉译仅限于目录及部分经书节译,且没有留存在世,仅有间接史料证明其出版流传。目前公认第一个来华传教的基督教传教士是叙利亚传教士阿罗本(Alopen)[9],他在唐太宗贞观九年(公元 635 年)开始在长安传教并翻译圣经,取名为《尊经》。出土于 1625 年在西安出土的"大秦景教流行中国碑",其中有"真经"、"旧法"、"翻经建寺"等语;另有 1907-1908 年在敦煌石窟发现的《尊经》中的"诸经目录",其中有福音书(阿思瞿利容经 Evangelion),使徒行传(传化经),启示录(启真经),保罗书信(宝路法王经),创世记(浑元经),摩西五经(牟世法王经),大卫王的诗篇(多惠圣王经)等。这证明唐朝时已有圣经节译,并有一部份译本出版与流传,但已失传,现仅存目录。[10]从出土碑文和现存目录来看,当时的"译者借用了许

---

8 参考:任东升. 圣经汉译文化研究[M]. 武汉:湖北教育出版社,2007.10

9 根据东方网 2005 年 8 月 9 日消息,中国基督教协会常务委员、基督教神学教育教授汪维藩研究发现,藏于徐州汉画像石艺术馆的一批东汉画像石上刻有与《圣经》记载相符的圣经故事,且其图案也表现出中东地区早期基督教的艺术风格。这一发现把基督教入华时间提前到东汉元和三年即公元 86 年。

10 参见:陈恒. 中国当建立自己的"圣经学"——汉译《圣经》之考察[EB].:信仰之门(www.GODoor.net),2002-01-05:原载于《世纪中国》(http://www.cc.org.cn/)。

多佛教词汇，使读者难以认识基督信仰的实质和特征"。[11]另外还有一些"中世纪前来东方游历的人士，也宣称在中国见过基督教经典。"如阿拉伯旅行家伊本·白图泰，意大利人雅各·德安科纳的《光明之城》（可能是伪书）的记录。[12]

元朝时，基督教再一次传入中国（1294 年元成宗铁穆尔在位）。根据天主教方济各会修士、意大利人约翰·孟特高维诺（Giovanni da Montecorvino）1305 年从北京寄给罗马教皇的信所说，他已将全部新约和诗篇译成中文。但"一般认为他曾把新约和《圣咏集》（即《诗篇》）译成'鞑靼人通用的语言'，不过也有人疑为汉文"。"《马可·波罗游记》中也提及在大汗宫中见过'四本福音的圣经'，只是没有说明是否用中文写成。"1245 年意大利托钵僧卡皮泥奉教皇因诺森四世之命出使元朝时，"不但看见中国有新旧约圣经，也看见教堂和敬拜的活动。"[13]

1700 年，即清朝康熙三十九年，天主教外方传教会传教士巴设（J. Basset 1662-1707）将新约圣经中的福音书、保罗书信、希伯来书，从拉丁文译为汉语白话文。虽未获出版，但其手稿对其后一阶段的译经工作有较大影响和帮助。

（二）国外基督教各差会分散译经阶段（1806-1902）

1、文言文译本

这一阶段译经的特点：译者全部是外国传教士，译文为文言文。从 1806 年开始，计有以下全译本出版：

马士曼—拉沙译本：由英国浸礼会的 John Marshman 和 Joannes Lassar 从英文圣经翻译为汉语文言文圣经。在印度出版，印数较少，行销不广。1806 年开始，完成于 1822 年。

神天圣书：其新约由英国伦敦传教会的马礼逊 R.Morrison 于 1813 年译成，翻译中曾参考巴设译本；其旧约由马礼逊和米怜 William Miline 于 1819

---

11 彭国玮牧师. 中文圣经的翻译[EB].:香港圣经公会（http://hkbs.org.hk/Common/Reader/News/ShowNews.jsp?Cid=40&Pid=22&Version=0&Charset=gb2312&Nid=647），转引自：《圣经季刊》13、15 期。

12 陈恒. 中国当建立自己的"圣经学"——汉译《圣经》之考察[EB].: 信仰之门（www.GODoor.net），2002-01-05：原载于《世纪中国》（http://www.cc.org.cn/）。

13 陈恒. 中国当建立自己的"圣经学"——汉译《圣经》之考察[EB].: 信仰之门（www.GODoor.net），2002-01-05：原载于《世纪中国》（http://www.cc.org.cn/）。

年译成，翻译工作是在澳门和马六甲做的。有华人杨三德，袁光明，李十公，陈老宜等人参与或协助翻译；于 1823 年出版。

新遗诏书和旧遗诏书：主要译者是伦敦传道会的麦都思 W. H. Medhurst，荷兰传道会的郭实腊 K. F. A. Gutzlaff；其他译者还有美国海外宣教会的裨治文 E. C. Bridgman 和伦敦传道会的小马礼逊 John. R. Morrison. 于 1835 年译成，新约 1837 年出版，旧约 1840 年出版。出版地为巴塔维亚。此译本又称为四人译本，在太平天国时期曾广泛流传。

委办译本，或称代表译本 The Delegates Version：译者为伦敦会的米怜和麦都思，美国浸礼会的施敦力 Stronach（后退出）;美国公理会的布朗 Brown，美国圣经公会的约翰·马礼逊, 裨治文, 英国圣经公会的里雅各 James Legge，克陛存 M. S. Culbertson 等人。1843 年开始翻译，1853 年译成新约，1854 年译成旧约。在香港出版。

裨治文译本：译者裨治文在克陛存的协助下于 1859 年完成新约 1862 年完成旧约。

高德译本：译者为美国浸信会的高德 J. Goddard，在马士曼译本的基础上修订，1853 年完成新约，1868 年完成旧约。

2、浅文言译本

1885-1902 年还出版了下列浅文言文版本：

杨格非译本：译者为伦敦传教会的杨格非 Griffith John，1885 年完成新约，1905 年完成旧约的前半部分（从创世记到雅歌）。

包约翰—白汉理译本：美国海外宣教会的包约翰 John Burdon 和伦敦传道会的白汉理 H. Blodget 于 1889 年译成新约。

施约瑟译本：圣公会上海区主教英国人施约瑟 S. T. Schereschewesky 于 1902 年译成新旧约全书。在日本出版。

（三）基督教国外各差会联合译经阶段（1890-1919）

这个阶段的译经文体是文言文，浅文言文和白话文（官话）并存。译者基本上仍为外国传教士，但翻译助手有中国人。

1891 年成立的三个翻译委员会的成员分别是：

文理和合译本翻译委员会：湛约翰 J. Chalmers，艾约瑟 Joseph Edkins，惠志道 John Wherry，谢卫楼 Z. Sheffield，沙牧 M. Schunb，卢壹 Llewellyn Lloyd，皮尧士 T. W. Pearce.

浅文理和合译本翻译委员会：包约翰，白汉理，纪好弼 R. H. Groves，叶道胜 I. Genuhr，汲约翰 J. C. Gibson.

官话和合本翻译委员会：白汉理，杨格非，富善 Chauncey Goodrich，文书田 George Owen，狄考文 C. W. Matter。

文理和合译本完成于 1906 年。

浅文理和合译本完成于 1904 年。

官话和合本的新约部分完成于 1906 年，旧约完成于 1919 年。从 1891 年算起，历时 28 年，完成时译者还在世的仅富善一人。译本的翻译助手有华人李、袁、刘、王诸君。

和合本译成后由英、美、苏格兰三地圣经公会出版。

（四）华人圣经学者个人分别译经的阶段（1930-1970）

《新约全书》：中华基督教会的王宣忱 1930-1933 年在青岛参考拉丁文圣经译成。语体为白话文。王宣忱曾任狄考文翻译助手。

《重译新约全书》：金陵神学院教师朱宝惠 1939 年按希腊文修订翻译而成。语体为白话文，初期赛兆祥曾参与。（后文简称"朱本"）

《国语新旧库译本新约全书》：郑寿麟博士与传教士陆亨理（H. Ruck）合译，据希腊文于 1939 年在北京译成。于 1958 年在香港据希伯来文译成诗篇并合订出版。

《旧新约圣经》吕振中译本：燕京大学宗教学院教师吕振中。《新约全书》于 1940-1946 年期间，据 Alexander Souter 所校订的新约希腊文《圣经》译成初稿，由燕京大学出版。1949-1952 年在台湾以 Nestle 校订的第 17 版新约希腊文《圣经》为蓝本修订，由香港圣经公会出版。《旧约全书》依据马所拉的希伯来文本，并参考撒玛利亚古卷、亚兰文意译本、拉丁文通俗译本、七十子译本等，从 1946 年开始，1970 年译成。

这一阶段的译本发行量较少，流传面不广。到目前为止，只有吕振中译本在 1993 年由香港圣经公会代印发行，其他版本已少见。

（五）华人圣经学者集体译经阶段（1970 年以后）

《圣经》现代中文译本：由许牧世教授，周联华博士，骆维仁博士，王成章博士，焦明女士等人组成编辑委员会，在联合圣经公会翻译研究部主任奈达博士 Dr. Eugene Nida 的指导支持下进行翻译。以现代英语译本（Today

English Version，简称 TEV，又称为 good news translation）为蓝本。1971 年开始，1975 年完成新约，1979 年完成旧约，在香港出版。20 世纪 90 年代由许、周、骆三位组成修订委员会，于 1995 年推出修订版。在修订中参考了基托尔 Kittel 编校的希伯来文圣经第 3 版，和联合圣经公会审订的希腊文新约圣经第 4 版。1997 年在南京出版修订版的简化字本。现代中文译本的翻译原则是译文与原文的意义相符，效果相等，不求原文与译文之间词语的逐个对应。

《圣经新译本》：在美国乐可门基金会资助下，由数十位华人原文圣经学者、牧师、资深神学讲师、对中文素有研究的基督徒翻译。1971 年开始，至 1976 年完成新约，1992 年完成旧约；历时 21 年。由香港天道书楼出版。（下文简称为"新译本"）该译本旧约的翻译蓝本是德国出版的希伯来文圣经（1977），新约为第 2 版希腊文圣经（1966）。

《当代圣经》：由华人圣经学者参照英译本生命圣经 Living Bible 翻译的意译本。参考文本为英文圣经意译本《活泼真道》（The Living Bible）（美国神学家戴肯尼（Kenneth Taylor 著）。1974 年由香港国际新力出版社出版新约，1979 年出版新旧约。

《思高圣经译释本》：又称"思高圣经（Si Gao Sheng Jing）"。由天主教方济会会士雷永明神父（Rev. Gabrielle Allegra O. F. M.）于 1945 年在北京所创立的"思高圣经学会"[14]所翻译和注释，1948 年迁往香港继续翻译和注释工作。1953 年译释旧约共 8 册。1955 年开始翻译希腊文《新约》，1960 年译释新约共 3 册。新旧约全书共 11 册。1961 年开展出版"圣经合订本"的计划，历时 8 年，1968 年 12 月 25 日正式完成并出版了《思高圣经合订本》。这是第一部译自原文的公教圣经全译本。是今日华语天主教（罗马公教）教徒使用最普遍的圣经。也是梵蒂冈教廷目前唯一认可法定的中文版本圣经。（下文简称为"思高本"）

《牧灵圣经》：是天主教的另一种圣经版本。于 1972 年在智利的天主教会出版，其后 20 多年中获得南美洲许多国家天主教会的认同；并获得亚非两洲许多国家天主教会以及香港教区的出版许可。2000 年中国天主教主教团和

---

14 思高圣经学会（Studium Biblicum O. F. M.）由方济会会士雷永明神父在北京创立，选定了 1266 年出生于苏格兰顿斯的若望·董·思高（John Duns Scotus）为其主保，并给这团体取名为"思高圣经学会"。这是个公教圣经全译本的译释和出版团体，所以通称"思高圣经译释本"或"思高圣经（Si Gao Sheng Jing）"。

教务委员会声明，将该译本的汉语简化字本在大陆天主教会出版发行。该译本主要翻译人员为王凌，卢媛媛，李玉，姚安丽，曹雪等人；责任编辑王凌，曹雪。翻译顾问为于贺 Bernard harault.出版单位为圣言会和圣保罗国际出版公司等。

《圣经新约全集（注释本）》：由中国天主教佘山修院翻译，从 1982 年开始翻译。1994 年 8 月由天主教上海教区光启社出版。依据蓝本为新版的《耶路撒冷圣经》。

这一阶段的译经工作已经全部由华人圣经学者承担。译经的蓝本由主要参考英文译本过渡到原文版本（希腊文新约与希伯来文旧约）。

（六）华人教会对《圣经》官话和合本的修订注释

《圣经新标点和合本》：由联合圣经公会翻译顾问骆维仁博士负责对原和合本的标点符号、段落标题及若干专门名词（人名地名）和个别章节编号进行了修订；并未修订有关语义方面的问题。该版本于 1988 年出版。

《简化字和合本》：中国基督教两会请沈承恩、李路得、黎焕贞等同工将原和合本从繁体字转化为简化字，并采用新式标点符号。于 1988 年在南京爱德印刷公司印刷出版。

《圣经简释本》：由中国基督教协会第二、三届圣经出版委员会负责筹划、组稿、编辑、审校，从 1992 年开始，1996 年完成新约，1998 年完成新旧约；在南京出版。在筹划、组稿过程中，第一、二届圣经出版委员会主任蒋佩芬同工作出重要贡献。

《简化字和合本》（双栏排版）：由第三届圣经出版委员会负责对段落标题修订，对排版格式予以改进。于 1998 年在南京出版。

《圣经串珠注释本》：由香港中国神学研究院编辑，证道出版社于 1987 年在香港出版繁体字本。经版权单位同意，中国基督教协会于 1995 年在南京出版繁体字本；2000 年在南京出版该译本增订版的简化字本。其经文用和合本。

《圣经启导本》：由余也鲁教授主编，1989 年在香港海天书楼出版繁体字版。中国基督教协会 1996 年在南京出版其简化字本。其经文采用和合本。

《和合本寻根版》：由华人圣经会王正中牧师主编，台湾浸宣书局于 1995 年出版。该书的特点是对每个词注上相应的 Strong 氏原文编号，便于在原文辞典中查找。

  《和合本修订本》(双排版)：由王正中牧师主持修订，1999 年在韩国印刷，于台湾出版发行。该书特点是将修订前后的经文上下两行平行排版。

  《四福音和合本修订版试用本》、《罗马书》和合本修订版试用本：由联合圣经公会周联华、骆维仁主持修订，金陵协和神学院的骆振芳教授、许鼎新教授、季泰老师等曾参加讨论。于 2001 年在南京出版，仍在试用和征求意见中。

  这个时期主要以《圣经》官话和合本的修订、注释为主。

二、和合本之前的《圣经》汉译本

  语言的巨大差异和思想文化、宗教传统的隔阂，使《圣经》的翻译遭遇重重困难。传教士不知道采用哪种语言才能让中国各个阶层、各个地方的人都能阅读。最早来华的耶稣会士只好选择摘译、编译圣经片段，并请中国士人加以润色。此后相当长一段时间，传教士对圣经的汉译，只限于文言文节译本。直到 19 世纪西方"传教运动"在全世界蔓延开来，圣经汉译工作才全面展开，出现了文理（文言）、浅文理（浅文言）、官话、各地土话（方言）等多种全译本。

  和合本之前的主要《圣经》汉译全本情况见下表：

表 1-1：十九世纪主要文理、浅文理全译本信息略表（和合本之前）[15]

年代	译本名称	翻译蓝本	译者、出版地
1811	马士曼译本/马殊曼译本《圣经全书》Marshman's Version	钦定本（参考巴设译本）	马士曼 Jushua Marshman 拉撒 Joannes Lasser 印度塞兰坡
1823	马礼逊译本《神天圣书》（1814 年《新约》；1819 年《旧约》）Morrison's Version	钦定本（参考巴设译本）	马礼逊 R. Morrison 米怜 William Milne 马六甲

---

15 参考下列专著制作：任东升. 圣经汉译文化研究. 武汉：湖北教育出版社，2007.10：111-155；游如杰. 西洋传教士汉语方言学著作数目考. 黑龙江教育出版社，2002.12：1-3；顾长声. 从马礼逊到司徒雷登——来华新教传教士评传. 上海人民出版社，1985. 9；吴义雄. 在宗教与世俗之间：基督教新教传教士在华南沿海的早期活动研究[M]. 广州：广东教育出版社，2000.3。

1840	四人小组译本 1837 新遗诏书；1838 旧遗诏书 Medhurst's Version / Gützlaff's Version			修订马礼逊译本	麦都思 W. H. Medhurst 郭实腊 K.F.A. Gützlaff 裨治文 E. C. Bridgman 马儒翰 J. R. Morrison 雅加达
1858	Delegate's Version	代表译本（委办译本、会使译本）《旧新约圣书》	新约 1852	"上帝"版	希腊、拉丁文本	麦都思 W. H. Medhurst 施敦力 J. Stronach 理雅各 J. Legge 大英圣书公会；美国圣经公会
				"神"版		
			旧约	1854 "上帝"版		裨治文 E. C. Bridgman 克陛存 M.S.Culberston 美国圣经公会出版
				1863，裨治文译本		
1863	裨治文译本 《旧约全书》			希腊、拉丁文本	裨治文 E. C. Bridgman 克陛存 M. S. Culberston 文惠廉 W. J. Boone 白汉理 H. Blodget
1868	高德译本 《圣经新旧遗诏全书》 1853 年《新约》；1868 全书			高德 J. Goddard 罗尔梯 E. C. Lord （修订马士曼译本）	宁波
1902	施约瑟版本 （"二指版"） 《新旧约全书》 Schereschewsky' Version （Two-Finger Edition; Two-Finger Bible）			希伯来原文 施约瑟 S. I. J. Schereschewsky	日本横滨
1885	杨格非译本 《新约全书》 John's Version			杨格非 Griffith John	苏格兰圣经公会

传教士逐渐认识到官话对传教工作的影响，认识到以官话翻译圣经的价值："圣经须能以最通用和优雅的中国方言[官话]去传递书中来自神的信息，这是无容置疑的。关于这种方言的使用范围，我大可指出，它通行遍及长城至扬子江的堤岸之间的所有省份，至于文化教养方面，官话已经以常用汉字

书写了数世纪，并且有自己的文学作品。完全不懂学者语言一般大众，都可以阅读用这种方言撰写的书籍。"[16]

和合本之前的《圣经》官话译本情况请见下表：

表 1-2：主要官话全译本情况略表（和合本之前）[17]

年代	译本名称	翻译蓝本	译者（出版者）	备注
1803	贺清泰译本 《古新圣经》 Poirot's Version	通俗拉丁文本	贺清泰 Louis de Poirot	手稿本
1856	南京官话译本（新约）	委办译本	麦都思（Walter Henry Medhurst, 1796-1857） 约翰·施敦力（John Stronach, 1810-1888）	大英圣书公会出版
1866 1872	北京官话译本 《北京官话新约全书》 Peking Version		丁韪良 W. A. P. Martin 艾约瑟 施约瑟 S. I. J. Schereschewsky 包约翰 J. S. Burdon 白汉理 H. Blodget	1866 年初版； 1872 年修订版； 共"上帝"、"天主"、"神"三个版本
1875	施约瑟版本 "二指版" 《旧约官话译本》 Schereschewsky' Version Two-Finger Edition Two-Finger Bible	希伯来原文	施约瑟 S. I. J. Schereschewsky	与北京官话译本合并 1878 年大英圣书公会出版
1889 1905	杨格非译本 《新旧约全书》 John's Version		杨格非 Griffith John	旧约译至《雅歌》 苏格兰圣经公会

---

[16] 1864 年 4 月 12 日丁韪良致美国长老会的信函(DOHPC, USA) 转引自：尤思德 著. 蔡锦图 译. 和合本与中文圣经翻译. 香港：国际圣经协会，2002 年 4 月，第 131、132 页。

[17] 同上。

三、和合本之后的现代汉语译本

和合本的作用毋庸置疑，但也有很多学者和教内人士对和合本的翻译并不满意，并尝试重新出版圣经的官话（现代汉语）译本。除了外国传教士翻译的译本之外，中国人开始独力进行圣经翻译。和合本之后出现了多种由中国人自己翻译的现代汉语译本，包括全译本、新约译本以及单卷译本和圣经片段译文。译者除了教内人士，还包括很多中国翻译家。

其中受到较多好评、流行较广的译本有：

1）《重译新约全书》：作者朱宝惠，1936 年出版。（以下简称朱本）

2）《旧新约圣经》"吕振中译本"：《新约》于 1946 年在北京出版，全译本于 1970 年在香港出版。（以下简称吕本）

3）《思高圣经译释本》：以雷永明（G. M. Allegra）为首的"思高圣经学会"翻译，全本于 1968 年由香港思高圣经学会出版。（以下简称"思高本"）

4）《现代中文译本》：由许牧世、周联华、王成章、焦明、骆维仁等港台学者，翻译蓝本为 Today's English Version，以奈达的"动态/功能对等"为指导原则。1975 年出版《新约》，1979 年出版全译本。（以下简称现代本）

5）《圣经新译本》：由 30 多位中国翻译家组成的委员会翻译，1976 年出版《新约》；1992 年出版《旧约》。

表 1-3：和合本之后的现代汉语全译本信息略表[18]

年代	译本	译者	翻译蓝本	备注
1936	重译新约全书	朱宝惠	根据数种希伯来、拉丁、希腊文原文文本：（一《圣经方言对照本》（Polyglott Bible）《新约原文集成》（Resultant Greek Testament）、《新约原文鉴定本带串珠》（H KAINH ΔIAΘHKH）、《希英新约合璧鉴定本》（Critical New Testament Greek and English）、《时行希利尼语新约》（Modern Greek New Testament）	据 1929 年与赛兆祥（A. Sydenstriker，1852-1930）合作的译本重译、修订而成。上海：竞新印书馆

---

18 参考：任东升. 圣经汉译文化研究. 武汉：湖北教育出版社，2007. 10: 137-155；朱宝惠. 重译新约全书. 上海：竞新印书馆，1936；《圣经》思高本；《圣经》"新译本"。

1970	吕振中译本	吕振中	《新约》译自《新约希腊文圣经》；《旧约》译自《马所拉经文》、"通俗拉丁文本"、"七十子希腊文本"	《新约》1946 年于北京出、全译本《圣经》1970 年于香港出版。
1968	思高圣经译释本	以雷永明（G. M. Allegra）为首的"思高圣经学会"	《旧约》根据马所拉经文、"七十子希腊文本"和"通俗拉丁文本"；《新约》根据联合圣经会1966年希腊文"修订本"	香港思高圣经学会
1979	现代中文译本	许牧世、周联华、王成章、焦明、骆维仁 等港台学者	*Today's English Version* 以奈达的"动态/功能对等"为指导原则	1975 年出版《新约》；1979 年出版全译本；1995 年出版修订本。均在香港出版
1992	圣经新译本	以总干事容保罗为首的30 多位中国翻译家组成的委员会	《新约》译自希腊文《新约》第三版（1966）；《旧约》译自《希伯来圣经》（1992）	1976 年出版《新约》；1992 年出版《旧约》；1999 年第二版；2001 年出版"跨世纪版"。

本文以和合本为研究对象，其他参照译本为：距离和合本最近的朱宝惠译本、唯一由天主教承认的思高本、1976 年初版的"第一部由华人圣经学者集体翻译的"《圣经新译本》（《新约全书》）。

四、其他《圣经》译本

20 世纪中叶出版过许多地方方言的版本，有南京官话、直隶话、胶东话、上海话、苏州话、杭州话、温州话、金华话、宁波话、台州话、福州话、厦门话、莆田话、广州话、潮州话、海南话等等。

近来在中国大陆出版的少数民族语言《圣经》有彝语、朝鲜语、苗语、傈僳语、景颇语、拉祜语、傣语等。另外国外出版或历史上曾出版的有藏语、蒙古语、韩语、哈萨克突厥语、布依语、哈尼语等等。

分布在湘西、黔东、川黔滇、滇东北等地的苗族各分支，各有其民族语言的圣经译本。

历史上曾出版过的用汉语方言翻译的《圣经》和用少数民族语言翻译的《圣经》，有的仅译了《新约》或《新约》中的一卷或几卷。

第三节 《圣经》官话和合本的翻译

《圣经》官话和合本（即《新旧约全书》官话和合本，简称和合本；别称有圣经和合本、国语和合本），《新约》从 1898 年开始翻译，于 1907 年完成修订并出版，此间多次试行单行本；《旧约》完成于 1919 年，历时 28 年。是在华语人士使用历史最长，流传最广的汉语《圣经》译本。许多圣经工具书，如圣经注释本、经文汇编、圣经百科全书、圣经辞典等都引用和合本经文为根据。全本于 1919 年 4 月首次出版，称为《新旧约全书》官话和合本，1939 年改名为《国语和合译本》。1962 年，正式书题从《新旧约全书》改为《圣经》，又修订极个别字词，是现在正体字和合本中最常用的版本。

一、和合本的由来

19 世纪，在华外国差会竞相出版中文圣经译本，彼此在用词和翻译原则上都有差别。众多译本译名不统一，妨碍了信徒之间、教牧人员之间的交通和交流，传教士担心中国信徒面对诸多译本无所适从，希望有一部联合译本。

1890 年，在华传教士第一次全国大会在上海举行，决议统一圣经汉语译本，成立了文理、浅文理、官话三个译本委员会，分别将《圣经》翻译成文言文、浅近文言文和白话文三个译本。并且分别命名为文理和合本、浅文理和合本和官话和合本。取名和合本（Union Version）。

官话和合本由美国长老会的狄考文、美国公理会的富善、中国内地会的鲍康宁、英国伦敦会的文书田及鹿依士等西方传教士负责翻译。1906 年《新约》全部完成，1907 年修订出版，1919 年《旧约》完成，并于同年 4 月出版全本。1939 年改名为国语和合译本。1962 年，正式书题从《新旧约全书》改为《圣经》，又修订了极个别字词，之后在内容上再无改动，一直通行至今。2010 香港圣经公会出版年和合本修订版，对官话和合本译文进行了全面修订。

表 1-4：文理、浅文理、官话三种和合本信息略表

年代	译本名称	译者	备注
1906 1919	文理和合译本	湛约翰 J. Chalmers 艾约瑟 J. Edkins 惠志道 J. Wherry 谢卫楼 D. Z. Sheffield 韶泼 M. Schaub 皮尧士 T. W. Pearce 卢壹 Ll. Lloyd	1906 年"深文理"《新约》；1919 年与"深文理"《旧约》合并，在上海出版； 1923 年出版修订版。
1904 1919	浅文理和合译本 Union Bible Easy Wenli Version	白汉理 H. Boldget 包约翰 J. S. Burdon 纪好弼 R. H. Graves 汲约翰 J. C. Gibson 叶道胜 Genähr 潘慎文 A. P. Parker 戴维思 J. W. David	1904 年《新约》； 1919 年与《旧约》合并出版
1907 1919	官话和合本 Mandarin Bible Union Version Mandarin Union Version	狄考文 C. W. Mateer 倪维思 J. L. Nevius 白汉理 H. Boldget 富善 C. Goodrich 文书田 G. Owen 海格思 J. R. Hykes 布蓝菲 T. Bramfitt 包康宁 F. W. Baller 鹿邑士 S. Lewis 克拉克 S. R. Clarke	1907 年《新约》出版； 1919 年《旧约》出版； 1919 年版又名"蝴蝶版" 上海初版，分"上帝"和"神"两种版本； 1923 年初次修订； 1939 年改名"国语和合译本"； 1962 年修订后改为《圣经》； 1995、1990 年繁体字版汉英对照本； 1995、2000 年简化字版汉英对照本。

二、和合本的翻译蓝本

和合本的翻译蓝本是 1885 年在英王钦定本基础上修订的英译本（English Revised Version（1881，1885）或称 Revised Version，简称修订本，英文简称为 ERV/RSV/RV）。

英王钦定本（King James Version（KJV-1611），又称 Authorized Version（AV））根据希腊文译本翻译，是 1568 年 Bishop's Bible 的修订本，85%的内

容与 Tyndale 译本（1526）相同（第一个从希腊文译本翻译过来的英译本），是流行最广、拥有读者最多的英译本，稍微倾向于加尔文主义[19]和主教制主义[20]。采用直译法，即"对等原则"；在同义词的翻译上，倾向于把许多近义词翻译成同一个词。英文修订本（ERV）逐字翻译的倾向略有减少。[21]

三、和合本的翻译原则

1891 年 11 月 18 日，和合本的翻译者和执行委员会的成员聚在一起，制定了 18 条原则以指导和合本的翻译，其中对译本语言相关的原则是：

　　1）译文必须为全国通用语言，不可用地方土语；

　　2）行文须简单，在礼拜堂讲坛诵读时，各阶层人士都能明了；

　　3）字句必须忠于原文，同时又不失中文的韵气；

　　4）暗喻应尽量直译，而非意译。

官话和合本翻译时，中国的官话还没有有确切的书面形式，委员会商量采用一个共通形式，狄考文极力主张采用口语化的官话。后来随着中国白话文运动的发展，委员会意识到官话逐渐成为文学语言，其译本所发挥的作用

---

19 参见百度百科"加尔文主义"：是法国著名宗教改革家、神学家约翰·加尔文毕生的许多主张的统称。加尔文支持马丁·路德的"因信称义说"，主张人类不能透过正义的行为获得救赎、恢复逐渐被天主教所遗弃的奥古斯丁学说"救恩独作说"、反对逐渐成为天主教神学主流的"神人合作说"。他建立的教会命名为"归正宗"或"改革宗"，发展出来的神学称为归正神学，承认人因信仰基督而蒙恩称义，主要特点是选举长老监督教务，由牧师和不受神职的长老集体管理教会，认为任何人都不得享有无限权力，并且认为教会人士可以参加政治活动，使世俗更加接近上帝的旨意。归正宗注重宣讲教义，仪式都用当地语言，更强调唱赞美诗。主要支派有长老会（流行于苏格兰）、公理会（流行于英国及美洲）等。归正宗的主要流传区域为瑞士、荷兰、苏格兰、法国、南非、德国西南部、比利时、澳大利亚，以及美国和加拿大的若干地区。

20 参见百度百科"新教"：新教三大主流派之一，典型代表是作为英格兰国教的安立甘宗。与加尔文主义一样强调"因信称义、信徒人人都可为祭司和《圣经》具有最高权威"三大原则。各主教区的管理权集中于主教，下设牧师（一称会长）和会吏。各大地区（或国家）的全体主教组成主教团（或主教院），形成该大地区（或国家）教会的集体领导核心，在世界范围则无统一的领导人物或机构。

21 参见：Bruce Terry. English Bible Translations（rated on a scale of 1 to 10 as to literalness）[EB].: Bruce Terry' homepage(http://bible.ovu.edu/terry/interpretation/translat. htm),2011-3-18:

可能比原来设想的更大，因而全面修订译本，使其更加"高雅简洁"，更具文学风格。

虽然传教士在主观上尽力避免自己的母语对汉语表达的干扰，不会有意识地像五四时期傅斯年、鲁迅等人那样，试图通过翻译来改造汉语，但他们"忠于原文"的翻译原则，使原文（修订本）的一些语言形式不可避免地迁移到汉语中。另一方面，传教士已有汉语语法研究成果，不可避免地影响到和合本的翻译者。他们为了使自己的译本能够为中国人普遍接受，在实际翻译中，反而更加谨慎，更加注重汉语本身的特性。

《圣经》官话和合本的翻译，更加体现了传教士对和合本成为汉语书面语典范的追求。在最初提出的翻译原则中，狄考文主张译文中国化，提出"字词应当是操官话的平民百姓所日常使用和明白的。书面用语和不大通用的用词应该避免"，以及"文笔风格应是真正的中文。外国人所撰写或监督的官话往往在用字和习惯上，多少有些洋化"。狄考文的继任者富善，提出"译文必须贴近原文"的原则，但对于文体的"浅白易明"的追求始终未变，同时还上升到追求"高雅简洁"的层次。对于《圣经》官话和合本"浅白易明"以及"高雅简洁"的追求，使传教士更加注重汉语句子本身的特点。

当时中国言文分离，而且还没有标准的全国通用语，也没有一个通行的书面官话的标准。传教士对官话和合本的翻译抱有极大期望，希望它能像在西欧那样，给中国的"国语统一"作个典范："难道我们不也希望，它会对中国语言还未曾有过的标准国语文体作出明显的贡献吗？"（官话和合本译者 Spencer Lewis）。由此可见，关于《圣经》官话和合本译文语言的句法现象，我们应该一分为二地看待：一方面因其翻译意图，不可避免地受原文影响而含有较多欧化因素；另一方面因传教需要而有意顺应汉语固有习惯。而其作为典型的现代白话文翻译作品，在当时的社会历史情境下，也必然对白话文的变革产生影响。

第二章 《圣经》官话和合本的
新式标点和句法理念

第一节 传教士对汉语语法的研究

传教士所代表的基督教文化与中国文化完全不同。面临语言、社会形态和道德规范、政治和哲学，以及宗教传统上的巨大差异，传教士在中国的行动遭遇了重重困难。第一个障碍就是语言："在风格和结构上，他们的书面语言和日常谈话中所用的语言差别很大，没有一本书是用口语写成的。"(《利玛窦中国札记》)即使当时最接近口语的旧小说所用的书面语，也掺杂着很多文言成分。为了传教，传教士必须学习、掌握中国的语言和文字，却发现没有可供他们使用的汉语学习教材。他们不得不自己摸索学习当时中国的通用语官话，同时为学习方便编写了许多中西文对照辞典、官话学习教材，并对中文语音、文字、语法等进行了专门研究，产生了几部重要专著。"长期以来，国内汉语界通常以《马氏文通》1898 年付梓出版作为中国现代语法学的起点，其实在二百多年前入华传教士就已经就汉语语法的相关特性编写了相当多的语法书。"[1]这些书在中国流传不广，但在传教士和欧洲的汉学家中间流传比较多，当时欧洲的汉学家对汉语的了解基本上来自这些传教士所作的书简、报告和汉语语法书等著作。

---

1 [意]卫匡国 著.[意]白佐良 白桦 译. 中国文法[M]. 上海：华东师范大学出版社，2009: 序一页 2。

书写这些语法书的语言有西班牙文、法文、德文、俄文、英文等等；有分别论述口语和书面语的，也有两者兼而有之的。大都采用拉丁语法框架和拉丁语法研究方法，对汉语的语言结构进行比附式描写或研究，也注意到了汉语的固有形式。

传教士重要汉语语法书见下表：[2]

表 2-1：来华传教士主要汉语语法著作

书名	作者及所属教派	完成年份	研究对象
《中国文法》（Grammatica Sinica）	卫匡国（Martinus Martini，1614-1661），意大利耶稣会士	1651	官话
《华语官话语法》（Arte de la lengua mandarin）	万济国（Francisco Varo，1627-1687），西班牙人，多明我会士（方济各会士石铎琭（P. Pinuela）略加修订）	1703	官话
《汉语札记》（又名《中国语言志略》，Notitia Linguae Sinicae）	马若瑟（Jos-Maria de Pr-émare，1666-1736），法国籍耶稣会士	1728	中国文字的性质、构造
《中国言法》（Elements of Chinese Grammar）	马士曼（Joshua Marshman，），英国新教传教士	1814	官话
《汉文启蒙》	毕秋林，俄国东正教传教士	1835	
《汉语语法指南》（Notices on Chinese Grammar）	郭实猎(又叫郭实腊, Karl Friedrich August Gützlaff，1803-1851），普鲁士籍新教传教士	1843	官话
《上海话语法》（A Grammar of Colloquial Chinese a Exhibited of the Shanghai dialect）	艾约瑟（Joseph Edkins，1823-1905），英国伦敦会传教士	1853	上海话
《官话口语语法》（A Grammar of Chinese Colloquial Language, Commonly Called Mandaria Dialect）		1857	官话
《文学书官话》	高第丕（与张儒珍合编），美国传教士	1869	官话

---

2 参考：赵振铎. 中国语言学史[M]. 河北教育出版社，2000.5；陈辉. 19 世纪东西洋士人所记录的汉语官话[J]. 浙江大学学报（人文社会科学版），2010（7）：49-57.

《汉文经纬》(Chinesische Grammatik mit Ausschluss des niederen Stils und der heutigen Ungangssprache)	加贝伦茨(Georg von der Gabelentz)、德国传教士	1881	文言
《文学书官话》(1869)(Mandarin Grammar)	高第丕(Tarleton Perry Crawford, 1821-1902。又称高泰培、高乐福)、美国南浸信传道会(Foreign Mission Board of the Southern Baptist Conventions)教士 本书是与张儒珍合编,用白话文书写的。	1869	官话

下面我们就其中几个流传比较广、影响较大的官话语法书做一个简单介绍,了解传教士对汉语语法所持的主要观点,以期对《圣经》官话和合本译者的汉语语法观有一个大概了解。

一、卫匡国的《中国文法》

意大利耶稣会士卫匡国所著《中国文法》, "是目前已知西方人所编写的最早的"汉语语法书,成书时间大概在 1651 年前后,之后很长时间以抄本的形式在欧洲汉学家中间流传, "是后来许多汉学家的必读之书,成为了西方汉学的发端之作"。[3] 在他之前,来华传教士已经注意到汉语与当时西方人已知的任何其他语言类型都不一样,具有奇特的构造, "已经有了自成一体的系统的拼音转写方案和初具规模的汉外字典"。[4] 但对于汉语语法特点,只是从语用和修辞方面,通过观察得出了一些零星的结论,例如: **两人交谈时从不使用"语法上的第二人称";谈到自己时,从来不用"第一人称的代名词"**,等等。

《中国文法》分为三个章节,以官话为研究对象,用拉丁语法模式解说汉语,为汉语初步勾勒出了一个语法体系的框架。全书正文用拉丁文和中文写成,分三章,共有 26 页,另有两个附录:第一章谈语音,后两章谈语法。[5] 卫匡国捕捉到了汉语迥异于欧洲语言的一些特殊性,并努力阐释汉语语法事

---

3 (意)卫匡国 著.(意)白佐良 白桦 译.中国文法[M]. 上海:华东师范大学出版社,2009:序,页 3。

4 同上,序,页 13。

5 同上。

实。他将拉丁语法中的词类概念引进了汉语研究，可是说是最早把西方语法中的词类观念引入汉语。他也注意到汉语中词性之间并无严格界限这一事实，并举例做了论证。在第二章第一小节"论名词及其变格"中，卫匡国重点讲述了"同一个字因其所在的位置不同，可以是名词或形容词，也可以是动词"。他提醒读者注意，表示复数意义的"'们'与西方语言的名词复数标记并不相当，因为当一个名词的前面已经有了表示数量的表达时，就不能再用'们'"。第三小节"论动词变位"，把汉语动词分为三个基本时态：在时、过去时、将来时——和三种语式：主动式、被动式、祈愿式，基本时态之外，还有已完成行为的表达和延续未完成的过去时态的表达。

　　直到 18 世纪 60 年代末，传教士对汉语语法的研究，并没有比卫匡国、万济国、马若瑟等更进步，对汉语语法特点的共识依然局限在以下几点：1）汉语真难；1）汉语没有性、数变化，动词没有时态区分；2）同一个词可以当名词、形容词、动词、副词；4）汉语词汇的发音仅 300 个，却可以表示 8 万种不同事物，同样，也就有 8 万个字；5）同音词极多；6）书面语与口语完全不同；7）每一个词有 5 声。[6]

　　鸦片战争之后来华的传教士大多数为英美新教传教士，他们对汉语语法的研究不再局限于拉丁语语法框架之下，而把英语与汉语比较，并吸收当时欧洲最新的语言学理论，研究汉语语法并努力创建更加符合汉语实际的语法体系。他们更加注重汉语的特殊性，并开始把句法学的概念引入汉语语法研究。其中以艾约瑟的《官话口语语法》、高第丕与张儒珍合作的《文学书官话》影响最大。

二、艾约瑟的《官话口语语法》[7]

　　调查、搜集了当时的官话资料，"根据官话的读音，把官话分为中央、北方、西方三个下位方言，并说明各方言的代表方言"。而在"官话文学"章节里，则列举了可用于官话学习的书目并一一作了说明：

6　计翔翔. 十七世纪中期汉学著作研究——以曾德昭《大中国志》和安文思《中国新志》为中心[M]. 上海：上海古籍出版社，2002.5，第 34.35 页。

7　本小节所有引文均出自：（日）何群雄 著. 阮星 郑梦娟（节译）. 19 世纪基督教新教传教士的汉语语法学研究——以艾约瑟为例[J]. 长江学术，2010（1）：1-8.；下同，不再逐一作注。

  《水浒传》的语言以 12 世纪的山东方言为基础，只是官话史料之一。《三国演义》始终处于口语与文言的中间状态，或者说是两者混同。《金刚经》和《感应篇》只在注疏部分用口语，类似的例子在朱熹的著作中大量出现。元曲，特别是臧晋叔《元人百种曲》中的作品是用对话形式写的作品，其反映出的当时的语音，与周德清的《中原音韵》是同一个系统的。之后的《缀白裘》是混合了苏州方言的官话戏剧脚本，与《缀白裘》作者几乎同时代的、用纯粹的官话写成的典范作品是《红楼梦》和《圣谕广训直解》等。

他所列举的书目与马若瑟《汉语札记》非常接近。其中所举《圣谕广训直解》"在传教士们的汉语学习和中国民众心理研究方面被广泛利用"，"作为后来传教士的汉语学习教材，使用了很长时间，并给官话翻译的《圣经》一定影响"。

  艾约瑟积极吸收欧洲最新学说并将之运用到汉语研究。他从普遍语法和比较语法两个角度探讨汉语语法特点，借用了英语语法的框架，加入语序和虚词，试图创建接近汉语实际的语法体系。

  与其前辈相比，艾约瑟汉语语法研究的突出贡献有两点：

1. 更加重视汉语语法的特殊性。

2. 首先区分了词类学和句法学，把句法学引入汉语语法研究。

他所总结的汉语语法特点有：

  1）汉语的语法形式没有声音屈折，语序和虚词起重要作用。

  2）关于语序：汉语的"组合规则存在于词与词的结合之中"，固定的语序是汉语语法形式之一。

  3）关于虚词："就普通的句子而言，通常其中包含两类词，一类有其独立的意义，无论何句中都能独立运用；还有一类，连接句子和短语，要结合意义和句子才起作用。""汉语只做这样简单的分类是非常重要的，这里概括了大多数汉语词的特点：同一个词可以用作名词、形容词、动词。"

艾约瑟认为，"忽视句法学的倾向是妨碍现代比较语言学派进步的原因"，"迄今为止，比较语言学太专注于把精力放在词根构词或不断改变词根的语言上"，因此对像汉语这样"词根不能改变，只在严格的规则下允许附加助词"（109）就很难分析。

他"通过汉语语法的研究，重新认识了语序、虚词这种拉丁语法中不受重视的规则"，从而对英语有了重新认识，认为语法学"应该承认，不仅声音屈折，而且语序、助词等也是典型的语法形式""缺陷不在语言本身，而在于语言学的方法"：

英语处于欧洲古代语言和亚洲单音节语言的中间位置。与前者相关的是时、格等的词尾变化，与后者相似的是复合结构和助动词等。

艾约瑟的《官话口语语法》反映了鸦片战争之后来华的传教士对汉语语法的重新认识。

三、高第丕和张儒珍的《文学书官话》[8]

《文学书官话》全书共 21 章，编写体例是：先论语音、字词，其次论语法，最后论修辞，每章后面都安排了练习。《文学书官话》的突出特色是其语法研究和修辞研究，语法研究是该书最为主要的内容，共 17 章。

1、词类划分

《文学书官话》没有套用西方的词类划分法，而是根据语义和功能划分汉语的"字类"，共化为十五类，对汉语词类的划分更为细致，更适合汉语实际。在这方面，《文学书官话》首次提出了与现代汉语语法体系极为相似的概念：1）首次把数词从形容词中、量词从名词中独立出来，"由晚于《文学书官话》80年问世的《现代汉语语法讲话》继承下来，并影响至今"。2）首次引入"记号"这个概念，把虚词和词缀称为"记号"，相当于现代语法学所谓的"语法标记"。3）首次提出"话字换类"即实词跨类问题，即现在所说的实词"兼类"。4）首次使用类似现代"形容词"的术语"形容言"，专指表示人物、事物性质或状态，并在其下列出现在称为非谓形容词的特殊类别，如"男"、"女"、"公"、"母"等。5）缩小了"语助辞"的涵盖范围，将叹词和语气助词合称为"语助言"，为现代意义上的"助词"概念提供了有益启示。

2、句子分析

《文学书官话》非常注重句法研究，其词类划分和描写顺序都是围绕句子结构安排的。在句法研究方面的首创为：

8　参见：张延俊. 论《文学书官话》的影响[J]. 见：殷都学刊，2011 年（1）：114-115。如无特别说明，本小节引文均出自本文。

1. 第一次将"句读"引入现代语法研究。认为"字"（或称 "言"）组成"读"和"句"。不具备主语、谓语两个部分 且语意不完整的句法单位称为"读"；具备主语、谓语两个部 分且语意完整的句法单位称为"句"，包含"单句"、"双 句"、"合句"三类，分别相当于现在所说的单句、复句、 句群。（见第二十章"论'句'连（和）'读'"部分）

2. 对汉语句子进行了成分分析法，划分出构成汉语句子的"纲 读"（主语/话题）、"目读"（谓语/说明），以及"余读" （时间、方位等修饰语）、"用读"（工具、方位等修饰语）、 "枢读"（条件等修饰语），相当于"话——说"结构。

3. 把汉语语序概括为三种类型："顺行"、"退行"和"逆 行"，能涵盖一般所谓的"主动式"、"被动式"和"处置 式"；对汉语中的语义格进行了初步的考察，描写了"施事 格"、"领属格"、"受事格"、"工具格"、"与格"、 "时空格"等六种常见的语义格。

4. 奠定了句类研究的基础：1）把单句分为四种类别——"直 说的"（陈述句）、"使令的"（祈使句）、"问语的"（疑 问句）和"叹息的"（感叹句）；2）把复句分为三种类别 ——"设若的"（假设复句）、"转折的"（转折复句）、 "推及的"（因果复句）。

《文学书官话》的影响不限于中国国内，还"有力地影响了日本的语法 研究。该书传到日本之后，由大槻文彦（1847-1928）用日语加以注释，改名 为《支那文典》，于明治十年（1877 年）正式出版"，"其语法研究方面的 成果均出现在注译《文学书官话》之后"。[9]深受《文学书官话》影响的日本 语法研究介绍到中国以后，又对中国本身的现代汉语语法研究提供了很多启 发。

四、其他语法书

多明我会传教士（Francisco Varo，1627-1687）的《华语官话语法》，是目 前学界认定的第一部汉语语法书，以西班牙文写成，1703 年在广州出版。

---

9 同上。

马士曼的《中国言法》（1814）中对汉语文法的研究可归纳为四点：1）词类划分；2）语气和时态；3）虚词；4）构词法。没有专门章节讨论汉语句法，只是提到"整个汉语语法取决于词序"。

传教士提出的"句子纲目"说（威妥玛1867）、"话——说"结构（高第丕与张儒珍，1869），为汉语句法分析提供了相对较为切近汉语事实的分析方法。

从上所述，我们可以看到，传教士在汉语学习、研究等方面一步步深入：开始单纯使用拉丁语法框架研究，对汉语进行进行形式上的词类划分；到后来参考英语这种与汉语相似之处更多的语言，从汉语实际出发并引入句法研究的概念，为汉语句法分析提供了较为切近汉语事实的分析方法。

传教士所著的这些语法书虽然大多用外文写成，在中国流行不广，但是他们在欧洲汉学家、语言学家以及来华传教士中间影响巨大。它们所反映出的语法观，必然影响到传教士的《圣经》汉译等翻译活动，使他们在翻译时除了尽量贴近原文之外，还更加注意尊重汉语事实。

第二节 新式标点的句法理念

和合本新式标点的应用，对汉语书面语是一个重要的改革，受到时人的推崇，可以说是欧化对汉语书面语的重要影响之一，使汉语句法的断句和句子成分的界别，甚至分句之间的关系，都有了形式上的标记。

周作人曾专门赞赏这套新式标点："人地名的单复线，句读的尖点及小圈，在中国总算是原有的东西；引证话前后的双钩的引号，申明话后的引号的解号，都是新加入的记号。至于字旁小点的用法，那便更可佩服；他的用处据《圣书》的凡例上说，'是指明原文没有此字，必须加上才清楚，这都是要叫原文的意思更显明'。"[10]

和合本所应用的标点符号，根据英文钦定本（修订版）《圣经》所用西式标点符号的原则作了改革。负责这项工作的，是译委会第一任主席狄考文，他同时是《新约》主译人。狄考文认为中文旧式标点太笼统、不完整，因此他借鉴英文引进了一些新的标点符号，形成了一套新式标点。

---

10 周作人.圣书与中国文化[A].小说月报丛刊（第二十五期）.上海：商务印书馆，1924.

中国原有的标点是"句读"："凡经书成文语绝处谓之句，语未绝而点分之，以便诵咏，谓之读。今秘书有校书式，凡句绝则点于字之旁，读分则点于字之中间。"(《韵会举要》)[11]但这种圈点，比现代标点中的"句号"更为宽泛，传统"句读"中的"句"的概念，与现代语法学的"句子"并不对等："古人所谓句并不等于现代语法书中所谓句，凡句子形式，谓语形式或仿语，现在用顿号或分号的，古人都用句号"。[12]这种符号"又不完备；或有圈而无点，有句而无读。其圈点又不依文法构造，但截长为短，以便口齿而已"。[13]

标点和文法有很大关系，"它非但能使意思变为更明白，更正确，而且有时候改变了标点也就完全改变了意思"。[14]和合本新式标点的应用，也体现了当时传教士整体汉语句法观。前面我们已经提到，传教士对汉语语法的研究，已经引入当时欧洲最新的语法学研究方法，开始了句法学的研究。他们把现代意义的"句读"引入了汉语分析，开始从结构、意义和功能上划分汉语句子。引入新式标点，说明和合本译者首先对汉语句子有了结构上的区分，为断句和句子的划分提供了依据。这些新标点的使用，改变了汉语原本依赖节奏气韵的主要特征，而变得更加重视内部结构，长句也相应增加。新式标点还为处理英文结构与汉语结构的差异提供了新的出路，增加了汉语译文直接借用英文结构的几率，"有标点符号以为辅佐，则不完全的句子插在中间，便不会有上下文不相衔接之感。不整齐的句子错落杂用，也不会有佶屈聱牙之感。这是书面语言不妨欧化之故"。[15]

和合本中新式标点的作用，译者在《凡例》中已清楚地阐明了：

凡一句而意思不全的，就用尖点、。

凡一气而意思不全的，就用圆点.。

凡一气或数气而意思已全的，就用小圈。。

凡引证话，就前后加双钩〝 〞名叫引号。

凡申明话，就前后加括号（ ）名叫解号。

---

11 转引自王力. 中国语法理论（下册）[M]. 中华书局,1954.12，第 395 页。

12 同上，第 396 页。

13 胡适. 论句读及文字符号，转引自：袁晖. 汉语标点符号流变史[M]. 武汉：湖北教育出版社，2002.9，第页。

14 王力. 中国语法理论（下册）[M]. 中华书局,1954.12，第 394 页。

15 申小龙. 汉语与中国文化（修订本）[M]. 复旦大学出版社，2008.01，第 166 页。

> 每逢字旁有小点……是指明原文没有此字，必须加上才清楚，
> 这是要原文的意思更显明。

说明首先把"意思"和"气"作为判断的标准，正反映出译者对汉语语法的认识：在汉语里，意义是理解的基础，汉语句子的分析要从意义到形式，之后再根据"气"来划分各个句子成分（这里并没有提到形式上的断句依据）。其所要求的断句准则——"一气或数气而意思已全"方可应用小圈"。"，在一般情况下，是切合汉语"主谓"或"主动宾"的句子构成要求的，是现代句子观的体现。

在和合本实际的翻译过程中，和合本所应用的句式，与译者的句法观是否相合呢？是欧化的因素多一点，还是更倾向于汉语固有传统？这就需要对和合本的句式作系统的统计分析，下文将分章对照和合本句法结构的欧化和汉化句例。本章就和合本所用小圈、圆点和尖点，举例并对照英文底本及其他官话译本，以说明其断句、析句的功用。

第三节　新式标点例释

一、用于一句之后，表示"一气或数气而意思已全"的小圈"。"

小圈的作用相当于中国传统断句中的"句"，也就是现代汉语标点符号中的句号，表示所要表达的意思已经完整了。一个小圈内通常包含"一气或数气"。这其中的"一气或数气"根据其意思和声气，用尖点或圆点表示停顿。

有的小圈与现代汉语的句号相同，只是句中停顿即"一气或数气"的地方，所用的尖点或圆点，与简化字本、思高本、朱宝惠本、圣经新译本等[16]相比，我们发现：

1. 和合本中一句之中所用尖点，有两种情况：

1）表示一般的句中停顿的，简化字本和其他译本中用通用符号中的顿号、逗号替换，较短的停顿简化字本有时直接不用任何符号；

---

16 简化字本——简化字现代标点和合本；朱本——朱宝惠本；思高本——思高圣经译释本，原文中的"神"本文用"上帝"代替；XYB——新译本。下同。

2）表示下面的话是引述的，简化字本用逗号、其他译本用冒号替换。

而和合本句中所用圆点则根据上下文的意思和前后两个句子的关系，在简化字本和其他译本中用逗号、分号或句号替换。

例如：

（1）创世记 1：2[17]亚伯拉罕生以撒.以撒生雅各.雅各生犹大和他的弟兄.犹大从他玛氏生法勒斯和谢拉.法勒斯生希斯仑.希斯仑生亚兰.亚兰生亚米拿达.亚米拿达生拿顺.拿顺生撒门.撒门从喇合氏生波阿斯.波阿斯从路得氏生俄备得.俄备得生耶西.耶西生大卫王。[18]

[ERV]　　Gn1:2[19] Abraham begat Isaac; and Isaac begat Jacob; and Jacob begat Judah and his brethren; 3 and Judah begat Perez and Zerah of Tamar; and Perez begat Hezron; and Hezron begat Ram; 4 and Ram begat Amminadab; and Amminadab begat Nahshon; and Nahshon begat Salmon; 5 and Salmon begat Boaz of Rahab; and Boaz begat Obed of Ruth; and Obed begat Jesse; 6 and Jesse begat David the king.[20]

[简化字本] 亚伯拉罕生以撒，以撒生雅各，雅各生犹大和他的弟兄；犹大从他玛氏生法勒斯和谢拉，法勒斯生希斯仑，希斯仑生亚兰；亚兰生亚米拿达，亚米拿达生拿顺，拿顺生撒门；撒门从喇合氏生波阿斯，波阿斯从路得氏生俄备得，俄备得生耶西，耶西生大卫王。

---

17 此为《圣经》中文经文通用行文格式，"创世记"为《圣经》中的篇目名称，第一个数字 1 表示该篇章数，第二个数字 2 表示节数。下同。《圣经》各篇名称请见附录 2

18 例句前面有标号如（1）、（2）……等，均出自和合本，具体所自《圣经》篇目参照英译本例句，下文不再逐一标注。

19 《圣经》经文英文通用行文格式，Gn 为《圣经》篇目 Genesis 简称，第一个数字 1 表示章数，第二个数字 1 表示节数。《圣经》各篇目名称中英文对照表见附录 2.

20 所引英文经文均出自 English Revised Vision（ERV-1881, 1885），又称 Revised Version（RV），来源：http://erv.scripturetext.com。下文不再逐一标注。

[朱　本]　　亚伯拉罕生以撒；以撒生雅各；雅各生犹大和他的弟兄们；犹大由大马氏生法勒士和撒拉；法勒士生以士仑；以士仑生亚兰；亚兰生亚米挈达；亚米挈达生挈顺；挈顺生撒门；撒门由喇合氏生波士；波士由路得氏生阿伯；阿伯生耶西；耶西生大卫王；

[思高本]　　亚巴郎生依撒格，依撒格生雅各伯，雅各伯生犹大和他的兄弟们；犹大由塔玛尔生培勒兹和则辣黑，培勒兹生赫兹龙，赫兹龙胜阿兰，阿兰生阿米纳达布，阿米纳达布生纳赫雄，纳赫雄生撒耳孟，撒耳孟由辣哈布生波阿次，波阿次由卢德生敖贝得，敖贝得生叶瑟，叶瑟生达味王。

[新译本]　　亚伯拉罕生以撒，以撒生雅各，雅各生犹大和他的弟兄，他玛给犹大生了法勒斯和谢拉，法勒斯生希斯仑，希斯仑生亚兰，亚兰生亚米拿达，亚米拿达生拿顺，拿顺生撒门，喇合给撒门生了波阿斯，路得给波阿斯生了俄备得，俄备得生耶西，耶西生大卫王。

英译本原文用分号的地方，和合本用圆点替换，简化字本则用逗号代替，每三代再用分号隔开。其他译本或者全部用逗号，或者全部用分号。

又如"尖点"的用例：

（2）创世记 1：11 上帝说、地要发生青草和结种子的菜蔬、并结果子的树木、各从其类、果子都包着核.事就这样成了。

[ERV]　　　Gn1:11 And God said, Let the earth bring forth grass, the herb yielding seed, and the fruit tree yielding fruit after his kind, whose seed is in itself, upon the earth: and it was so.

[简化字本]　神说，地要发生青草，和结种子的菜蔬，并结果子的树木，各从其类，果子都包着核。事就这样成了。

[思高本]　　天主说：「地上要生出青草，结种子的蔬菜，和各种结果子的树木，在地上的果子内都含有种子!」事就这样成了。

（3）创世记 1：5 上帝称光为昼、称暗为夜.有晚上、有早晨、这
是头一日。

[ERV]　　　Gn1:5 And God called the light Day, and the darkness he called Night. And the evening and the morning were the first day.

[简化字本] 神称光为昼，称暗为夜。有晚上，有早晨，这是头一日。

[思高本]　　天主称光为「昼，」称黑暗为「夜。」过了晚上，过了早晨，这是第一天。

（4）创世记 1：7 上帝就造出空气、将空气以下的水、空气以上的
水分开了.事就这样成了。

[ERV]　　　Gn1:7 And God made the firmament, and divided the waters which were under the firmament from the waters which were above the firmament: and it was so.

[简化字本] 神就造出空气，将空气以下的水，空气以上的水分开了。事就这样成了。

[思高本]　　天主造了穹苍，分开了穹苍以下的水和穹苍以上的水。

尖点"、"的功用比较明确，表示前后两段在语气上稍作停顿而意思还没完。简化字本和其他译本则用逗号或冒号替换。

2. 和合本中用小圈标明的一个句子，以一般的句式来比照，所管辖的范围往往要大得多。它所包含的"数气"，在和合本的简化字本和其他现代汉语译本中，有时是用句号来标点的，变一句为多句。

例如：

（1）创世记 1：5 上帝称光为昼、称暗为夜.有晚上、有早晨、这
是头一日。

[ERV]　　　Gn1:5 And God called the light Day, and the darkness he called Night. And the evening and the morning were the first day.

简化字本在和合本中在第二"气"的地方用了句号，把这句话变成了两句话：

> [简化字本] 神称光为昼，称暗为夜。有晚上，有早晨，这是头
> 一日。

而思高本中也把此处分为两句话：

> [思高本] 天主称光为「昼，」称黑暗为「夜。」过了晚上，
> 过了早晨，这是第一天。

其他类似用例如：

（2）创世记 1：10 上帝称旱地为地、称水的聚处为海.上帝看着是
好的。

> [ERV] Gn1:10 And God called the dry land Earth; and the
> gathering together of the waters called he Seas: and
> God saw that it was good.

> [简化字本] 神称旱地为地，称水的聚处为海。神看着是好的。

> [思高本] 天主称旱地为「陆地，」称水汇合处为「海洋。」
> 天主看了认为好。

> [新译本] 神称旱地为地，称水的聚处为海。神看这是好的。

（3）创世记 1：12 于是地发生了青草、和结种子的菜蔬、各从其
类、并结果子的树木、各从其类、果子都包着核.上帝看着
是好的.

> [ERV] Gn1: 12 And the earth brought forth grass, herb
> yielding seed after its kind, and tree bearing fruit,
> wherein is the seed thereof, after its kind: and God
> saw that it was good.

> [简化字本] 于是地发生了青草和结种子的菜蔬，各从其类；并
> 结果子的树木，各从其类，果子都包着核。上帝看
> 着是好的.

> [思高本] 地上就生出了青草，各种结种子的蔬菜，和各种结
> 果子的树木，果子内都含有种子。天主看了认为好。

（4）马太福音 2：5 他们回答说、在犹太的伯利恒.因为有先知记
着说、'犹大地的伯利恒阿、你在犹大诸城中、并不是最小的.
因为将来有一位君王、要从你那里出来、牧养我以色列民'。

[ERV]　　Mt2: 5 And they said unto him, In Bethlehem of
Judaea: for thus it is written by the prophet, 6 And
thou Bethlehem, land of Judah, Art in no wise least
among the princes of Judah: For out of thee shall
come forth a governor, Which shall be shepherd of
my people Israel.

[简化字本] 他们回答说："在犹太的伯利恒。因为有先知记着
说：'犹大地的伯利恒阿，你在犹大诸城中并不是
最小的，因为将来有一位君王要从你那里出来，牧
养我以色列民'。"

[思高本] 他们对他说:「在犹太的白冷，因为先知曾这样记
载:『你犹大的白冷啊!你在犹大的群邑中，决不是
最小的，因为将由你出来一位领袖，将牧养我的百
姓以色列。』」

[新译本] 他们回答："在犹太的伯利恒。因为有先知在经上
这样说：'犹大地的伯利恒啊! 你在犹大的领袖
中，并不是最小的，因为必有一位领袖从你那里出
来，牧养我的子民以色列。'"

（5）马太福音 2：9 他们听见王的话、就去了.在东方所看见的那
星、忽然在他面前头行、直行到小孩子的地方、就在上头停住了。

[ERV]　　Mt2: 9 And they, having heard the king, went their
way; and lo, the star, which they saw in the east, went
before them, till it came and stood over where the
young child was.

[简化字本] 他们听见王的话就去了。在东方所看见的那星，忽
然在他面前头行，直行到小孩子的地方，就在上头
停住了。

[朱　本]　他们听了王的话，就去了；忽然那在东方所见过的星，在前头领着他们，直到那小孩子所在的地方，就在上头停住了。

[思高本]　他们听了王的话，就走了。看，他们在东方所见的那星，走在他们面前，直至来到婴孩所在的地方，就停在上面。

[新译本]　他们听命去了。他们看见它出现的那颗星，领他们到那小孩所在的地方，便在上头停住了。

（6）马太福音 2：11 进了房子、看见小孩子和他母亲马利亚、就俯伏拜那小孩子、解开宝盒、拿黄金乳香没药为礼物献给他。

[ERV]　Mt2: 11 And they came into the house and saw the young child with Mary his mother; and they fell down and worshipped him; and opening their treasures they offered unto him gifts, gold and frankincense and myrrh.

[朱　本]　进到屋里，看见小孩子，和他的母亲玛利亚。就俯伏拜那小孩子；揭开宝盒，拿出黄金，乳香，没药，当礼物献给他。

[思高本]　他们走进屋内，看见婴儿和他的母亲玛利亚，遂俯伏朝拜了他，打开自己的宝匣，给他奉献了礼物，即黄金、乳香和没药。

[新译本]　他们看见那颗星，欢喜极了；进了屋，看见小孩和他母亲马利亚，就俯伏拜他，并且打开宝盒，把黄金、乳香、没药作礼物献给他。

（7）马太福音 2：12 博士因为在梦中被主指示、不要回去见希律、就从别的路回本地去了。

[ERV]　Mt2: 12 And being warned of God in a dream that they should not return to Herod, they departed into their own country another way.

[简化字本] 博士因为在梦中被主指示不要回去见希律，就从别
的路回本地去了。

[朱　本] 星士在梦中蒙主指示说："不要再去见希律。"他
们就走别的路，回本地去了。

[思高本] 他们在梦中得到指示，不要回到黑落德那里，就由
另一条路返回自己的地方去了。

[新译本] 后来他们在梦中得着指示不要回到希律那里去，便
从别的路回乡去了。

（8）马太福音2：13 他们去后、有主的使者向约瑟梦中显现、说、
起来、带着小孩子同他母亲、逃往埃及、住在那里、等我吩咐
你.因为希律必寻找小孩子要除灭他。

[ERV] Mt2: 13 Now when they were departed, behold, an
angel of the Lord appeareth to Joseph in a dream,
saying, Arise and take the young child and his mother,
and flee into Egypt, and be thou there until I tell thee:
for Herod will seek the young child to destroy him.

[简化字本] 他们去后，有主的使者向约瑟梦中显现，说："起
来！带着小孩子同他母亲逃往埃及，住在那里，等
我吩咐你，因为希律必寻找小孩子要除灭他。"

[朱　本] 他们去后，约瑟梦见主的使者，忽然来对他说："起
来！带着小孩子同他母亲，逃亡埃及去，等候我的
消息：因为现在希律寻找这小孩子要杀害他。"

[思高本] 他们离去后，看，上主的天使显于若瑟说：「起来，
带著婴孩和他的母亲，逃往埃及去，住在那里，直
到我再通知你，因为黑落德即将寻找这婴孩，要把
他杀掉。」

[新译本] 他们走了以后，主的使者在梦中向约瑟显现，说：
"起来，带着孩子和他母亲逃到埃及去，留在那
里，直到我再指示你，因为希律要寻找这孩子，把
他杀掉。"

由以上例句比照我们可以看到：和合本中的小圈表示"一气或数气而意思已全"，一句之中根据意思的完整性和语气停顿的需要，可以是一个单句，也可以是复句，还可以是一个句群。比现代通用标点中的句号所管辖的范围要宽泛得多。

二、用于一句之内，表示"一句而意思不全"的尖点"、"

"尖点"用于"一句而意思不全"的地方，也就是话还没有说完，但需要停顿（换气）的地方。作用相当于传统汉语断句中的"读"，以现代通用汉语标点的用法来比照，可分为两类：

1. 相当于顿号或逗号，表示此处可以停顿、但语意还待继续。

例如：

（1）创世记 1 ∶ 1 起初、上帝创造天地。

Gn1:1 In the beginning God created the heaven and the earth.

[简化字本] 起初，神创造天地。

[思高本] 在起初天主创造了天地。

（2）创世记 50 ∶ 1 约瑟伏在他父亲的面上哀哭、与他亲嘴。

[ERV] Gn50:1 And Joseph fell upon his father's face, and wept upon him, and kissed him.

[简化字本] 约瑟伏在他父亲的面上哀哭，与他亲嘴。

[思高本] 若瑟伏在他父亲的脸上，痛哭亲吻，……

（3）马太福音 1 ∶ 1 亚伯拉罕的后裔、大卫的子孙、耶稣基督的家谱.

[ERV] Mt1:1 The book of the generation of Jesus Christ, the son of David, the son of Abraham.

[朱 本] 亚伯拉罕的后裔，大卫的子孙，基督耶稣的谱系。

[思高本] 亚巴郎之子，达味之子耶稣基督的族谱：

[新译本] 大卫的子孙，亚伯拉罕的后裔，耶稣基督的家谱：

（4）出埃及记 1 ∶ 2 有流便、西缅、利未、犹大、以萨迦、西布伦、便雅悯、但、拿弗他利、迦得、亚设。

[ERV]　　　Ex1: 2 Reuben, Simeon, Levi, and Judah; 3 Issachar, Zebulun, and Benjamin; 4 Dan and Naphtali, Gad and Asher.

[简化字本]　流便、西缅、利未、犹大、以萨迦、西布伦、便雅悯、但、拿弗他利、迦得、亚设。

[思高本]　　以色列的儿子们，各带了家眷，同雅各伯来到埃及；他们的名字记载如下：勒乌本、西默盎、肋未和犹大，依撒加尔，则步隆和本雅明丹，和纳裴塔里，加得和阿协尔。

（5）创世记 1：7 上帝就造出空气、将空气以下的水、空气以上的水分开了．事就这样成了。

[ERV]　　　Gn1:7 And God made the firmament, and divided the waters which were under the firmament from the waters which were above the firmament: and it was so.

[思高本]　　天主造了穹苍, 分开了穹苍以下的水和穹苍以上的水。

[新译本]　　神造了穹苍, 把穹苍以下的水和穹苍以上的水分开了。

2. 相当于冒号，表示后面是引述的话。其他译本都用冒号替换。例如：

（1）创世记 1：3 上帝说、要有光、就有了光。

[ERV]　　　Gn1:3 And God said, Let there be light: and there was light.

[简化字本]　神说，要有光，就有了光。

[思高本]　　天主说:「有光!」就有了光。

[新译本]　　神说："要有光! "就有了光。

（2）创世记 1：9 上帝说、天下的水要聚在一处、使旱地露出来．事就这样成了。

[ERV]　　Gn1:9 And God said, Let the waters under the heaven be gathered together unto one place, and let the dry land appear: and it was so.

[简化字本]　上帝说"天下的水要聚在一处，使旱地露出来。"事就这样成了。

[思高本]　　天主说:「天下的水应聚在一处，使旱地出现!」事就这样成了。

（3）创世记 1 : 11 上帝说、地要发生青草和结种子的菜蔬、并结果子的树木、各从其类、果子都包着核. 事就这样成了。

[ERV]　　Gn1: 11 And God said, Let the earth put forth grass, herb yielding seed, and fruit tree bearing fruit after its kind, wherein is the seed thereof, upon the earth: and it was so.

[简化字本]　神说："地要发生青草，和结种子的菜蔬，并结果子的树木，各从其类，果子都包着核。"事就这样成了。

天主说:「地上要生出青草，结种子的蔬菜，和各种结果子的树木，在地上的果子内都含有种子! 」事就这样成了。

（4）出埃及记 1 : 9 对他的百姓说、看哪、这以色列民比我们还多、又比我们强盛。

[ERV]　　Ex1:9 And he said unto his people, Behold, the people of the children of Israel are more and mightier than we:

[简化字本]　对他的百姓说："看哪! 这以色列民比我们还多，又比我们强盛。"

[思高本]　　他对自己的人民说:「看以色列子民，比我们又多又强。

[新译本]　　他对自己的人民说："看哪，以色列民比我们众多强盛。

由和合本和其他译本的例句对照来看，和合本中表示"一句而意思不全"的"尖点"，是标示一句之内各个语言单位之间的界别的。与现代通用符号相比，它也是身兼数职，担当了其他译本中以顿号、逗号、冒号等其他通用符号行使的多种职能。这一点也可以反映出和合本译文更重"意会"的特点。

三、用于两句之间，表示"一气而意思不全"的圆点"."

圆点在和合本中的用处很多，有时用于提起下文，相当于现代通用汉语标点符号中的冒号。有时用于表示相邻的两个语段的关系，或是并列，或是因果，或是顺承，相当于现代汉语通用标点符号中的分号。在简化字本中，通常是用分号或逗号来代替。在前后两句话是因果关系时，和合本也用圆点来表示。和合本中的圆点还表示解释说明、意思的递进、转折等。兹分类举例说明如下。

1、表示引用或解释说明

圆点表示两个小句之间是解释说明的关系：后面的句子是引用的话，或者是前面句子的解释。

例如：

（1）马太福音1：1 亚伯拉罕的后裔、大卫的子孙、耶稣基督的家谱.

[ERV] Mt1:1 The book of the generation of Jesus Christ, the son of David, the son of Abraham.

[简化字本] 亚伯拉罕的后裔、大卫的子孙、耶稣基督的家谱：

[朱　本] 亚伯拉罕的后裔，大卫的子孙，基督耶稣的谱系。

[思高本] 亚巴郎之子，达味之子耶稣基督的族谱：

[新译本] 大卫的子孙，亚伯拉罕的后裔，耶稣基督的家谱：

（2）马太福音1：18 耶稣基督降生的事、记在下面.他母亲马利亚已经许配了约瑟、还没有迎娶、马利亚就从圣灵怀了孕。

[ERV] Mt1:18 Now the birth of Jesus Christ was on this wise: When his mother Mary had been betrothed to Joseph, before they came together she was found with child of the Holy Ghost.

[简化字本] 耶稣基督降生的事记在下面: 他母亲马利亚已经许
配了约瑟, 还没有迎娶, 马利亚就从圣灵怀了孕。

[朱　本] 基督耶稣降生, 就是这样: 他的母亲玛利亚, 已经
许配了约瑟, 还没有成婚, 玛利亚觉得自己由生灵
怀了胎。

[思高本] 耶稣基督的诞生是这样的: 他的母亲玛利亚许配于若
瑟后, 在同居前, 她因为圣神有孕的事已显示出来。

[新译本] 耶稣基督的降生是这样的: 耶稣的母亲马利亚许配
了约瑟, 他们还没有同房, 马利亚就从圣灵怀了孕。

（3）创世记 2 ：4 创造天地的来历、在耶和华上帝造天地的日子、
乃是这样.

[ERV] Gn2: 4 These are the generations of the heaven and
of the earth when they were created, in the day that
the LORD God made earth and heaven.

[简化字本] 创造天地的来历, 在耶和华上帝造天地的日子, 乃
是这样:

[思高本] 这是创造天地的来历。

[新译本] 这是创造天地的起源: 耶和华上帝造天地的时
候, ……

简化字本及其他译本表示引用的地方一般用冒号来代替。表示解释的地
方以句号、分号、逗号来替换。如例（1）在其他译本中为:

[简化字本] 亚伯拉罕的后裔、大卫的子孙、耶稣基督的家谱:

[朱　本] 亚伯拉罕的后裔, 大卫的子孙, 基督耶稣的谱系。

[思高本] 亚巴郎之子, 达味之子耶稣基督的族谱:

[新译本] 大卫的子孙, 亚伯拉罕的后裔, 耶稣基督的家谱:

和合本中其他类似用例如:

（1）马太福音 4 ：18 耶稣在加利利海边行走、看见弟兄二人、就
是那称呼彼得的西门、和他兄弟安得烈、在海里撒网.他们本
是打鱼的。

（2）路加福音 8 ：11 这比喻乃是这样.种子就是上帝的道、

（3）以赛亚书 14 ：28 亚哈斯王崩的那年、就有以下的默示.

（4）以赛亚书 59 ：21 耶和华说、至于我与他们所立的约、乃是这样.我加给你的灵、传给你的话、必不离你的口、也不离你后裔与你后裔之后裔的口、从今直到永远.这是耶和华说的。

（5）以弗所书 3 ：7 我作了这福音的执事、是照上帝的恩赐.这恩赐是照他运行的大能赐给我的。

（6）腓立比书 1 ：1 基督耶稣的仆人保罗、和提摩太、写信给凡住腓立比、在基督耶稣里的众圣徒、和诸位监督、诸位执事.1 ：2 愿恩惠平安、从上帝我们的父、并主耶稣基督、归与你们。

（7）歌罗西书 1 ：23 只要你们在所信的道上恒心、根基稳固、坚定不移、不至被引动失去原文作离开福音的盼望.这福音就是你们所听过的、也是传与普天下万人听的.（万人原文作凡受造的）我保罗也作了这福音的执事。

从以上例句可见，在插入表示解释说明的话时，和合本都用圆点标注，表示这句插入的话与上文的意思相连，属于同一个句子。

2、表示并列或顺承关系

和合本的圆点还用于表示前后语意相连、是同一意思的顺承关系；或同一大句之下的并列成分，即多重复句中表示顺承关系的分句或复句中的并列分句。简化字本和其他译本则用分号代替，或者分为两句话。

例如：

（1）创世记 1 ：2 地是空虚混沌.渊面黑暗.上帝的灵运行在水面上。

[ERV] Gn1:2 And the earth was without form, and void; and darkness was upon the face of the deep. And the Spirit of God moved upon the face of the waters.

[简化字本] 地是空虚混沌，渊面黑暗；神的灵运行在水面上。

[思高本] 大地还是混沌空虚，深渊上还是一团黑暗，天主的神在水面上运行。

（2）马可福音 9：2 过了六天、耶稣带着彼得、雅各、约翰暗暗的上了高山、就在他们面前变了形像.衣服放光、极其洁白.地上漂布的、没有一个能漂得那样白。

[ERV]　　　Mark9:2 And after six days Jesus taketh with him Peter, and James, and John, and bringeth them up into a high mountain apart by themselves: and he was transfigured before them: 3 and his garments became glistering, exceeding white; so as no fuller on earth can whiten them.

[简化字本] 过了六天，耶稣带着彼得、雅各布、约翰暗暗的上了高山，就在他们面前变了形像：衣服放光，极其洁白，地上漂布的，没有一个能漂得那样白。

[朱　　本] 过了六天，耶稣带彼得，雅各，约翰，暗暗的领他们上了一座高山，当他们面前，变了形象；他的衣服洁白放光，世上没有漂布的能漂得那样白。

类似用例很多，例如：

（3）马太福音 1：2 亚伯拉罕生以撒.以撒生雅各.雅各生犹大和他的弟兄.犹大从他玛氏生法勒斯和谢拉.法勒斯生希斯仑.希斯仑生亚兰.亚兰生 亚米拿达.亚米拿达生拿顺.拿顺生撒门.撒门从喇合氏生波阿斯.波阿斯从路得氏生俄备得.俄备得生耶西.耶西生大卫王。

《圣经》英译本原文是以十四代为一句，句中各个并列分句用分号隔开。例如：

[ERV]　　　Mt1:2 Abraham begat Isaac; and Isaac begat Jacob; ……5 and Salmon begat Boaz of Rahab; and Boaz begat Obed of Ruth; and Obed begat Jesse; 6 and Jesse begat David the king. ……11 and Josiah begat Jechoniah and his brethren, at the time of the carrying away to Babylon. ……16 and Jacob begat Joseph the husband of Mary, of whom was born Jesus, who is called Christ.

和合本的断句与英文一致，只是用圆点代替分号，表示意思未完。简化字本出了用逗号代替圆点之外，还把每三代用分号隔开。

例如：

> [简化字本] 亚伯拉罕生以撒，以撒生雅各，雅各生犹大和他的弟兄；犹大从他玛氏生法勒斯和谢拉，法勒斯生希斯仑，希斯仑生亚兰；亚兰生亚米拿达，亚米拿达生拿顺，拿顺生撒门，撒门从喇合氏生波阿斯，波阿斯从路得氏生俄备得，俄备得生耶西，耶西生大卫王。

思高本和新译本基本上用逗号替换，如：

> [思高本] 亚巴郎生依撒格，依撒格生雅各伯，雅各伯生犹大和他的兄弟们；犹大由塔玛尔生培勒兹和则辣黑，培勒兹生赫兹龙，赫兹龙胜阿兰，阿兰生阿米纳达布，阿米纳达布生纳赫雄，纳赫雄生撒耳孟，撒耳孟由辣哈布生波阿次，波阿次由卢德生敖贝得，敖贝得生叶瑟，叶瑟生达味王。

> [新译本] 亚伯拉罕生以撒，以撒生雅各，雅各生犹大和他的弟兄，他玛给犹大生了法勒斯和谢拉，法勒斯生希斯仑，希斯仑生亚兰，亚兰生亚米拿达，亚米拿达生拿顺，拿顺生撒门，喇合给撒门生了波阿斯，路得给波阿斯生了俄备得，俄备得生耶西，耶西生大卫王。

而朱本则从第一代直到最后一代，一律用逗号隔开：

> [朱　本] 亚伯拉罕生以撒；以撒生雅各；雅各生犹大和他的弟兄们；……以利亚撒生马但；马但生雅各；雅各生约瑟；约瑟就是玛利亚的丈夫，那称为基督的耶稣，就是玛利亚生的。

（4）马太福音1：17 这样、从亚伯拉罕到大卫、共有十四代．从大卫到迁至巴比伦的时候、也有十四代．从迁至巴比伦的时候到基督、又有十四代。

[ERV]　　Mt1:17 So all the generations from Abraham unto David are fourteen generations; and from David unto the carrying away to Babylon fourteen generations; and from the carrying away to Babylon unto the Christ fourteen generations.

[朱　本]　这样，从亚伯拉罕到大卫王共有十四代；从大卫王到掳往巴比伦的时候，也有十四代；从掳往巴比伦到基督，又有十四代。

高本：　　所以从亚巴郎到大卫共十四代，从大卫到巴比伦共十四代，从流徙巴比伦到基督共十四代。

[新译本]　这样，从亚伯拉罕到大卫，一共是十四代；从大卫到被掳到巴比伦的时候，也是十四代；从被掳到巴比伦的时候到基督，又是十四代。

和合本其他类似用例如：

（5）马太福音 2：8 就差他们往伯利恒去、说、你们去仔细寻访那小孩子.寻到了、就来报信、我也好去拜他。

[ERV]　　Mt2:8 And he sent them to Bethlehem, and said, Go and search out carefully concerning the young child; and when ye have found him, bring me word, that I also may come and worship him.

（6）马太福音 2：9 他们听见王的话、就去了.在东方所看见的那星、忽然在他们前头行、直行到小孩子的地方、就在上头停住了。

[ERV]　　Mt2: 9 And they, having heard the king, went their way; and lo, the star, which they saw in the east, went before them, till it came and stood over where the young child was.

由以上句例对照可见，和合本句子的划分是以英译本原文和语意的完整与否为标准的，一句之内的圆点"."表示意思未完而需要停顿的地方。

3、表示因果关系

和合本中很多因果关系的句子，往往依据英文本的顺序，把结果放在前面，而后面解释原因，这时一般用圆点来来标点。其他译本中则以通用符号的冒号或逗号来代替，有时也把表原因的语段提到结果前面，以通用符号中的分号、逗号、冒号甚至句号替换。

例如：

（1）马太福音 2：13 他们去后、有主的使者向约瑟梦中显现、说、起来、带着小孩子同他母亲、逃往埃及、住在那里、等我吩咐你.**因为**希律必寻找小孩子要除灭他。

[ERV]   Mt2:13 Now when they were departed, behold, an angel of the Lord appeareth to Joseph in a dream, saying, Arise and take the young child and his mother, and flee into Egypt, and be thou there until I tell thee: for Herod will seek the young child to destroy him.

[朱 本]   他们去后，约瑟梦见主的使者，忽然来对他说："起来！带着小孩子同他母亲，逃亡埃及去，等候我的消息：**因为**现在希律寻找这小孩子要杀害他。"

[思高本]   他们离去后，上主的天使托梦显于若瑟说："起来，带着婴孩和他的母亲逃往埃及去，住在那里，直到我在通知你，**因为**黑落德即将寻找这婴孩，要把他杀掉。"

[新译本]   他们走了以后，主的使者在梦中向约瑟显现，说："起来，带着孩子和他母亲逃到埃及去，留在那里，直到我再指示你，**因为**希律要寻找这孩子，把他杀掉。"

（2）马太福音 2：19 希律死了以后、有主的使者、在埃及向约瑟梦中显现、说、起来、带着小孩子和他母亲往以色列地去.**因为**要害小孩子性命的人已经死了。

[ERV]   Mt2: 19 But when Herod was dead, behold, an angel of the Lord appeareth in a dream to Joseph in Egypt,

20 saying, Arise and take the young child and his mother, and go into the land of Israel: for they are dead that sought the young child's life.

[朱　本]　希律王既然死了，约瑟在埃及梦见主的使者，忽然对他说："起来！带着小孩子同他母亲，往以色列地方去：那里要谋杀小孩子的人已经死了。"

[思高本]　黑落德死后，看，上主的天使在埃及托梦显于若瑟，说："起来，带着孩子和他的母亲，往以色列地去，**因为**那些谋杀孩子性命的人死了。"

[新译本]　希律死后，在埃及主的使者在梦中向约瑟显现，说："那些要杀害这孩子的人已经死了：起来，带着孩子和他母亲回以色列地去吧。"

（3）马太福音3：15 耶稣回答说、你暂且许我.**因为**我们理当这样尽诸般的义.于是约翰许了他。

[ERV]　　Mt3: 15 But Jesus answering said unto him, Suffer it now: for thus it becometh us to fulfill all righteousness. Then he suffereth him.

[朱　本]　耶稣说："你暂时准我：我们当如此尽各样的本分。"约翰就准了他。

[思高本]　耶稣回答他说："你暂且容许罢！**因为**我们应当这样，以完成全义。"于是若翰就容许了他。

[新译本]　耶稣回答："暂时这样吧。我们理当这样履行全部的义。"于是约翰答应了他。

（4）马太福音23：8 但你们不要受拉比的称呼.**因为**只有一位是你们的夫子.你们都是弟兄。也不要称呼地上的人为父.**因为**只有一位是你们的父、就是在天上的父。也不要受师尊的称呼.**因为**只有一位是你们的师尊、就是基督。

[ERV]　　Mt23:8 But be not ye called Rabbi: for one is your teacher, and all ye are brethren. 9 And call no man

your father on the earth: for one is your Father, which
is in heaven. 10 Neither be ye called masters: for one
is your master, even the Christ.

[朱　本]　但你们不要受夫子的称呼：你们的夫子只有一位，
你们都是弟兄。也不要称世上的人为父：你们的父
只有一位，就是天父。也不要受师尊的称呼：你们
的师尊只有一位，就是基督。

[思高本]　至于你们，却不要被称为「辣彼」，因为你们的师
傅只有一位，你们众人都是兄弟；也不要在地上称
人为你们的父，因为你们的父只有一位，就是天上
的父。你们也不要被称为导师，因为你们的导师只
有一位，就是默西亚。

[新译本]　然而你们不要被人称为'拉比'，因为只有一位是
你们的老师，你们都是弟兄。不要称呼地上的人为
父，因为只有一位是你们的父，就是天父。你们也
不要被人称为老师，因为只有一位是你们的老师，
就是基督。

和合本中类似用例很多，因果复句如果原因分句在后，前面基本上都用
圆点与结果分句隔开。例如：

（5）约翰福音 3：2 这人夜里来见耶稣、说、拉比、我们知道你是
由上帝那里来作师傅的.因为你所行的神迹、若没有上帝同在、
无人能行。

（6）约翰福音 3：34 上帝所差来的、就说上帝的话.因为上帝赐圣
灵给他、是没有限量的。

（7）使徒行传 2：24 上帝却将死的痛苦解释了、叫他复活.因为他
原不能被死拘禁。

（8）罗马书 1：19 上帝的事情、人所能知道的、原显明在人心里.
因为上帝已经给他们显明。

（9）哥林多前书 3：3 你们仍是属肉体的.因为在你们中间有嫉妒
分争、这岂不是属乎肉体、照着世人的样子行么。

（10）加拉太书 3：10 凡以行律法为本的、都是被咒诅的.**因为**经上记着、凡不常照律法书上所记一切之事去行的、就被咒诅。

由此可见，和合本中的小圆点"."的作用之一是用于两个分句之间，表示前后是因果关系。

4、表示总结上文

《圣经》有的话从意思上看是对上文所提到的事情的总结，这时，和合本用圆点标示。而其他译本或者不作区分，直接用句号替换；或者用分号标示。例如：

（1）创世记 1：5 上帝称空气为天.**有晚上、有早晨、是第二日**。

[ERV]　　Gn1:5 And God called the light Day, and the darkness he called Night. And there was evening and there was morning, one day.

[简化字本]　上帝称光为昼，称暗为夜。**有晚上，有早晨，这是头一日**。

[思高本]　　天主称光为「昼，」称黑暗为「夜。」**过了晚上，过了早晨，这是第一天**。

[新译本]　　神称光为昼，称暗为夜。**有晚上，有早晨；这是第一日**。

（2）创世记 1：11 上帝说、地要发生青草和结种子的菜蔬、并结果子的树木、各从其类、果子都包着核.**事就这样成了**。

[ERV]　　Gn1:11 And God said, Let the earth bring forth grass, the herb yielding seed, and the fruit tree yielding fruit after his kind, whose seed is in itself, upon the earth: and it was so.

[思高本]　　天主说：「地上要生出青草，结种子的蔬菜，和各种结果子的树木，在地上的果子内都含有种子!」**事就这样成了**

[新译本]　　神说："地上要长出青草、结种子的蔬菜和结果子的树木，各从其类，在地上的果子都包着核!"**事就这样成了**。

和合本中其他类似用例如：

（3）创世纪 6：22 挪亚就这样行。**凡上帝所吩咐的、他都照样行了**。

[ERV] Gn 6:22 Thus did Noah; <u>according to all that God commanded him, so did he.</u>

（4）歌罗西书 2：16、17 所以不拘在饮食上、或节期、月朔、安息日、都不可让人论断你们。**这些原是后事的影儿.那形体却是基督**。

[ERV] Col 2:16 Let no man therefore judge you in meat, or in drink, or in respect of a feast day or a new moon or a sabbath day**: 17 which are a shadow of the things to come; but the body is Christ's.**

（5）歌罗西书 4：11 耶数又称犹士都、也问你们安.奉割里的人中、只有这三个人、是为上帝的国与我一同作工的、也是叫我心里得安慰的。

[ERV] Col4:11 and Jesus, which is called Justus, who are of the circumcision: **these only are my fellow-workers unto the kingdom of God, men that have been a comfort unto me.**

（6）撒母耳记上 2：13、14 这二祭司待百姓是这样的规矩、凡有人献祭、正煮肉的时候、祭司的仆人就来、手拿三齿的叉子、将叉子往罐里、或鼎里、或釜里、或锅里一插、插上来的肉、祭司都取了去.**凡上到示罗的以色列人、他们都是这样看待**。

[ERV] 1Sl 2:13 And the custom of the priests with the people was, that, when any man offered sacrifice, the priest's servant came, while the flesh was in seething, with a fleshhook of three teeth in his hand; 14 and he struck it into the pan, or kettle, or caldron, or pot; all that the fleshhook brought up the priest took therewith. **So they did in Shiloh unto all the Israelites that came thither.**

英译本原文中多用冒号标点，表示后一分句是对上文的总结；和合本则用小圆点；其他汉译本在此处多用句号，把和合本中表示总结上文的分句作为独立的句子。这显示出和合本译者除了充分尊重原文（英译本）之外，还显示出他们使译文语言"以意尽为界"的努力。

5、表示转折关系

在前后两个小句意思转折的地方，和合本也用圆点标示。其他译本或用分号、或用句号。

例如：

（1）马太福音 1：25 约瑟醒了、起来、就遵着主使者的吩咐、把妻子娶过来.**只是**没有和他同房、等他生了儿子、就给他起名叫耶稣。

[ERV]　　Mt1:25 And knew her not till she had brought forth her firstborn son**: and** he called his name JESUS.

[朱　本]　　约瑟醒了梦，就照着主的使者所安派的，把他的妻子娶过来。**但**没有和她接近，等她生了长子，就称他的名叫耶稣。

[思高本]　　若瑟从睡梦中醒来，就照上主的天使所嘱咐的办了，娶了他的妻子；若瑟虽然没有认识她，她就生了一个儿子.给他起名叫耶稣。

[新译本]　　约瑟睡醒了，就照着主的使者所吩咐的，把妻子迎娶过来；只是在孩子出生以前，并没有与她同房。约瑟给孩子起名叫耶稣。

（2）马太福音 26：5 大家商议、要用诡计拿住耶稣杀他.**只是**说、当节的日子不可、恐怕民间生乱。

[ERV]　　Mt26: 5 But they said, Not during the feast, lest a tumult arise among the people.

[朱　本]　　大家商议，要设暗计捉拿耶稣，杀害他。**只是**说："当节的日子不可，恐怕百姓生气。"

[思高本]　　那时，司祭长和民间长老，都聚集在名叫盖法的大
司祭的庭院内，共同议决要用诡计捉拿耶稣，加以
杀害。**但是**他们说："不可在庆节期内，免得民间
发生暴动。"

[新译本]　　那时，祭司长和民间的长老聚集在大祭司该亚法的
官邸，商议怎样用诡计逮捕耶稣，把他杀害。**不过**
他们说："不可在节期下手，免得引起民众暴动。"

（3）马太福音 3：9 你们要结出果子来、与悔改的心相称.不要自
己心里说、有亚伯拉罕为我们的祖宗.

[ERV]　　　Mt3: 9 and think not to say within yourselves, We
have Abraham to our father: for I say unto you**, that**
God is able of these stones to raise up children unto
Abraham.

[朱　本]　　所以你们要结善果，表示悔改的心：不要自觉我们
有一位祖宗亚伯拉罕。

[思高本]　　那么，就结与悔改相称的果实罢**!** 你们自己不要思
念说：我们有亚巴郎为父。

[新译本]　　应当结出果子来，与悔改的心相称：你们心里不要
以为：'我们有亚伯拉罕作我们的祖宗。'

（4）马太福音 3：11 我是用水给你们施洗、叫你们悔改.但那在我
以后来的、能力比我更大、我就是给他提鞋、也不配.他要用
圣灵与火给你们施洗。

[ERV]　　　Mt3:11 I indeed baptize you with water unto
repentance: **but** he that cometh after me is mightier
than I, whose shoes I am not worthy to bear: he shall
baptize you with the Holy Ghost and with fire:

[朱　本]　　我为你们悔改，现在用水给你们施洗：**但**在我以后
来了更强有力的一位，我就是替他拿鞋，也是不配
的：他要用圣灵和火给你们施洗。

[思高本]　我固然用水洗你们，为使你们悔改：**但**在我以后要来的那一位，比我更强，我连提他的鞋也不配，他要以圣神及火洗你们。

[新译本]　我用水给你们施洗，表示你们悔改：**但**在我以后要来的那一位，能力比我更大，我就是替他提鞋也没有资格。他要用圣灵与火给你们施洗。

和合本其他此类用例如：

（5）加拉太书 4：14 你们为我身体的缘故受试炼、没有轻看我、也没有厌弃我. **反倒**接待我、如同上帝的使者、如同基督耶稣。

（6）以弗所书 3：8 我本来比众圣徒中最小的还小. **然而**他还赐我这恩典、叫我把基督那测不透的丰富、传给外邦人。

（7）以弗所书 6：2、3 要孝敬父母、使你们得福、在世长寿. 第一条待应许的诫命。

（8）歌罗西书 1：21、22 你们从前与上帝隔绝、因着恶行、心里与他为敌. **但**如今他藉着基督的肉身受死、叫你们与自己和好、都成了圣洁、没有瑕疵、无可责备、把你们引到自己面前。

和合本除了用连接词表示转折关系之外，还利用小圆点"."标示分句之间在逻辑和意义上前后相连。

6、表示递进关系

和合本在表示意思递进的地方，也用圆点标示。而其他译本则用逗号或分号，或者直接用句号变为两个句子。

例如：

（1）马太福音 28：7 快去告诉他的门徒说、他从死里复活了. **并且在你们以先往加利利去、在那里你们要见他**. 看哪、我已经告诉你们了。

[ERV]　Mt28:7 And go quickly, and tell his disciples, He is risen from the dead; and lo, he goeth before you into Galilee; there shall ye see him: lo, I have told you.

[朱　本]　快去告诉他的门徒，说：他从死里活起来了。**要在你们以先到加利利去，在那里你们将要看见他**：你看！我告诉你们了。

[思高本]　你们来看看那安放过他的地方；并且快去对他的门徒说：他已经由死者中复活了。**看！他在你们以先往加里肋亚去**，在那里你们要看见他。看！我已经告诉了你们。

[新译本]　快去告诉他的门徒：'他已经从死人中复活了。他会你们先到加利利去，你们在那里必会看见他。

（2）马太福音2：26、27 凡听见我这话不去行的、好比一个无知的人、把房子盖造在沙土上。雨淋、水冲、风吹、撞着那房子就倒塌了。**并且倒塌得很大**。

[ERV]　Mt2:26 And every one that heareth these words of mine, and doeth them not, shall be likened unto a foolish man, which built his house upon the sand: 27 and the rain descended, and the floods came, and the winds blew, and smote upon that house; and it fell**: and great was the fall thereof**.

[朱　本]　凡听见我这话，不照着行的，好比愚拙的人，把他的房子盖造在沙土上，雨淋，水淹，风刮，撞着那房子；房子就倒塌了：**并且陷落的很大**！

[思高本]　凡听了我这些话而不实行的，就好像一个愚昧人，把自己的房屋建在沙土上：雨淋，水冲，风吹，袭击那座房屋，它就坍塌了，**且坍塌的很惨**。

[新译本]　凡听见我这些话却不遵行的，就像愚蠢的人，把自己的房子盖在沙土上，雨淋、水冲、风吹，摇撼那房子，房子就倒塌了，**并且倒塌得很厉害**。

和合本中其他类似用例如：

（3）以弗所书2：12 那时你们与基督无关、在以色列国民以外、在所应许的诸约上是局外人、**并且活在世上没有指望、没有上帝**。

（4）腓立比书 1：9 我所祷告的、就是要你们的爱心、在知识和各样见识上、多而又多．1：10 使你们能分别是非、（或作喜爱那美好的事）作诚实无过的人、直到基督的日子．<u>**1：11 并靠着耶稣基督结满了仁义的果子、叫荣耀称赞归与上帝**</u>。

（5）希伯来书 5：12 看你们学习的工夫、本该作师傅、谁知还得有人将上帝圣言小学的开端、另教导你们．<u>**并且成了那必须吃奶、不能吃干粮的人**</u>。

（6）雅各书 5：4 工人给你们收割庄稼、你们亏欠他们的工钱．这工钱有声音呼叫．<u>**并且那收割之人的冤声、已经入了万军之主的耳了**</u>。

（7）约翰一书 5：3 我们遵守上帝的诚命、这就是爱他了．<u>**并且他的诚命不是难守的**</u>。

（8）启示录 11：6 这二人有权柄、在他们传道的日子叫天闭塞不下雨、叫水变为血．<u>**并且能随时随意用各样的灾殃攻击世界**</u>。

由以上用例可见，和合本中小圆点的另一个功用就是标示前后分句之间是递进关系。

如上所见，《圣经》官话和合本所应用的新式标点中，体现译者句法观念的标点符号计有三种，即：

1）小圈 "。"：用于一句话结束的地方，这句话的声气和意思俱已完整；

2）尖点 "、"：用于一句之内、各个语言单位之间，表示意思未完；

3）圆点 "．"：用于两个小句（分句）之间，表示此处声气已全、意思未全。而它所标点的两个小句之间的具体关系，则要依靠其中的连接词或者读者的意会，视两个小句前后的意思和逻辑关系而定。

从总体上看，和合本所用标点数量偏少，圆点 "．" 的应用范围宽泛。然而，本书却开启了中文作品应用新式标点的先河，有助于读者理解作品的语句构造和所表达的语义内容。就其所表达的析句观点而言，体现了当时传教士的汉语语法研究成果：引入了英语的句子观念——主谓成句——"凡一句而意思不全的，就用尖点、"；充分尊重汉语事实，按照中文说话模式和语法，以句读为本体（例如以尖点隔开句法主题），以 "气" 为基本单位，以 "意" 为界（"凡一气而意思不全的，就用圆点．"，"凡一气或数气而意思已全的，就用小圈。"）。其中圆点"."来源于英文中的冒号和分号，使其所标点的小句之间的句法、语意的逻辑关系在形式上有了明确的标记。

这三种标点与另外四种符号（引号——双钩＂＂、解号——括号（ ）、字旁小点……，中国原有的人地名的单复线），一起构成了一套完整的标点符号体系。此前及同时代，引进和介绍西方标点符号的主张已不鲜见，从 1869 年同文馆学生张德彝《再述奇》介绍"泰西各国"9 种标点符号开始，中国学者、作家开始介绍使用西式标点，甚至出现多种由个人设计的"新式标点符号"方案，以及将新式标点应用于中文作品的写作实践。如王炳耀的《拼音字谱》（ 1896 ）、严复的《英文汉诂》（ 1904 ）、卢赣章的《中国字母北京教科书》、鲁迅和周作人翻译的《域外小说集》（ 1909 ）等应用新式标点的作品。率先在刊物上应用新式标点的是《科学杂志》（ 1917 年 ）和《新青年》（ 1918 年 ）。不过正式推行新式标点符号，始自国家教育部发布《通令采用新式标点符号文》，已是在 1920 年 2 月。[21]此前，和合本《新约》部分的单行本多次试行，于 1907 年完成全部修订并出版，并于 1919 年 4 月出版全本，如此大篇幅应用，且出版发行量大面广，在中国尚属首次。因此，可以说和合本在新式标点的应用方面，与当时及早前应用新式标点的白话文作品一样，是起了先行的示范作用的。

---

21 参见：袁晖. 汉语标点符号流变史[M]. 武汉：湖北教育出版社，2002.9，第 284 页。

第三章 《圣经》官话和合本语法词的欧化

　　语法的"欧化"现象，"是指现代汉语在印欧语言，特别是在英语影响下产生或发展起来的语法现象"。[1]包括两种情况：新兴的语法形式——"汉语在印欧语言影响下通过模仿和移植而产生的新兴语法成分和句法格式"，以及原有语法形式使用频率的增加——"汉语中罕用的语法形式由于印欧语言影响的推动和刺激作用而得到迅速发展的现象"。[2]

　　但语法是语言中最为保守的势力，纯粹通过移植和模仿而产生或发展起来的新兴语法形式，只是极个别的现象。从具体的形式来看，大多数所谓的"欧化"语法现象都能在汉语中找到其始源形式（庄黄腾2009）。就本文对和合本欧化句法现象的研究而言，语法的欧化更多地表现在原有语法形式的迅速发展上。

　　下面我们将就和合本中以下几种欧化语法现象作具体的考察：代词（重点考察第三人称代词）、用于句首的介词"当"和"在"、并列格式中的连词"和"、"并"，以及"一+量词"结构、语序和"被"字句等。同时比照其他《圣经》汉译本、和合本同时代的以及后出的白话文作品。

　　本章论述和合本在语法词应用上的欧化现象。汉语组织句子的固有传统是以"意气"为先的，词语之间、分句之间的语法语义关系常常是以语序、语气和意义等内在逻辑来体现，要依靠读者的主观努力去意会。体现在句子

1　贺阳. 现代汉语欧化语法现象研究[M]. 北京：商务印书馆，2008.12，第1页。
2　同上。

分析上，就是"以句读为本体，以句读的循序铺排为局势，以意尽为句界"[3]。而英语组织句子则是以形态为依据、以动词为核心、主谓成句的，词语之间、分句之间的关系常常是通过形态变化和语法词连接来表现的。因此，语法词的应用频率是考察语法欧化现象的重要依据。

第一节　代词应用的变化

前面我们已经提到，和合本翻译之前，来华传教士对汉语语法特点已经有了直观的认识和一些系统的论述。单从语用和修辞方面，传教士通过观察注意到汉语中代词的一些特点：两人交谈时从不使用"语法上的第二人称"；谈到自己时，从来不用"第一人称的代名词"，等等。而和合本中，第一人称和第二人称代名词的用法显然与传教士所观察到的这些特点明显不同。首先是对话中普遍应用第二人称代词，和合本中第二人称代词"你"或"你们"的用例共有 10446 处，而第一人称代词"我"或"我们"的用例则有 10342 处。这也是英译本原文给和合本官话译文带来的欧化影响之一。[4]

而和合本的第三人称代词在使用频率上明显增加，共出现第三人称代词用例 13943 处，其中指物第三人称代词的使用，欧化迹象尤其明显。

和合本中第三人称代词的用例如：

（1）马太福音 1：19[5] **他**丈夫约瑟是个义人、不愿意明明的羞辱**他**、想暗暗的把**他**休了。

（2）马可福音 1：5 犹太全地、和耶路撒冷的人、都出去到约翰那里、承认**他们的**罪、在约但河里受**他的**洗。

（3）马可福音 1：35 次日早晨、天未亮的时候、耶稣起来、到旷野地方去、在那里祷告. 1：36 西门和同伴追了**他**去。

---

3 申小龙. 中国文化语言学[M]. 长春：吉林教育出版社，1990.9，第 453 页。

4 《圣经》官话和合本（上帝版）共 66 篇、1189 章、31173 节（一说 31102 节）、约 100 万字。其中旧约部分 39 篇、929 章、23145 节、近 75 万字；新约部分 27 篇、260 章、7957 节，约 25 万字。

5 这是《圣经》经文为读经方便而通用的标注形式："马太福音"为《圣经》篇目名称，"1：19"中第一个数字表示第一章，第二个数字表示这句话是该章中第 19 小节。下同。

（4）路加福音 1：5 当犹太王希律的时候、亚比雅班里有一个祭司、名叫撒迦利亚.他妻子是亚伦的后人、名叫以利沙伯.1：6 **他们**二人、在上帝面前都是义人、遵行主的一切诚命礼仪、没有可指摘的。

（5）路加福音 1：13 天使对他说、撒迦利亚、不要害怕.因为你的祈祷已经被听见了、你的妻子以利沙伯要给你生一个儿子、你要给**他**起名叫约翰。

（6）约翰福音 2：11 这是耶稣所行的头一件神迹、是在加利利的迦拿行的、显出**他的**荣耀来。**他的**门徒就信**他**了。

（7）使徒行传 1：18 这人用**他**作恶的工价、买了一块田、以后身子仆倒、肚腹崩裂、肠子都流出来。

同时代的白话小说中第三人称代词的用例，比以《红楼梦》为代表的旧白话小说相比，也有增加的趋势，在上下文可以省略主语的情况下，用"他"作回指。

例如：

（1）**他**为什么好端端的要投降呢？总是外国人许了**他**重利，所以肯替**他**做向导。（《孽海花》第二回）

（2）想得出神，侍者送上补丁，没有看见，众人招呼**他**，方才觉着。（《孽海花》第三回）

（3）**他**留心看**她**那天，一个男仆都没带，只随了个小环，这明明是有意来找**他**的，但态度倒装得益发庄重。（《孽海花》第四回）

（4）过了十余年之后，少年的渐渐变做中年了，阅历也多了；并且**他**在那嬉游队中，很很的遇过几次阴险坚恶的谋害，几乎把性命都送断了。（《二十年目睹之怪现状》第一回）

（5）那时店中有一位当手，姓张，表字鼎臣，**他**待我哭过一场，然后拉我到一间房内，问我道:（《二十年目睹之怪现状》第二回）

（6）我听了这几句话，方才猛然想起，**这个人**是我同窗的学友，姓吴，名景曾，表字继之。**他**比我长了十年，我同他同窗的时候，我只有八九岁，**他**是个大学生，同了四五年窗，一向读书，多承他提点我。（《二十年目睹之怪现状》第三回）

但相对和合本而言，同时代的白话小说更多的是选择省略或使用名词性回指，因此在第三人称代词使用频率上远远低于和合本。

我们考察了和合本与《孽海花》《二十年目睹之怪现状》中第三人称代词的使用情况，参考贺阳（2008）的统计数据，把和合本与其他白话文作品中第三人代词的使用频率作了对比。请见下表：

表 3-1：和合本第三人称代词的使用频率[6]　　单位：例

语　料		他	她	它	合　计	每万字
早期旧白话小说	《水浒全传》	168	0	0	168	约 74.5
	《西游记》	462	0	0	462	
	《红楼梦》	371	0	0	371	
	《儿女英雄传》	489	0	0	489	
同时代白话小说	《二十年目睹之怪现状》	7508	0	0	7508	约 141.7
	《孽海花》	1232	320	11	1552	约 62
	小计	8740	320	11	9060	约 116
和合本《新旧约全书》		12748	919	276	13943	约 139
后出白话小说	老舍作品	13491	2035	878	19404	约 129
	鲁迅作品	986	106/59[7]	55	1206	

由上表可见，和合本（约 100 万字）中第三人称代词共出现 13943 例，约每万字出现 139 例。[8]同时代的白话小说（78 万字）（1903-1905）中第三人称代词共出现 9060 例，约每万字出现 116 例。老舍和鲁迅作品（约 165 万字）中第三人称代词每万字约有 129 例。根据贺阳（2008）的统计，20 万字的旧

6　和合本《旧约》约为 75 万字，《新约》约 25 万字；同时代的白话小说，是以《孽海花》和《二十年目睹之怪现状》为样本统计的，分别约为 25 万字、53 万字；老舍作品、鲁迅作品的统计依据北京大学现代汉语语料库（样本字数分别约为 150 万字、15 万字）；早期旧白话小说的统计数据来自：贺阳. 现代汉语欧化语法现象研究[M]. 北京：商务印书馆，2008.12，第 72 页。

7　鲁迅作品中另有特别的第三人称代词"伊"（59 例）。

8　其翻译底本英译本（ERV，约 82 万字）中第三人称代词共出现 31352 例，约每万字出现 382 例。

白话小说共出现 1490 例，约每万字 74 例；20 万字的当代小说中为 3344 例，约每万字 167 例。由此可见，和合本中第三人称代词的用例，不仅比早期旧白话小说高得多，即使与同时代白话小说，乃至后出白话小说相比，使用频率也要高得多。因此，和合本第三人称代词的频繁应用，很明显是受其英译本原文的影响而产生的欧化语法现象。

一、指物第三人称代词使用频率增加

汉语固有习惯中，指物第三人称代词是不大使用的，在谈到某个上文提及的事物时，汉语一般使用零形回指或者名词性回指，很少使用代词性回指。受英译本原文影响，当上文所出现的是物而不是人，和合本再次提及时，有时会使用代词"他"回指。

例如：

（1）以赛亚书 14：29 非利士全地啊、不要因**击打你的杖**折断就喜乐.因为从蛇的根必生出毒蛇.<u>他</u>所生的是火焰的飞龙。

（2）以赛亚书 31：4 耶和华对我如此说、**狮子和少壮狮子**护食咆哮、就是喊许多牧人来攻击<u>他</u>、<u>他</u>总不因他们的声音惊惶、也不因他们的喧哗缩伏。

（3）以赛亚书 34：17 他也为他们拈阄、又亲手用准绳给他们分地、**他们**必永得为业、世世代代住在其间。

（4）马太福音 15：27 妇人说、主啊、不错、但是**狗**也吃<u>他</u>主人桌子上掉下来的碎渣儿。

（5）哥林多前书 9：9 就如摩西的律法记着说、**牛**在场上踹谷的时候、不可笼住<u>他的</u>嘴.难道上帝所挂念的是牛么。

（6）耶利米书 2：3 那时以色列归耶和华为圣、作为土产初熟的**果子**.凡吞吃<u>他</u>的必算为有罪、灾祸必临到他们.这是耶和华说的。

（7）耶利米书 2：24 你是**野驴**、惯在旷野、欲心发动就吸风.起性的时候谁能使<u>他</u>转去呢.凡寻找<u>他</u>的必不致疲乏.在<u>他</u>的月份必能寻见。

（8）哈该书 2：18 **雕刻的偶像**、人将<u>他</u>刻出来、有什么益处呢.铸造的偶像、就是虚谎的师傅、制造者倚靠这哑巴偶像、有什么益处呢。

（9）撒迦利亚书 5：11 他对我说、要往示拿地去、为**他**盖造房屋．
等房屋齐备、就把**他**安置在自己的地方。（"他"此处指"雕
刻的偶像"）

同时代的白话小说比旧白话小说在指物第三人称代词的使用上，也明显
增多。以《孽海花》和《二十年目睹之怪现状》为据。

例如：

（1）而且那岛从古不与别国交通，所以别国也不晓得**他的**名字。
（《孽海花》第一回）

（2）忽然后面来了一肩轿子，两人站在一面让**它**过去。（《孽海花》
第二回）

（3）我看大人得了此图，大可重新把**它**好好的翻印，送呈贵国政
府，这整理疆界的功劳是不小哩，何在这点儿小费呢！（《孽
海花》第十二回）

（4）我正要问老爷，这几张破烂纸，画得糊糊涂涂的，有什么好
看，值得化多少银子去买**它**！老爷你别上了当！（《孽海花》
第十三回）

（5）新小说社记者接到了死里逃生的手书及九死一生的笔记，展
开看了一遍，不忍埋没了**他**，就将他逐期刊布出来。（《二十
年目睹之怪现状》第二回）

（6）我伸手取那墨时，谁知用力少点，也拿**他**不动，想来自然也是
金子了。（《二十年目睹之怪现状》第七十五回）

（7）内中有一个小包裹，是这两个小孩子的衣服，你拿去也没用，
请你把**他**留了，免得两个孩子受冷，便是好汉们的阴德了。（《二
十年目睹之怪现状》第一百零七回）

（8）翻到箱底，却翻着了四块新板洋钱，不知是几时，我爱**他**好
玩，把**他**收起来的。（《二十年目睹之怪现状》第一百零八回）

后出的白话文作品，以鲁迅和老舍为据，指物第三人称代词的使用更加
频繁。

例如：

（1）把得到的纪念章和奖章都挂出来，可以挂满了胸前。但是他不肯挂出**它们**来。（老舍《无名高地有了名》1954）

（2）恐怕这座快到三百公尺高的小山原来就不怎么美丽，可是**它**并不秃。（老舍《无名高地有了名》1954）

（3）酒席设在离花厅不远的一个圆亭里。**它**原来是亭子，后来才安上玻璃窗，改成暖阁。（老舍《正红旗下》1962）

（4）常四爷 我，我爱大清国，怕**它**完了！（老舍《茶馆》1958）

（5）"裕泰"是硕果仅存的一家了，可是为避免被淘汰，**它**已改变了样子与作风。现在，它的前部仍然卖茶，后部却改成了公寓。（老舍《茶馆》）

（6）当时在妆阁中，曾照唐人的额黄和眉绿，现在却监禁在我的衣箱里，**它**或者大有今昔之感罢。（鲁迅《看镜有感》1925.2）

（7）这是互为因果的，正如麻油从芝麻榨出，但以浸芝麻，就使**它**更油。（鲁迅《论睁了眼看》1925.7）

（8）因此耳濡目染，影响到所做的白话上，常不免流露出**它的**字句，体格来。（鲁迅《写在〈坟〉后面》1926）

（9）一切隐秘，却不动声色，帮同欺人，欺那自甘受欺的无聊的人们，任**它**无聊的戏法一套一套的，终于反反复复的变下去。（鲁迅《朋友》1934.5）

据我们考察，和合本 22124 例第三人称代词中，指物的共 276 例，约占总数的 2%。而《红楼梦》前 80 回中，4761 例第三人称代词中指物代词为 64 例，占 1.3%。[9]与和合本同时代的《孽海花》1232 例第三人称代词中指人的有 1563 例，指物的有 22 例，约占总数的 1.4%，《二十年目睹之怪现状》7508 例中指物的有 184 例，约占总数的 2.5%。

和合本与白话小说中指物第三人称代词使用情况对比可见下表：

---

9 参考：贺阳 2008:76.

表3-2：和合本指物第三人称代词的使用情况　　单位：例

语　料	年　代	指物的	指人的	总　计
《孽海花》	1903-1904	22 / 1.4%	1541 / 98.6%	1563
《二十年目睹之怪现状》	1903-1905	184 / 2.5%	7324 / 97.5%	7508
和合本	1899-1919[10]	276/ 2%	13667 / 98%	13943
鲁迅作品	1919-1936	57 / 4.7%	1151 / 95.3%	1208
老舍作品	1926-1966	878 / 4.5%	18526 / 95.5%	19404

由此可见，和合本中指物第三人称代词的使用，是在短时间内迅速发展的，明显是欧化影响而产生的语法现象。

二、指物第三人称产生复数形式

汉语固有传统中，表示复数意义的"们"只用于指人，而不用于指物。但和合本在表示指物第三人称代词后加"们"表示复数意义的语例，时有所见。

例如：

（1）创世记 1：30 至于地上的走兽、和空中的飞鸟、并各样爬在地上有生命的物、我将青草赐给**他们**作食物.事就这样成了。

（2）创世记 6：21 你要拿各样食物积蓄起来、好作你和**他们的**食物。

（3）民数记 3：13 因为凡头生的是我的.我在埃及地击杀一切头生的那日就把以色列中一切头生的、连人带牲畜都分别为圣归我.**他们**定要属我.我是耶和华。

（4）民数记 31：28、29 又要从出去打仗所得的人口、牛、驴、羊群中、每五百取一、作为贡物奉给耶和华。从**他们**一半之中、要取出来交给祭司以利亚撒、作为耶和华的举祭。

（5）约伯记 38：39 母狮子在洞中蹲伏、少壮狮子在隐密处埋伏.你能为**他们**抓取食物、使**他们**饱足吗。

---

10 《圣经》官话和合本 1898 年开始翻译，1919 年全部完成，在此过程中一边翻译一边出版、修订。最早翻译完成的《使徒行传》1899 年以单行本出版发行。

（6）以赛亚书 11：6 豺狼必与绵羊羔同居、豹子与山羊羔同卧．少壮狮子与牛犊并肥畜同群．小孩子要牵引**他们**。

（7）启示录 9：3 有蝗虫从烟中出来、飞到地上．有能力赐给**他们**、好像地上蝎子的能力一样、

《孽海花》、《二十年目睹之怪现状》中，指物第三人称代词一般没有形式上的复数标记，而是通过上下文体现出来；加"们"的复数形式，仅有 3 例，还是用于拟人式的"国家"。

例如：

（1）外国人久有一句说话，说中国将来一定不能自立，**他们各国**要来把中国瓜分了的。你想，被他们瓜分了之后，莫说是饮酒赋诗，只怕连屁他也不许你放一个呢！（《二十年目睹之怪现状》第二十二回）

（2）这种精技西人偶然也有，决没有条至数百人；便和**泰西各国**交绥，**他们**也要退避三舍，何况区区日本！（《孽海花》第二十五回）

（3）我正要问老爷，**这几张破烂纸**，画得糊糊涂涂的，有什么好看，值得化多少银子去买**它**！老爷你别上了当！（《孽海花》第十三回）

（4）我一想，这个题目颇难，**美人与石榴**甚么相干，要把**他**扭在一起，也颇不容易。（《二十年目睹之怪现状》第三十八回）

（5）述农道："说这件事，我又想起一件事了：浙江抚台衙门也是**许多狗**，那位抚台讨厌**他**，便叫人捉了，都送到钱塘江当中一块涨滩上去。……乡下人要赶**他**，又没处可赶，迫得到钱塘县去报荒。"（《二十年目睹之怪现状》第六十二回）

（6）把那崭新的衣服，闹上了**两块油迹**。不去动**他**，倒也罢了；……（《二十年目睹之怪现状》第七回）

根据我们考察，指物第三人称代词复数形式的使用情况，和合本与其同时代及后出白话文作品的对比如下表。

表3-3：和合本指物第三人称代词复数形式的使用情况　　单位：例

语　料	年　代	指物复数	指人复数	总　计
《孽海花》	1903-1904	1	134	135
《二十年目睹之怪现状》	1903-1905	2	395	402
和合本	1899-1919	22	5517	5539
鲁迅作品	1919-1936	17	264	281
老舍作品	1926-1966	222	3596	3818

而根据贺阳（2008：78,79）的统计，《红楼梦》等旧白话小说中"他们"的用例无一例外都是指人的，没有出现指物的现象。

可见，"们"用于指物第三人称代词的复数形式，和合本在当时的白话文作品中是属于先驱行列的。

三、指物第三人称代词充当各种句法成分

据我们考察，和合本中第三人称代词中指物代词共 276 例。其中用作主语的有 6 例，占总数的 2.2%；用作宾语的有 246 例，约占总数的 89.1%；用作定语的有 24 例，约占总数的 8.7%。

用作主语的例子如：

（1）创世记 4：7 你若行得好、岂不蒙悦纳、你若行得不好、罪就伏在门前.**他**必恋慕你、你却要制伏他。

（2）出埃及记 4：4 耶和华对摩西说、伸出手来、拿住他的尾巴、**他**必在你手中仍变为杖。

（3）利未记 11：31 这些爬物都是与你们不洁净的.在**他**死了以后、凡摸了的、必不洁净到晚上。

（4）撒上 17：35 我就追赶他、击打他、将羊羔从他口中救出来.**他**起来要害我、我就揪着他的胡子、将他打死。

（5）撒下 23：7 拿他的人必带铁器和枪杆、终久**他**必被火焚烧。

（6）王下 19：18 将列国的神像都扔在火里、因为**他**本不是神、乃是人手所造的、是木头石头的、所以灭绝他。

"他"作为第三人称代词，从唐代以后一直广泛应用，生命力极其旺盛。而"他"指代事物，无论在《红楼梦》等早期白话小说，还是在与和合本同时代的《孽海花》和《二十年目睹之怪现状》等晚清白话小说中，用例相对当代白话文来说更多。究其原因，在于这些旧白话小说中的指物"他"受口语影响，经常有虚指的用法，例如"管他"、"写他两封信"，而非明确地回指上文提到的某一具体事物。

《孽海花》与《二十年目睹之怪现状》中指物第三人称代词的用例如：

（1）我看现在读书，最好能通外国语言文字，晓得**他**所以富强的缘故，一切声、光、化、电的学问，轮船、枪炮的制造，一件件都要学他，那才算得个经济！（《孽海花》第二回）

（2）巧了这支簪儿，好象知道小可的心似的。那一天，正听太太的妙音，**它**就不偏不倚掉在小可手掌之中。（《孽海花》第十五回）

（3）我说日本想给我国开战并非临时起意的，其中倒有四个原因：……攒积这四原因，酝酿了数十年，到了今日，……**他**哪里肯甘心就范呢！多一日迟疑，便失一天机会，不要弄到他倒着着争先，我竟步步落后，那时悔之晚矣！（《孽海花》第二十四回）

（4）而且艳体诗当中，还有许多轻薄句子，如《咏绣鞋》有句云，"者番看得浑真切，胡蝶当头茉莉边"，又《书所见》云，"料来不少芸香气，可惜狂生在上风"之类，不知**他**怎么都选在报纸上面。（《二十年目睹之怪现状》第八回）

（5）**他**一个年岁都考不清楚，那事迹自然也靠不住了，所以无心去看他。（《二十年目睹之怪现状》第三十三回）

（6）这《三字令》最难得神理，**他**只限着三个字一句，那得跌宕！（《二十年目睹之怪现状》第三十九回）

据考察，和合本中指物第三人称代词充当各种句法成分的使用情况，并与旧白话小说、当代小说的对比如下表：[11]

---

11 《红楼梦》与当代小说文本的统计数据，参见：贺阳 2008:84。

表3-4：和合本中指物第三人称代词充当各种句法成分的比例　　单位：例

语　料	年　代	主　语	宾　语	定　语	总　计
《红楼梦》	18 世纪	6 / 9.4%	55 / 85.9%	3 / 4.7%	64
《孽海花》	1903-1904	6 / 27%	15 / 68%	1 / 5%	22
《二十年》	1903-1905	31 / 17%	139 / 75.5%	14 / 7.5%	184
和合本[12]	**1899-1919**	**6/ 2.2%**	**246 /89.1%**	**24 / 8.7%**	**276**
鲁迅作品[13]	1919-1936	27 / 39%	27 / 39%	15 / 22%	69
老舍作品[14]	1926-1966	207 / 36%	297 / 51%	76 / 13%	580
当代文本[15]	1996	171 / 3.3%	58 / 21.5%	41 / 5.2%	270

由上表可见，和合本中指物第三人称代词充当各种句法成分的比例，与当代文本更为接近。

由以上的分析，我们可以说和合本第三人称代词的欧化现象——包括第三人称代词的使用频率增加、指物第三人称代词的使用频率增加、指物第三人称代词产生复数形式，比之同时代其他白话文作品，都是发生在前、短时间迅速发展的。而和合本中指物第三人称代词充当各种句法成分的比例，与被视为高度欧化的当代文本大致相当。因此，作为发生在前的欧化语法现象，和合本以其大篇幅和大规模传播，必然会对后出白话文作品产生影响。

第二节　介词的欧化

汉语语法传统上尚简而不尚繁，语言单位往往随着上下文的声气、逻辑环境而能动地排列组合，"随修辞语境增省显隐，体现出强烈的的立言造句

---

12 此处统计根据《圣经》官话和合本《新约全书》部分，约计 25 万多字。

13 此处统计根据北京大学现代汉语语料库鲁迅作品样本，约计 15 万字。

14 此处语料样本包括小说《四世同堂》《正红旗下》、话剧《茶馆》《残雾》龙须沟》《西望长安》、报告文学《无名高地有了名》、散文《想北平》《北京的春节》等，共计约 100 万字。

15 参见：贺阳. 现代汉语欧化语法现象研究[M]. 北京：商务印书馆，2008，第 84 页。

的主体意识"。[16]汉语这种重意合而轻形式的特点，十九世纪来华的传教士已经有了清楚的认识，并在自己的语法书中有意识地表达出来。同时代的欧洲语言学家也通过他们的介绍，得出结论，认为汉语"缺乏语法标记"，"在汉语里，跟隐藏的语法相比，明示的语法所占的比例是极小的"。需要使用者"进行大量的精神操作"。（洪堡特《论语法形式的性质和汉语的特性》）[17]而英语等印欧语言正好与汉语相反，是以各种显性的语法形式来连接各个语言单位，表达其语法、语义关系的。和合本译者在翻译时，虽然主观上尽量使自己的译文浅白易明，为"操官话的平民百姓所日常使用和明白的"，但在实际操作过程中，仍不可避免地受到英译本原文的影响。例如介词、连词的使用频率增加等现象，正是这种影响的具体表现。

一、句首时间词前的介词"当"

按照汉语习惯，表示在某事进行中同时发生或进行另一件事时，通常直接把时间词放在句首，例如在前一个事件或动作后加"……时"、"……的时候"等，这类句子的格式通常为：时间语+施事者+动作语。偶尔也有在句首加上介词"当"，构成"当…（之）时/的时候/的时节"结构。而英语则一定要在表示时间的词或分句之前加连接词 when、as、while 等形式标记。

和合本受英译本原文影响，"当……时/的时候"这种结构应用比较频繁，以《新约》部分为样本，我们统计出在"时候"等时间词前加介词"当"的用例有 62 例（使用其他连接词的有 24 例；不使用任何连词的有 74 例）。例如：

（1）马太福音 22：28 这样、**当复活的时候**、她是七个人中哪一个的妻子呢.因为他们都娶过她。

（2）马太福音 24：32 你们可以从无花果树学个比方.**当树枝发嫩长叶的时候**、你们就知道夏天近了。

（3）马太福音 11：22 但我告诉你们、**当审判的日子**、泰尔、西顿所受的、比你们还容易受呢。

---

16 申小龙. 当代中国语法学[M]. 广州：广东教育出版社，1995.12，第 127-128 页。

17 转引自徐志民. 洪堡特的汉语观[A]. 见：宗廷虎. 名家论学：郑子瑜先生受聘复旦大学顾问教授纪念文集[M]. 上海：复旦大学出版社，1988.6：471-487

（4）马太福音 25：31 **当人子在他荣耀里、同着众天使降临的时候**、要坐在他荣耀的宝座上。

（5）马可福音 12：23 **当复活的时候**、她是哪一个的妻子呢.因为他们七个人都娶过她。

（6）路加福音 8：4 **当许多人聚集、又有人从各城里出来见耶稣的时候**、耶稣就用比喻说、

（7）约翰福音 2：23 **当耶稣在耶路撒冷过逾越节的时候**、有许多人看见他所行的神迹、就信了他的名。

（8）约翰福音 12：17 **当耶稣呼唤拉撒路、叫他从死复活出坟墓的时候**、同耶稣在那里的众人就作见证。

（9）使徒行传 1：10 **当他往上去、他们定睛望天的时候**、忽然有两个人身穿白衣、站在旁边、说、

（10）以弗所书 2：5 **当我们死在过犯中的时候**、便叫我们与基督一同活过来。你们得救是本乎恩。

早期及同时代的白话小说中，通常句首时间词前不加任何介词。例如：

（1）**要打一百杀威棒时**，你便直说你"一路患病，未曾痊可"，我自来与你支吾。（《水浒传》第九回）

（2）**你来的时候**太太动身没有？（《儿女英雄传》第十七回）

（3）**他做宗人府主事时候**，管宗人府的便是明善主人，是个才华盖世的名王。（《孽海花》第三回））

（4）**他们在房舱闹的时候**，那些水手家人哪个不听见！（《孽海花》第七回）

（5）**这会开的时候**，英国外交部送来一角公函，请夫人赴会。《孽海花》十回）

（6）**雯青嘴说不必的时候**，两只眼却只看着金升等搬运行李下车。（《孽海花》第十八回）

（7）**他死了的时候**，地保因为地方上出了人命，就往江宁县里一报，少不免要来相验。（《二十年目睹之怪现状》第十四回）

（8）**他们起先投身入善会，做善事的时候**，不过是一个光蛋；不多
几年，就有好几个甲第连云起来了。（《二十年目睹之怪现状》
第十六回）

也有在前面加介词"当"形成"当……（之）时/的时候"结构的用例，
不过相对较少。根据我们考察，《孽海花》中时间词前使用介词"当"的有 10
个用例，很多还是"当……之际"等固定搭配，而《二十年目睹之怪现状》
有仅 4 例。

例如：

（1）只愿**他们当那醉淫饱卧之时**，或**当避世去愁之际**，把此一玩，
岂不省了些寿命筋力？（《红楼梦》第一回）

（2）本来一般读书人，虽在乱离兵燹，八股八韵、朝考春白折子
的功夫，是不肯丢掉，况**当歌舞河山、拜扬神圣的时候**呢！（《孽
海花》第二回）

（3）**当咸丰末年，庚申之变，和议新成，廷臣合请回銮的时代**，要
安抚人心，就有举行顺天乡试之议。（《孽海花》第三回）

（4）**正当春云初展，渐入佳境之际**，赵家的突然闯进房来喊道：（《孽
海花》第二十七回）

（5）然**当你夫人实弹举枪时**，我极愿意无抵抗的死在她一击之下，
解除了我们难解的纠纷。（《孽海花》第三十二回）

（6）**当割台约定，朝命景崧率军民离台内渡的时候**，全台震动，万
众一心，誓不屈服；明知无济，愿以死抗。（《孽海花》第二十
七回）

（7）**当骥东到家的时候**，他夫人已经息灯安寝。（《孽海花》第二十
七回）

（8）**当我落拓的时候**，也不知受尽多少人欺侮。（《二十年目睹之怪
现状》第四十一回）

（9）**当我落拓的时候**，也不知受尽多少人欺侮。（《二十年目睹之怪
现状》第四十一回）

（10）所以我**当老伯母华诞之日**，送上两件薄礼，并不是表我的心，正要阁下留着，做个纪念；倘使一定要还我，便是不许我感这知己了。（《二十年目睹之怪现状》第四十一回）

（11）**当这个热闹的时候**，那里会叫骂起来？（《二十年目睹之怪现状》第四十四回）

由此可见，和合本"当……（之）时/的时候"结构的应用，要比早期及同时代白话文作品明显增加很多。这是受英译本原文的影响，往往用"当"来对译英语的 as、when、while 等连词所引导的从属时间状语，表现出明显的欧化倾向。

Kubler（1985：118-119）认为：用"当……时/的时候"这种形式，可以使读者更快判断"当"所标识的后面是个时间成分，这对翻译英语等印欧语言的时间状语从句是适宜的。[18]即使很短、很明显的时间词前，和合本也倾向于应用"当"作时间成分的标志，可见"当"在和合本中用于句首时间词前，正逐渐成为一种形式标记。

例如：

（1）马太福音 2：1 **当希律王的时候**、耶稣生在犹太的伯利恒.有几个博士从东方来到耶路撒冷、希律说、

（2）马可福音 4：35 **当那天晚上**、耶稣对门徒说、我们渡到那边去吧。

（3）路加福音 2：42 **当他十二岁的时候**、他们按着节期的规矩上去。

（4）路加福音 6：23 **当那日**、你们要欢喜跳跃、因为你们在天上的赏赐是大的.他们的祖宗待先知也是这样。

（5）路加福音 13：31 **正当那时**、有几个法利赛人来对耶稣说、离开这里去吧、因为希律想要杀你。

（6）启示录 1：10 **当主日**、我被圣灵感动、听见在我后面有大声音如吹号、说、

根据我们的考察，和合本与早期及同时代白话文作品中"当……（之）时/的时候"结构的使用情况见下表：

---

18 转引自：贺阳 2008:139。

表3-5：和合本句首时间词前介词"当"的使用频率变化[19]　　单位：例

语　料	语料年代	加"当"	不加介词	总　计
《红楼梦》	18 世纪	4 / 0.7%	561 / 99.3%	565
《儿女英雄传》	19 世纪	11 / 7.3%	140 / 92.7%	151
《孽海花》	1903-1904	10 / 12.7%	48 / 60.8%	79
《二十年目睹之怪现状》	1903-1905	4 / 6.2%	61 / 93.8%	65
和合本	**1899-1919**	**62 / 21%**	**55 / 73%**	**75**
鲁迅作品	1934-1936	21 / 20.6%	81 / 79.4%	102
刘心武作品	1981	31 / 47.0%	35 / 5%	66

由上表可见，和合本之前白话文作品句首时间词前加介词"当"的用例较为少见：的《红楼梦》中句首时间词前未加任何介词的有 561 例，加"当"的仅有 4 例；《儿女英雄传》未加任何介词的有 140 例，加"当"的仅有 11 例。和合本同时代的白话文作品中句首时间词前加"当"比之前有所增加，但所占比例也不大。和合本则大量使用"当……（之）时/的时候"这种结构。由此我们可以看出，句首时间词前加介词"当"的现象，和合本的使用频率远高于同时代的《孽海花》、《二十年目睹之怪现状》。可见"当"广泛应用于句首时间词前，和合本在其时代是属于先驱的，这明显是受英译本原文影响而产生的欧化现象。

二、用于存在句句首处所词前的介词"在"

我们在此所说的存在句是指某处某地存在某事物句子，"基本上是以'有''无''多''少'作为述说词的句子"[20]，处所词通常在句首作主语，一般格式为"处所语+有/是+存在物"，或者"处所语+动词+着+存在物"。句首处所词很少加介词"在"。受英译本原文影响，和合本中的存在句，经常在句首处所词前加"在"。

例如：

（1）马太福音20：17耶稣上耶路撒冷去的时候、**在路上**把十二个
　　　门徒带到一边、对他们说、

---

19 《孽海花》《二十年目睹之怪现状》及和合本以外的统计数据参见贺阳2008:140。
20 杨伯峻. 文言语法[M]. 北京大众出版社，1951，第258页。

（2）马可福音 1：3 **在旷野**有人声喊着说、预备主的道、修直他的路。

（3）路加福音 2：14 **在至高之处**荣耀归与上帝.在地上平安归与他所喜悦的人。

（4）路加福音 2：25 **在耶路撒冷**有一个人、名叫西面.这人又公义又虔诚、素常盼望以色列的安慰者来到、又有圣灵在他身上。

（5）约翰福音 4：6 **在那里**有雅各井.耶稣因走路困乏、就坐在井旁.那时约有午正。

（6）罗马书 15：23 但如今、**在这里**再没有可传的地方、而且这好几年、我切心想望到西班牙去的时候、可以到你们那里、

（7）哥林多前书 1：7 以致你们**在恩赐上**没有一样不及人的、等候我们的主耶稣基督显现。

（8）提摩太前书 2：5 因为只有一位上帝、**在上帝和人中间**、只有一位中保、乃是降世为人的基督耶稣.

同时代的《二十年目睹之怪现状》、《孽海花》中"在"在句首处所词前的用例比较少，一般按照汉语固有习惯，使用"句首处所词+有+存在物"的格式。

例如：

（1）爱自由者不觉越走越近了，到得门前，不提防**门上**却悬着一桁珠帘；隔帘望去，隐约看见**中间**好像供着一盆极娇艳的奇花，一时也辨不清是隋炀帝的琼花呢？还是陈后主的玉树花呢？（《孽海花》第一回）

（2）单说**苏州城内玄妙观**，是一城的中心点，有个雅聚园茶坊，（《孽海花》第二回）

（3）原来山芝，名介福，家道尚好，喜行善举，**苏州城里**有谢善士之名。（《孽海花》第二回）

（4）说起褚爱林，有些古怪，前日有人打茶围，说**她房内**备着多少筝、琵、箫、笛，夹着多少碑、帖、书、画，上有名人珍藏的印；还有一样奇怪东西，说是一个玉印，好像是汉朝一个妃子传下来的。（《孽海花》第二回））

（5）雯青、篷如坐着马车前去，仍沿黄浦到汉壁礼路，就是后园门口，见**门外**立着巡捕四人，草地停着几十辆马车，有西人上来问讯。（《孽海花》第三回）

（6）**三屉橱考篮里**，下层是笔墨、稿纸、挖补刀、浆糊等；中层是些精巧的细点，可口的小肴；上层都是米盐、酱醋、鸡蛋等食料，预备得整整有条，应有尽有，……（《孽海花》第四回）

（7）于是绕了出来，走过一个房门口，听见**里面**有人说话。（《二十年目睹之怪现状》第十一回）

（8）**毕师爷那房里**，有一个很奇怪的人，你去看看是谁。（《二十年目睹之怪现状》第十一回）

（9）忽见有两名督辕的亲兵，叱喝而来；**后面**跟着一顶洋蓝呢中轿，上着轿帘，想来**里面**坐的，定是一位女太太。（《二十年目睹之怪现状》第十三回）

（10）**他门口**也有记认，或者挂着一把破蒲扇，或者挂着一个破灯笼，甚么东西都说不定。（《二十年目睹之怪现状》第十五回）

《孽海花》、《二十年目睹之怪现状》中存在句的句首处所词前面也有加介词"在"的，但为数很少。《孽海花》（约计 25 万字）中存在句的句首时间词前应用介词"在"的句例仅有 4 例；《二十年目睹之怪现状》前三十四回（约计 14 万字）中仅有 3 例。

例如：

（1）**在这一搭白一搭黑的地方**，当天放着一张茶几，几上供着一对红烛、一炉檀香，几前地上伏着一个人。（《孽海花》第四回）

（2）一霎时，**在袅袅的青烟里**，扬起一股红色的烟缕，顿时满房氤氲地布散了一种说不出的奇香。（《孽海花》第二十七回）

（3）她料定**在上海**总有一两天耽搁，趁此机会溜之大吉。（《孽海花》第三十一回）

（4）**在萧疏秋色里**，飘来浓郁的天香。（《孽海花》第三十四回）

（5）我今天看见了一位礼贤下士的大人先生，**在今世**只怕是要算绝少的了！（《二十年目睹之怪现状》第四回）

（6）说着，先走了，到那片大空地上，**在这空地上横截过去**，有了
几家人家，弯弯曲曲的走过去，又是一片空地。(《二十年目睹
之怪现状》第十六回）

（7）我的住房，同隔壁的房，只隔得一层板壁，**在板壁上**挖了一个
小小的洞。(《二十年目睹之怪现状》第三十一回）

根据我们考察，和合本的存在句中句首处所词前应用介词"在"的情
况，对照同时代的白话小说，请见下表。

表3-6：和合本存在句句首处所词前介词"在"的应用情况[21]　单位：例

语　料	年　代	用"在"	不用"在"	总　计
孽海花	1903-1904	4 / 1.6%	244 / 98.4%	248
二十年目睹之怪现状	1903-1905	3/ 1.6%	184/ 98.4%	187
和合本	**1899-1919**	**89/ 39.7%**	**135/ 60.3%**	**224**
仿徨	1925	1 / 1.1%	87 / 98.9%	88
猫城记	1932	6 / 4.9%	117 / 95.1%	128
苦菜花	1959	18 / 8.5%	194 / 91.5%	212
张贤亮小说自选集	1979-1995	23 / 7.2%	296 / 92.8%	319
教父（中译本）	1995	30 / 18.5%	132 / 81.5%	162

由此可见，和合本的存在句，在句首处所词前大量使用介词"在"，比
早前旧白话小说与同时代的白话小说，明显增多。是受英译本原文影响而产
生的欧化语法现象。后出白话文作品中，尤其在翻译文学作品中，这种现象
逐年增多。我们可以由此推测，"在"用于存在句句首处所词前这种语法现
象，在今后的白话文发展过程中，可能会得以继续发展。

第三节　连词的欧化

和合本中连词的欧化现象，主要表现在使用频率上，在此我们主要就并

---

21 此处统计数据以和合本《新约》(约计25万字）、《孽海花》(约计25万字）、《二
十年目睹之怪现状》前三十四回（约计14万字）为语料样本，其余统计数据请参
见贺阳2008:136。

列成分之间连词"和"的应用，以及并列小句之间连接词"并"、"并且"
的应用加以考察。

一、并列成分间连词"和"使用频率的增加

列举两个或两个以上并列成分时，汉语固有习惯是虽然可用'和'、
'与'、'并'等连词来连接，但更常见的是把这些词语排列在一起。和合
本中"和"得到大量应用。

例如：

（1）创世记 1：11 上帝、地要发生**青草、和结种子的菜蔬**、并结
果子的树木、各从其类.果子都包着核.事就这样成了。

（2）创世记 1：30 至于**地上的走兽、和空中的飞鸟**、并各样爬在
地上有生命的物、我将青草赐给他们作食物.事就这样成了。

（3）创世记 5：29 给他起名叫挪亚、说、这个儿子必为**我们的操
作、和手中的劳苦**安慰我们.这操作劳苦是因为耶和华咒诅地。

（4）创世记 11：4 他们说、来吧、我们要建造**一座城和一座塔**、
塔顶通天、为要传扬我们的名、免得我们分散在全地上。

（5）创世记 32：19 又吩咐**第二、第三、和一切赶群畜的**人说、
你们遇见以扫的时候、也要这样对他说.

（6）马太福音 23：25 你们**这假冒为善的文士和法利赛人**有祸了.
因为你们洗净杯盘的外面、里面却盛满了勒索和放荡。

（7）腓立比书 1：13 以致我受的捆锁**在御营全军和其余的人中**、
已经显明是为基督的缘故。

（8）歌罗西书 2：13 你们从前**在过犯和未受割礼的肉体中**死了、
上帝赦免了你们一切过犯、便叫你们与基督一同活过来.

和合本中也有应用"和"连接小句的用例，据我们考察，《新约全书》中
"和"用于连接小句的有 6 例。

例如：

（1）马太福音 24：3 耶稣在橄榄山上坐橄榄山着、门徒暗暗的来
说、请告诉我们、甚么时候有这些事.**你降临和世界的末了**有
甚么预兆呢。

（2）路加福音 8：47 那女人知道不能隐藏、就战战兢兢的来俯伏在耶稣脚前、**把摸他的缘故和怎样立刻的好了**、当着众人都说出来。

（3）路加福音 24：35 两个人就把**路上所遇见、和擘饼的时候怎么被他们认出来**的事、都述说了一遍。

（4）使徒行传 12：11 彼得醒悟过来、说、我现在真知道主差遣他的使者、**救我脱离希律的手和犹太百姓一切所盼望的**。

（5）歌罗西书 2：18 不可让人因着**故意谦虚和敬拜天使**、就夺去你们的奖赏.这等人拘泥在所见过的、随着自己的欲心、无故的自高自大、

（6）帖撒罗尼迦后书 2：1 弟兄们、论到**我们主耶稣基督降临和我们到他那里聚集**、2：2 我劝你们、无论有灵有言语、有冒我名的书信、说主的日子现在到了、（现在或作就）不要轻易动心、也不要惊慌。

同时代的《孽海花》应用"和"连接并列成分的共有 160 例，其中用于连接名词性成分的有 155 例，用于连接动词性成分的有 4 例，用于连接小句的有 1 例。《二十年目睹之怪现状》中应用"和"连接并列成分的共有 129 例，其中用于连接名词性成分的有 127 例，另有 2 例是用于连接动词性成分的。

例如：

（1）无奈封章一到，几乎无一事不遭总署及户部的驳斥，直到高升击沉，中堂还**请拨巨帑构械和倡议买进南美洲铁甲船一大队**，又不批准。（《孽海花》第二十七回）

（2）正在**盘算和猜想**间，那晚忽见间壁如此兴高采烈的盛会，使她顿起了一种莫名其妙的感触，益发看得关心了。（《孽海花》第三十一回）

（3）现在只要商量**租定房子和脱离老三**的方法了。（《孽海花》第三十一回）

（4）所以我和你两人间的连属，是**超道德和超法律**的。（《孽海花》第三十一回）

（5）义成知道自己坏了事，很惭愧地把**徐骧去寻郑姑姑和自己跟踪**

目睹的事，详细说了一遍。(《孽海花》第三十三回)

（6）不过**开吊和出殡**两天，要你应个景儿，没有甚么道理。(《二十年目睹之怪现状》第二十三回)

（7）我那天偶然拿起来看，谁知紫檀柄的背后，镶了一块小小的象牙，侣笙把**你救秋菊和遇见他**的事，详详细细的撰了一篇记刻在上面，这如何能送得人。(《二十年目睹之怪现状》第四十三回)

（8）马茂林没甚说得，只有**那姥姥和舅太太**不肯；后来说得舅太太也肯了，姥姥依然不肯。(《二十年目睹之怪现状》第一百七回)

从使用数量和出现频率看，和合本应用"和"连接两个或以上并列成分现象增加；从应用功能上来看，和合本中连词"和"用于连接小句的功能比之旧白话小说有所加强。和合本与其他白话文作品中连词"和"的出现频率及连接功能对照如下表：

表 3-4　和合本中连词"和"的连接功能[22]　　单位：例

语　料	连接名词性成分	连接非名词性成分				总　计
		动　词	形容词	小　句	状　语	
水浒全传	320 / 100%	0	0	0	0	320
红楼梦	325 / 99.7%	0	0	1 / 0.3%	0	326
孽海花	155 / 96.9%	4 / 2.5%	0	1 / 0.6%	0	160
二十年	127 / 98.4%	2 / 1.6%	0	0	0	129
和合本	**793 / 99%**	**0**	**0**	**6 / 0.8%**	**0**	**799**
老舍作品	1005 / 87%	78 / 6.7%	7 / 0.6%	64 / 5.5%	8 / 0.7%	1162

由上表可见，和合本中连词"和"的欧化主要表现在使用频率的增加上：和合本应用连词"和"的句例799例，约每万字出现32例；而同时代的《孽海花》160例，约每万字出现6.4例；《二十年目睹之怪现状》129例，约每万字出现2.4例。功能上和合本中的连词"和"仍然主要限于连接名词性成分，在连接非名词性成分上，仍然限于连接小句。而和合本之后的白话文作品则在使用频率增加的基础上，把"和"的连接功能扩展到动词、形容词、

---

22 《水浒全传》和《红楼梦》的统计数据请参见贺阳2008：167。

状语等非名词性成分上，欧化程度进一步加深。

二、小句并列间连词的大量应用

汉语固有语法是一种"意合"语法："汉语句子的词法、句法和语义信息大部分不是显露在词汇形态上，而是隐藏在**词语铺排**的**线性流程**中，是以**流动的句读段按语义脉络铺排**的句子格局。"[23]经常是语言单位按照事理逻辑顺序铺排，而非用显性的语法标记。英语等印欧语言则是"显性"语法，常通过连词、介词等"显性"语法形式来表达所连接成分的句法、语义关系。和合本在连词的应用上，体现出比较高的欧化倾向，连词的使用频率增加。兹分类如下。

和合本中应用连词"并"、"并且"等连接并列成分和并列小句的共有486 例，其中用于连接并列小句的有 88 例，在不表示特别强调的地方也使用"并"、"并且"来连接句子。

例如：

（1）创世记 2：11-12 第一道名叫比逊、就是环绕哈腓拉全地的.在那里有金子、**并且**那地的金子是好的.在那里又有珍珠和红玛瑙。

[ERV]　　Gn 2: 11 The name of the first is Pishon: that is it which compasseth the whole land of Havilah, where there is gold; 12 **and** the gold of that land is good: there is bdellium and the onyx stone.

（2）马太福音 10：17-18 你们要防备人.因为他们要把你们交给公会、也要在会堂鞭打你们.**并且**你们要为我的缘故被送到诸侯君王面前、对他们和外邦人作见证。

[ERV]　　Mt 10: 17 But beware of men: for they will deliver you up to councils, and in their synagogues they will scourge you; 18 yea **and** before governors and kings shall ye be brought for my sake, for a testimony to them and to the Gentiles.

---

23 申小龙. 汉语语法学[M]. 南京：江苏教育出版社，2001 年 8 月，页 74.

（3）马太福音 17：20 耶稣说、是因你们的信心小.我实在告诉你们、你们若有信心、像一粒芥菜种、就是对这座山说、你从这边挪到那边、它也必挪去.**并且**你们没有一件不能做的事了。

> [ERV]　　Mt 17: 20 And he saith unto them, Because of your little faith: for verily I say unto you, If ye have faith as a grain of mustard seed, ye shall say unto this mountain, Remove hence to yonder place; and it shall remove; **and** nothing shall be impossible unto you.

（4）马可福音 13：12-13 弟兄要把弟兄、父亲要把儿子、送到死地.儿女要起来与父母为敌、害死他们.**并且**你们要为我的名被众人恨恶.惟有忍耐到底的、必然得救。

> [ERV]　　Mk 13: 12 And brother shall deliver up brother to death, and the father his child; and children shall rise up against parents, and cause them to be put to death. 13 **And** ye shall be hated of all men for my name's sake: but he that endureth to the end, the same shall be saved.

（5）提摩太前书 5：12-13 他们被定罪、是因废弃了当初所许的愿.**并且**他们又习惯懒惰、挨家闲游.不但是懒惰、又说长道短、好管闲事、说些不当说的话。

> [ERV]　　1Tm 5: 12 having condemnation, because they have rejected their first faith. 13 **And** withal they learn also to be idle, going about from house to house; and not only idle, but tattlers also and busybodies, speaking things which they ought not.

（6）提多书 3：13-14 你要赶紧给律师西纳、和亚波罗送行、叫他们没有缺乏.**并且**我们的人要学习正经事业、预备所需用的、免得不结果子。

[ERV]　　　Tt 3: 13 Set forward Zenas the lawyer and Apollos on their journey diligently, that nothing be wanting unto them. 14 **And** let our people also learn to maintain good works for necessary uses, that they be not unfruitful.

（7）约翰一书 5：3 我们遵守上帝的诫命、这就是爱他了、**并且**他的诫命不是难守的。

[erv]　　　1Jn 5: 3 For this is the love of God, that we keep his commandments: **and** his commandments are not grievous.

（8）启示录 4：11 我们的主、我们的上帝、你是配得荣耀、尊贵、权柄的．因为你创造了万物、**并且**万物是因你的旨意被创造而有的。

[ERV]　　　Rv 4: 11 Worthy art thou, our Lord and our God, to receive the glory and the honour and the power: for thou didst create all things, **and** because of thy will they were, and were created.

由以上用例可见，和合本中"并"、"并且"广泛应用于并列小句之间，其作用仅仅是连接前后两个小句，并没有递进或者强调的意思。

同时代《孽海花》、《二十年目睹之怪现状》中"并"、"并且"的用例，多用于连接动词性成分。

例如：

（1）公坊一壁说，一壁已写好了三个小简，叫松儿交给长班分头去送，并吩咐雇一辆干净点儿的车来。(《孽海花》第五回）

（2）葡领禁止他在澳门行医，并封闭了他开设的药店。(《孽海花》第二十七回）

（3）他的死抗日军，并不想建什么功，立什么业，并且也不是和威毅伯有意别扭着，闹法、越战争时被排斥的旧意见。(《孽海花》第三十三回）

（4）我是小孩子，没有主意的，况且遭了这场大事，方寸已乱了，如何还有主意呢？(《二十年目睹之怪现状》第三回）

（5）过了几天，上海又派了一个人来，又带了多少使费，并且带着了一封信。（《二十年目睹之怪现状》第七回）

（6）其余打架细故，非但不问被告，并且连原告也不问，只凭着包探、巡捕的话就算了。（《二十年目睹之怪现状》第十回）

（7）凡系烟户的人，非但不准他考式、出仕，并且不准他做大行商店。（《二十年目睹之怪现状》第十三回）

用于连接并列小句的，《孽海花》中仅有1例，《二十年目睹之怪现状》共有85例。

例如：

（1）《公羊》所说，制《春秋》之义，都是指此。并可推知孔子虽明定此义，以为发之空言，不如托之行事之博深切明。（《孽海花》第三十四回）

（2）那一班人都是行踪无定的，早就走散了，那里告得来！并且他的姓名也没有一定的，今天叫‘张三’，明天就可以叫‘李四’，内中还有两个实缺的道、府，被参了下来，也混在里面闹这个顽意儿呢。（《二十年目睹之怪现状》第二十一回）

（3）到苏州走一次倒好，只是没有妥人送东西去。并且那个如意匣子，不知几时做得好？（《二十年目睹之怪现状》第三十六回）

（4）外面西北风大得很，天已阴下来，提防下雪。并且各位的酒都不少了，到外面去吹了风，不是顽的。（《二十年目睹之怪现状》第五十回）

以和合本《新约》为语料样本，据我们考察，和合本中连词"并"、"并且"的连接功能请见下表。

表3-7：和合本并列成分和并列小句间连词的使用情况　单位：例

语　料	年　代	连接并列小句	连接名词性成分	连接动词性成分	总　　计
孽海花	1903-1904	1 / 4%	4 / 16%	20 / 80%	25
二十年	1903-1905	85 / 47.8%	3 / 1.7%	90 / 50.5%	178
和合本	**1899-1919**	**88 / 18.1%**	**143 / 29.4%**	**255/ 52.5%**	**486**

　　由上表可见，就使用频率而言，和合本中连词"并"、"并且"的使用频率增加，共出现486例，约每万字出现19例。同时代的《孽海花》共出现25例，约每万字出现1例。《二十年目睹之怪现状》共出现178例，约每万字出现3例。就连接功能而言，和合本中的"并"、"并且"等的发展主要表现在连接小句和名词性成分上，其中用于并列小句间的共89例，占总数的18.3%;《孽海花》中大都用于连接并列的动词性成分，共20例，占总数的80%;《二十年目睹之怪现状》用于连接并列动词性成分的共90例，约占总数的50.5%。由此可见，和合本中连词"并"、"并且"的使用频率增加，连接功能更加泛化，有成为一种形式标记的发展趋势，这是受英文普遍使用连词and的影响而产生的欧化语法现象。

第四章 《圣经》官话和合本词组结构与句式的欧化

　　和合本受英文底本影响，在词组结构与句式上出现了大量欧化现象。例如："一+量词"结构的大量应用；时态的新表达（如表示将来时以"将"、"将来"等作为语法记号标明，"当……（的）时/时候"结构的广泛应用等）；"被"字句的新用法，语言外在形态的增加（如系词"是"的大量出现，关联词"因为""于是"等的对译），等等。

　　本章就"一+量词"结构中数词"一"的显现、语序中因果复句的欧化、"被"字句这三个方面，并对照同时代及后出白话文作品的句例，对和合本词组结构与句式的欧化现象加以分析考察。这三种语法现象，虽然不是和合本的独创，但按汉语原本的习惯是很少使用的，因此可以作为欧化影响的例证。兹分述如下。

第一节 "一+量词"结构的名词标记性用法

　　汉语本身就有"数词+量词"结构，但在表示种类而非特别强调数量的情况下，汉语很少使用数词，例如用于动词后面时，"一+量词"结构中表示数目的"一"通常是省略的。而英语不定冠词的功用主要在于表示后面连接的是一个名词，在英汉对译中，英语的不定冠词大都对译为汉语的"一"而形成"一+量词+名词"的结构。受英语中冠词的影响，和合本名词前用"一+量词”修饰时，“一”往往不省略。

下列用例中的“一”在汉语传统句子中往往是省略，而和合本则对译出来。

例如：

（1）路加福音 21：6 耶稣就说、论到你们所看见的这一切、将来日子到了、在这里**没有一块石头**留在石头上、不被拆毁了。

（2）路加福音 18：1 耶稣**设一个比喻**、是要人常常祷告、不可灰心。

（3）腓立比书 1：17 **那一等**传基督是出于结党、并不诚实、意思要加增我捆锁的苦楚。

（4）希伯来书 5：5 如此、基督也不是自取荣耀作大祭司、乃是在乎向他说你是我的儿子、我今日**生你的那一位**.

（5）马可福音 2：9 或对瘫子说你的罪赦了、或说起来拿你的褥子行走、**那一样**容易呢.

（6）使徒行传 1：18 这人用他作恶的工价**买了一块田**、以后身子仆倒、肚腹崩裂、肠子都流出来。

（7）使徒行传 18：24 **有一个犹太人**、名叫亚波罗、来到以弗所.他生在亚历山大、是有学问犹太的、最能讲解圣经。

（8）罗马书 13：9 像那不可奸淫、不可杀人、不可偷盗、不可贪婪、或有别的诫命、都**包在爱人如己这一句话**之内了。

（9）哥林多前书 10：17 我们虽多、仍是一个饼、一个身体、因为我们都是**分受这一个饼**。

在这种运用中，“一”由表示具体的数目，逐渐虚化为指示后面所跟着的词或短语的名词性。“它不但凭借造句的力量使动词、形容词在句中的职务（主语、宾语）更为明确，更重要的是，在很长的修饰语前面放一个‘一个’‘一种’，令对话人或读者预先感觉到后面跟着的是一个名词性的短语。”[1]

因为在汉语中“数词+量词+名词”的结构是一种常态，所以“一+量词”就很容易为汉语所接受，正逐渐发展为一种常态。这种无定冠词性的“一个”

1　参见：王力. 汉语史稿. 商务印书馆, 1980. 6：467。

和"一种"在汉语语法的发展上起了很大的作用——凭借造句的力量使动词、形容词在句中的职务（主语、宾语）更为明确。另外在很长的修饰语前面放一个"一个""一种"，令对话人或读者预先感觉到后面跟着的是一个名词性的短语。

与和合本同时代的《孽海花》中动词后"一+量词"结构也有类似用例。例如第三回中：

（1）敩亭道："闻得**有一位杭州来的姓褚的**，叫什么爱林，就叫了她吧。"（《孽海花》第二回）

（2）雯青留心细看公坊，只见他还是胖胖的身干，阔阔儿的脸盘，肤色红润，眉目清疏，年纪约莫三十来岁，并未留须，**披着一件蔫旧白纱衫**，罩上天青纱马褂，摇着脱翩雕翎扇；一手握着个白玉鼻烟壶，一坐下来不断的闻，鼻孔和上唇全粘染着一搭一搭的虎皮斑，微笑的向雯青道：（《孽海花》第三回）

（3）下首门帘揭处，**有一个靓妆雅服二十来岁的女子**，就是褚爱林，满面含笑的迎上来。

（4）那时店中**有一位当手**，姓张，表字鼎臣，他待我哭过一场，然后拉我到一间房内，问我道："你父亲已是没了，你胸中有甚么主意呢？"（《二十年目睹之怪现状》第二回）

（5）**有一位家伯**，他在南京候补，可以打个电报请他来一趟。（《二十年目睹之怪现状》第二回）

（6）他把人家灌醉之后，便连夜把那招牌取下来，连涂带改的，把当中一个'仁'字另外**改了一个别的字**。（《二十年目睹之怪现状》第二十九回）

可见，与和合本同时代的白话小说中，动词后的"一+量词"结构在和合本那个时代，已经倾向于不省略"一"。只是和合本中这种结构的大量应用，与汉语内部发展规律暗合，但其直接来源是英文的影响，更加重了"一+量词"结构的名词标记性的发展趋势。

第二节　语序的欧化：因果倒置的因果复句

汉语重意会而略于形式，句子的组织是以事理逻辑关系而使语言单位流动铺排开来的，语序通常是事物逻辑顺序的反映，较少使用连接词。而英语的语法意义主要是通过词的形态变化和连接词来表现的，在句子之间必须使用连接词。和合本受英译本原文影响，在很多汉语中原本不用连接词的地方也使用连接词，而且语序上很多时候也直接沿用英文的顺序。其中因果复句的应用，就是和合本受英文影响最为明显的例证之一。兹叙述如下。

一、大量应用连词的因果复句

受英译本原文影响，和合本中因果复句多使用连接词连接，以新约部分为语料样本，根据我们的考察，出现连接词的因果复句共有 778 例，约每万字就出现 31 例。

例如：

（1）马可福音 15：42、43 到了晚上、**因为**这是预备日、就是安息日的前一日、有亚利马太的约瑟前来、他是尊贵的议士、也是等候上帝国的.他放胆进去见彼拉多、求耶稣的身体。

（2）路加福音 3：19 只是分封的王希律、**因**他兄弟之妻希罗底的缘故、并**因**他所行的一切恶事、受了约翰的责备.

（3）约翰福音 8：28 **所以**耶稣说、你们举起人子以后、必知道我是基督、并且知道我没有一件事是凭着自己做的.我说这些话乃是照着父所教训我的。

（4）使徒行传 27：7 一连多日、船行得慢、仅仅来到革尼土的对面.**因为**被风拦阻、**就**贴着背风岸、从撒摩尼对面行过。

（5）哥林多后书 13：3 你们既然寻求基督在我里面说话的凭据、我必不宽容我必不宽容.**因为**基督在你们身上不是软弱的、在你们里面是有大能的。

（6）加拉太书 2：16 既知道人称义不是因行律法、乃是因信耶稣基督、连我们也信了基督耶稣、使我们因信基督称义、不因行律法称义.**因为**凡有血气的、没有一人因行律法称义。

（7）以弗所书6∶9你们作主人的、待仆人也是一理、不要威吓他们．**因为**知道、他们和你们同有一位主在天上.他并不偏待人。

（8）歌罗西书4∶1你们作主人的、要公公平平地待仆人、**因为**知道你们也有一位主在天上。

（9）帖撒罗尼迦前书2∶8我们既是这样爱你们、不但愿意将上帝的福音给你们、连自己的性命也愿意给你们、**因**你们是我们所疼爱的。

与和合本同时代的《二十年目睹之怪现状》（约 53 万字）使用"因为"连接的因果复句共计265例，《孽海花》（约 25 万字）只有19例。

例如《孽海花》的用例：

（1）我记得因为自己是底下人，不敢做那些。（第九回）

（2）八瀛先生因为前几天钱唐卿在湖北上了一个封事，请许叔重从祀圣庙，已经部议准了。（第十一回）

（3）因为地图自己还要校勘校勘，连印刷，至快要两三个月，就先把信发了。（第十三回）

又如《二十年目睹之怪现状》的用例：

（1）我因为和端甫商量一件事，今日格外早些。（三十二回）

（2）便是我清早就想送他回去，因为这孩子嘴舌笨，说甚么包探咧、妓院咧，又是二少也吓慌了咧，我不知是甚么事，所以不敢叫他露脸。（三十四）

（3）那时我因为刻讣帖的人来了，就同那刻字人说话。（二回）

（4）因为不好写回信，所以才亲自送来，讨个主意。（第八回）

（5）因为上海通行的是日本小洋钱，所以就叫他作'东洋照会'。（第十回）

（6）大家因为这件事重大，查起来是要开棺的，回明了委员，大众商量。（第十二回）

和合本与同时代的《孽海花》、《二十年目睹之怪现状》中使用连词"因为"的对比情况请见下表：

表 4-1：和合本中因果复句连接词的使用情况　　　　单位：例

语　料	语料年代	出现连接词	出现频率（例/万字）
和合本	1899-1919	778	31
二十年目睹之怪现状	1903-1905	265	5
孽海花	1903-1904	19	1

由此可见，和合本使用"因为"连接因果复句的频率比同时代的白话文作品大为增加，这明显是受英文原文影响所致。

二、原因从句在前的因果复句

汉语通常是以事理逻辑顺序组织句子，除了比较少使用连词之外，还有一个重要特点就是主从复合句一般是从句在前，主句在后，从语义上说，是先偏后正。所以汉语中的因果复句，通常原因在前，结果在后。和合本中"因为"的使用频率增加，是受英文影响的关系，而且因果复句中结果在前，原因在后的句例占了多数。

例如：

（1）提摩太前书 6：2 仆人有信道的主人、不可因为与他是弟兄就轻看他.更要加意服事他.**因为**得服事之益处的、是信道蒙爱的。

（2）提摩太后书 1：12 为这缘故、我也受这些苦难.然而我不以为耻.**因为**知道我所信的是谁、也深信他能保全我所交付他的、直到那日。

（3）提多书 3：12 我打发亚提马或是推基古到你那里去的时候、你要赶紧往尼哥坡里去见我.**因为**我已经定意在那里过冬。

（4）腓利门书 1：22 此外你还要给我预备住处.**因为**我盼望藉着你们的祷告、必蒙恩到你们那里去。

（5）希伯来书 4：2 因为有福音传给我们、像传给他们一样.只是所听见的道与他们无益、**因为**他们没有信心与所听见的道调和。

而《孽海花》中使用"因为"的因果复句，只有 3 例是结果在前、原因在后的先果后因句。

例如：

（1）我们主人吩咐，请密细斯就坐我们来车。**因为**我们主人的住处，不肯轻易叫人知道的。（第十二回）

（2）胜佛现在惊异的不是笑语声，倒是吟哦声。**因为**这种拈断髭须的音调，在这个书斋里不容易听到的。（第二十七回）

（3）第二是**因为**当今第一忠臣，参威毅伯、连公公的韩惟芟侍御，奉上旨充发张家口。（第二十七回）

《二十年目睹之怪现状》中先果后因的用例仅6例。

例如：

1）这个连我也不晓得是甚么意思，或者**因为**向来未曾见过，也未可知。（第三回）

2）所以特地来约同你去，**因为**你懂得广东话。（三十四回）

3）先把客栈住址，发个电报到南京去，**因为**怕继之有信没处寄之故。（三十六回）

4）不然我也不知这个法子，**因为**有一回在南京走迷了路，认不得回去，亏得是骑着马，得那马夫引了回去。（三十六回）

5）然而后人的敬武穆不及敬他的多，**就因为**那一部《岳传》做得不好之故。（六十一回）

6）苟才回到安庆之后，上院销差，顺便请了五天假，**因为**后天便是他老婆五七开吊之期。（九十四回）

因果复句例表示结果的分句通常被认为是主句，表示原因的分句是从句。汉语习惯按照时序、事理逻辑铺排句读，呈现为一种循序铺排的心理时间流，表示发生在前的从句放在前面，表示发生在后的主句放在后面跟。英语则以动词为核心搭建各个构件，首先突出首要动词（核心动词），为了结构清晰，从句和附加成分通常利用关系词后置于核心动词。

汉语本身也有原因从句置后的因果复句，但这种情况通常以原因分句为主，以结果分句为从，结果分句接续上文，原因分句追加说明。例如上面所列《孽海花》、《二十年目睹之怪现状》的例子，就属此类。

根据考察，和合本中因果复句的语序分布请见下表：

表4-2：和合本中因果复句的语序　　单位：例

语　料	语料年代	先果后因	先因后果	总　计
二十年目睹之怪现状	1903-1905	6 / 2.3%	259 / 97.7%	265
孽海花	1903-1904	3 / 15.8%	16 / 84.2%	19
和合本	**1899-1919**	**512 / 65.8%**	**266 / 34.2%**	**778**

　　由上表可见，和合本中使用"因为"连接的因果复句中，原因在后的占了绝大多数，这是由和合本直接对译英译本原文的语句造成的。而同时期的白话小说中，首先使用"因为"连接因果复句的用例就很少，《二十年目睹之怪现状》仅有 265 例，约每万字才出现 5 例，《孽海花》全文才 19 例。在使用"因为"连接的因果复句中，《孽海花》和《二十年目睹之怪现状》基本上是原因在前，结果在后，而和合本则使用按照英译本原文的顺序，结果在前、原因在后的因果复句就占总数的 65.8%。

第三节 "被"字句使用范围扩大、使用频率增加

　　汉语只有在表示被动意义的时候才用被动句，而且分为有标志的和无标志（"被"字句）两种。汉语固有习惯中有标志的被动句，即"被"字句的基本作用是表示遭遇到不幸或者不愉快的事情，偶尔用于中性色彩或积极色彩的被动意义。更多的时候，汉语表示被动意义应用的是无标志的受事主语句，尤其在主语是事物的情况下。而英语等印欧语言"受事在动词前，动词的形态就会发生变化构成被动句"[2]。因此，英语等印欧语言的被动语态与汉语中的被动句是不对等的，"汉语的被动句属于广义的受事主语句，却不能说所有受事主语句都是被动句。受事主语句之所以被认同于被动句，主要是因为受印欧语的影响。"[3]汉语本来就有"被"字句这种有标志的被动句，虽然在感情色彩上有所限制，但也不是绝对的，因此很容易与英语等印欧语言的被动语态对应起来。受英语等印欧语言的影响，单就形式上而言，汉语中有标志的"被"字句出现了变化：使用范围扩大，不再限用于不幸或不愉快的事情；同时使用频率增加。

2　高顺全. 试论"被"字句的对外汉语教学[J]. 暨南大学华文学院学报，2001（1）：29-35.

3　同上。.

和合本中"被"字句的使用也显示出这种倾向，英译本原文中的被动句，和合本大部分都用"被"字句来翻译，使用频率增加，且扩大了"被"字句的使用范围。兹分述如下。

一、使用频率增加

和合本中"被"字句的使用比其他白话文作品都更为频繁。根据我们的考察，新约 25 万字语料中共出现"被"字句 401 例，使用频率明显高于其他白话文作品。

例如：

（1）创世记 49：19 迦得必<u>被</u>敌军追逼、他却要追逼他们的脚跟。

（2）创世记 49：21 拿弗他利是<u>被</u>释放的母鹿.他出嘉美的言语。

（3）出埃及记 2：14 那人说、谁立你作我们的首领和审判官呢.难道你要杀我、像杀那埃及人么.摩西便惧怕、说、这事必是<u>被人知道了</u>。

（4）出埃及记 3：2 耶和华的使者从荆棘里火焰中向摩西显现.摩西观看、不料、荆棘<u>被火烧着</u>、却没有烧毁。

（5）出埃及记 6：5 我也听见以色列人<u>被埃及人苦待</u>的哀声、我也记念我的约。

（6）出埃及记 9：31 那时、麻和大麦<u>被雷雹击打</u>.因为大麦已经吐穗、麻也开了花。

（7）利未记 15：17 无论是衣服是皮子、<u>被精所染</u>、必不洁净到晚上、并要用水洗。

（8）利未记 17：14 论到一切活物的生命、就在血中.所以我对以色列人说、无论甚么活物的血、你们都不可吃.因为一切活物的血就是他的生命.凡吃了血的，必<u>被剪除</u>。

同一语句，其他现代汉语译本中有的用"被"字句，有的不用。

例如：

（1）马太福音 1：11 百姓<u>被迁到巴比伦</u>的时候、约西亚生耶哥尼雅和他的弟兄。

[ERV]　　Mt1:11 and Josiah begat Jechoniah and his brethren, at the time of the <u>carrying away to Babylon</u>.

[朱　本]　　<u>掳到巴比伦</u>以后，耶哥利亚生撒拉斑；

[思高本]　　约史雅在巴比伦<u>流徙</u>期间生耶苛尼雅和他的兄弟们。

[新译本]　　<u>被掳到巴比伦</u>以后，耶哥尼雅生撒拉铁，

（2）马太福音 2：16 希律见自己<u>被博士愚弄</u>、就大大发怒、差人将伯利恒城里、并四境所有的男孩、照着他向博士仔细查问的时候、凡两岁以内的、都杀尽了。

[ERV]　　Mt2:16 Then Herod, when he saw that he <u>was mocked of the wise men</u>, was exceeding wroth, and sent forth, and slew all the male children that were in Bethlehem, and in all the borders thereof, from two years old and under, according to the time which he had carefully learned of the wise men.

[朱　本]　　于是希律觉得自己<u>被星士愚弄了</u>，就大怒，差人去把伯利恒城里，并那四邻所有的男孩子，照他所仔细问过星士的情形，凡两岁以内的都杀尽了。

[思高本]　　那时，黑落德见自己<u>受了</u>贤士们的愚弄，就大发忿怒，依照他由贤士们所探得的时期，差人将白冷及其周围境内所有两岁以下的婴儿杀死，

[新译本]　　希律见自己<u>被占星家愚弄</u>，就大怒，于是照着他从占星家所问得的日子，下令吧伯利恒和附近地方，两岁以下的小孩全都杀死。

《孽海花》和《二十年目睹之怪现状》中被字句的使用频率比早前的旧白话小说有所增加。

例如：

（1）我<u>被</u>他缠的不堪，只得拈了一个阄出来；打开一看，是七阳，又写着"竹汤饼会即席分韵，限三天交卷"。(《二十年目睹之怪现状》第三十五回）

（2）并不是甚么亲近不得，只小心**被**他们熏臭了。（二十年目睹之
怪现状）第四十回）

（3）篆如却坐在自己这一边，桌上摊着一本白折子，一手遮着，怕
被人看见的样子，低着头在那里不知写些什么。（《孽海花》第
五回）

（4）枢廷里有敬王和高扬藻、龚平暗中提倡，上头竟说一句听一句
起来，半年间那一个笔头上，不知**被**他拔掉了多少红顶儿。（《孽
海花》第五回）

（5）宝廷吃一吓，赶着爬起来，却**被**婆子两手按住道：（《孽海花》
第七回）

　　和合本中"被"字句的使用频率增加，根据我们的考察，和合本新约
"被"字句的用例共计有 401 例，约每万字即出现 16 例。和合本与旧白话文
本"被"字句的出现频率对比如下表：

表 4-3：和合本与其他白话文作品"被"字句出现频率对比[4]　　单位：例

语　料	语料年代	字数（万字）	"被"字句	出现频率（例/万字）
红楼梦（前八十回）	18 世纪	45	122	2.7
儿女英雄传	19 世纪	56	175	3
孽海花	1903-1904	25	158	6.3
二十年目睹之怪现状	1903-1905	55	316	6
和合本	**1899-1919**	**25**	**401**	**16**
鲁迅作品	1918-1936	15	119	7.9
老舍作品	1928-1966	145	658	4.5
当代文本	20 世纪	345	3433	10

　　由上表可见，和合本之前的白话文作品中，"被"字句的出现频率较低，
平均 1 万字约出现 3 例；与和合本同时代的《孽海花》、《二十年目睹之怪现状》
为每万字 6 例；和合本则每万字出现 16 例，略高于当代文本统计的结果（每万
字 10 例）。因此，和合本"被"字句的使用频率明显受英文底本的影响而增加。

4　《儿女英雄传》和当代文本的统计数据参见贺阳（2008），第 242 页。

二、使用范围扩大

"被"字句的使用一直有一定的限制，通常只用于表达不如意的事情，带有不如意的语义色彩，而不表示中性或积极的语义色彩。而受英文底本影响，和合本中"被"字句用于中性义或积极色彩的用例多于其他白话文作品。

例如：

（1）创世记 39：1 约瑟**被带下埃及去**、有一个埃及人、是法老的内臣护卫长波提乏、从那些带下他来的以实玛利人手下买了他去。

（2）创世记 43：18 他们因为**被领到约瑟的屋里**、就害怕、说、领我们到这里来、必是因为头次归还在我们口袋里的银子、找我们的错缝、下手害我们、强取我们为奴仆，抢夺我们的驴。

（3）利未记 22：32 你们不可亵渎我的圣名.我在以色列人中、却**要被尊为圣**、我是叫你们成圣的耶和华。

（4）民数记 14：21 然我指着我的永生起誓，遍地要**被我的荣耀充满**。

（5）民数记 21：27 所以那些作诗歌的说、你们来到希实本.愿西宏的城**被修造**、**被建立**。

和合本（新约部分，约25万字）中，"被"字句用于表示中性或积极义的用例有 159 例，其中积极义的有 15 例，约占总数的 4%。以旧白话小说和当代文本对照，和合本"被"字句的语义色彩分布见下表：

表 4-4：和合本"被"字句的语义色彩分布　　单位：例

语　料	语料年代	消极义	中性义	积极义	总　计
红楼梦（前八十回）	18 世纪	111 / 91%	9 / 7.4%	2 / 1.6%	122
孽海花	1903-1904	119 / 75.3%	35 / 22.2%	4 / 2.5%	158
二十年目睹之怪现状	1903-1905	281 / 88.9%	26 / 8.2%	9 / 2.8%	316
和合本	**1899-1919**	**242 / 60%**	**144 / 36%**	**15 / 4%**	**401**

由上表可见，和合本中"被"字句用于积极语义色彩的比例，比之早前旧白话小说和同时代的白话小说都显著增加，同时使用范围也明显扩大。

《红楼梦》前八十回中用于中性义的"被"字句有 9 例，用于积极义的仅 2 例。

例如用于中性义的：

（1）方欲拜见时，**早被他外祖母一把搂入怀中**，心肝儿肉叫着大哭起来。（第三回）

（2）别的一家子爷们都**被琏二叔并蔷兄弟让过去听戏去了**。（第十一回）

（3）此时宝钗早**被薛蟠遣人来请出去了**。（第三十五回）

（4）王夫人和凤姐儿连日**被人请去吃年酒**，不能胜记。（第五十三回）

（5）司棋**被众人一顿好言，方将气劝的渐平**。（第六十一回）

（6）司棋连说带骂，闹了一回，**方被众人劝去**。（第六十一回）

（7）黛玉默默的想道："不知还有什么好的**被我掣着方好**。"（第六十三回）

（8）这样现成的韵**被你得了**，只是不犯着替他们颂圣去。（第七十六回）

（9）当下薛姨妈早**被薛宝钗劝进去了**，只命人来卖香菱。（第八十回）

又如用于积极义的：

（1）你又是个要强的人，俗话说的，'金子终得金子换'，谁知竟**被老爷看重了你**。（第四十六回）

（2）柳湘莲见尤三姐身亡，痴情眷恋，**却被道人数句冷言打破迷关**，竟自截发出家，跟随疯道人飘然而去，不知何往。（第六十七回）

《孽海花》和《二十年目睹之怪现状》中用于积极义的比《红楼梦》有所增加，分别为 4 例和 9 例。

例如：

（1）哪里晓得正当大乱之后，文风凋散，**被这几个优秀青年，各逞才华，大放光彩，忽然震动了京师**。（《孽海花》第三回）

（2）结果又**被一个英国女子叫玛德的爱上了**。（《孽海花》第三十一回）

（3）不料**被你横身救护**，使你夫人和我的目的，两都不达。（《孽海花》第三十二回）

（4）只见我昨夜作的诗，**被继之密密的加上许多圈**，又在后面批上"缠绵悱恻，哀艳绝轮"八个字。（《二十年目睹之怪现状》第七回）

（5）他自己本来是一个南货店里学生意出身，不知怎么样，**被他走到官场里去**。（第九回）

（6）后来却**被一个报馆里的主笔保了出来**，并没有重办，就是这么回事了。（《二十年目睹之怪现状》第二十八回）

由以上用例可见，同时代的《孽海花》、《二十年目睹之怪现状》中"被"字句用于中性及积极义色彩的用例比《红楼梦》有所增加。与之相比，和合本中的"被"字句使用频率明显增加，使用范围更有明显扩大，用于中性义和积极义的现象增多。其直接原因是英文底本的影响，在当时属于先行的欧化语法现象。

三、没有实施者的"被"字句增多

英语中被动句的实施者经常不出现，由于翻译的原因，和合本中没有实施者的"被"字句也大大增多。对于"我们被欺负"这样的句子，王力认为是不大符合汉语的表达习惯的。他把"被"字句称为被动式，认为"凡叙述词所表示的行为主体所遭受者，叫做被动式"，而其语义特征是"被动式所叙述，若对主体而言，是不如意或不企望的事，如受祸、受欺骗、受损害或引起不利的结果等"（王力1985）。和合本中不加实施者的"被"字句明显有了上升的趋势，这明显是原文英译本所带来的欧化影响之一。仅以《马太福音》一张，就有48个"被"字句，其中25处没有实施者，23处有实施者。而《申命记》中"被"字句40处中，没有实施者的"被"字句多达25处。《申命记》中没有实施者的"被"字句举例如下：

（1）申4：19 又恐怕你向天举目观看、见耶和华你的上帝为天下万民所摆列的日、月、星.就是天上的万象、自己便**被**勾引敬拜事奉它。

（2）申 15：12 你弟兄中、若有一个希伯来男人、或希伯来女人**被**卖给你、服事你六年、到第七年就要任他自由出去。

（3）申 21：22 人若犯该死的罪、**被**治死了、你将他挂在木头上。

（4）申 28：20 耶和华因你行恶离弃他、必在你手里所办的一切事上、使咒诅、扰乱、责罚临到你.直到你**被**毁灭、速速地灭亡。

（5）申 28：31 你的牛在你眼前宰了、你必不得吃它的肉.你的驴在你眼前**被**抢夺、不得归还.你的羊归了仇敌、无人搭救。

（6）申 28：33 你时常**被**欺负、受压制、

（7）申 28：52 他们必将你困在你各城里、直到你所倚靠高大坚固的城墙都**被**攻塌。

（8）申 28：41 你生儿养女、却不算是你的.因为必**被**掳去。

（9）申 28：63 先前耶和华怎样喜悦善待你们、使你们众多、也要照样喜悦毁灭你们、使你们灭亡、并且你们从所要进去得的地上必**被**拔除。

（10）申 31：17 那时、我的怒气必向他们发作、我也必离弃他们、掩面不顾他们、以至他们**被**吞灭、并有许多的祸患灾难临到他们.那日、他们必说、'这些祸患临到我们,岂不是因我们的上帝不在我们中间吗。'

另外,《现代汉语虚词例释》提及,"被"字句里的动词必须是及物动词,句中主要动词大都有一些附加成分、而可以不带附加成分、"被"直接放在动词前的,一般是比较固定的格式,"只限于在结构上是动补格（如'推翻'）或联合式",而且多用于书面语,如"被捕"、"被围"、"被迫"等；助动词和否定副词只能放在"被"字前头。受英译本原文影响,和合本的"被"字句中的动词,常有不是固定格式却不带附加成分的。仅以《约伯记》为例,56 处"被"字句中,就有 12 处非固定格式却不带附加成分的:

（1）伯 5：4 他的儿女远离稳妥的地步,在城门口**被**压,并无人搭救。

（2）伯 5:21 你必**被**隐藏、不受口舌之害.灾殃临到、你也不惧怕。

（3）伯15：7 你岂是头一个**被**生的人吗.你受造在诸山之先吗.

（4）伯24：24 他们**被**高举、不过片时就没有了.他们降为卑、**被**除灭、与众人一样.又如谷穗**被**割。

（5）伯21：26 他们一样躺卧在尘土中、都**被**虫子遮盖。

（6）伯24：18 这些恶人犹如浮萍快快飘去、他们所得的分在世上**被**咒诅.他们不得再走葡萄园的路。

（7）伯30：8 这都是愚顽下贱人的儿女、他们**被**鞭打、赶出境外。

（8）伯31：27 心就暗暗**被**引诱、口便亲手.

（9）伯33：19 人在床上**被**惩治、骨头中不住地疼痛、

由以上分析可见，和合本中"被"字句使用频率增加、用于中性和积极义色彩的用例增多、没有实施者的"被"字句增多；且不同于动词后一般要有一些附加成分的原有汉语表达习惯，和合本中"被"字后面的动词常常有不带附加成分的用例。和合本这些"被"字句应用的特征，与英译本原文有着密不可分的影响，显然属于先行的欧化汉语语法现象。

和合本译文句法的欧化，还包括一些固定的表达，如"可以不可以？"的疑问句式，"以牙还牙"、"披着羊皮的狼"的比喻，"直到永远"这种新的时间表达方式等等，都是汉语以前罕见的表达方式。[5]这些新的固定表达在现代汉语中得到了广泛使用。

5　参见：武春野．"官话"译经与文体革命[J]．社会科学 2012（11）：187．

第五章 《圣经》官话和合本词组结构与句式的汉化

我们所谓的"汉化",是指《圣经》汉译本在处理译文与底本在句子结构和语法词应用上的不一致状态时,不是依照底本语言结构的形式,而是采用汉语的词组结构与句式或语法词的应用习惯进行翻译的现象。

第一节 语序的汉化

"西方语言的句子大多以主语和定式动词为骨干栋梁,然后运用各种关系词把有关材料组成关系结构的板块,……重点是通过严整的结构交代清楚各板块之间的相互联系。"[1]而汉语句子的组织却主要是"按时序铺排的语义流程",[2]语序是汉语句子组织的重要手段。

英语中语序也是比较重要,但必须同时使用各种关系词等形式标记,例如利用 of,which、whom、that 等使定语后置,利用 when、where、as 等使状语后置,凸显主要动词,使整个句子结构以主要动词为中心。和合本在组织此类句子时,依照汉语的习惯和语序,重新排列各个句子成分,表现出一定的汉化倾向,兹分述如下。

---

1 申小龙. 汉语语法学[M]. 南京:江苏教育出版社 2001,第 62 页。
2 同上。

一、时间状语从句前移

和合本常遵照汉语习惯，有时不使用连接词而把英译本原文后置的状语从句直接提前至动词前。

例如：

（1）马太福音9：15 耶稣对他们说、**新郎和陪伴之人同在的时候**、陪伴之人岂能哀恸呢.但日子将到、新郎要离开他们、那时候他们就要禁食。

> [ERV]   Mt 9:15 And Jesus said unto them, Can the sons of the bride-chamber mourn, **as long as the bridegroom is with them**? but the days will come, when the bridegroom shall be taken away from them, and then will they fast.

（2）马可福音2：19 耶稣对他们说、**新郎和陪伴之人同在的时候**、陪伴之人岂能禁食呢.新郎还同在、他们不能禁食。

> [ERV]   Mk 2:19 And Jesus said unto them, Can the sons of the bride-chamber fast, **while the bridegroom is with them?** as long as they have the bridegroom with them, they cannot fast.

（3）利未记18：19 **女人行经不洁净的时候**、不可露她的下体、与她亲近。

> [ERV]   Lv 18: 19 And thou shalt not approach unto a woman to uncover her nakedness, **as long as she is impure by her uncleanness**.

（4）利未记26：34 你们在仇敌之地居住的时候、**你们的地荒凉、要享受众安息、正在那时候**、地要歇息、享受安息。

> [ERV]   Lv 26: 34 Then shall the land enjoy her sabbaths, **as long as it lieth desolate, and ye be in your enemies' land**; even then shall the land rest, and enjoy her sabbaths.

（5）申命记 12：19 你要谨慎、**在你所住的地方**、永不可丢弃利未人。

  [ERV] Dt 12: 19 Take heed to thyself that thou forsake not the Levite **as long as thou livest upon thy land**.

  汉语的时间状语总是在动词前面，从认知语言学的角度来看，时间状语属于已知信息，因而排列在前。"时间、处所状语通常表示事件发生的背景。认知心理学中'背景——图像'构成一对范畴，这一对范畴可以同'旧信息——新信息'构成一个自然类。因为图像也是感觉的焦点，而焦点往往代表新信息。时间、处所状语在汉语中前置可以看做汉语把可别度高的成分前置的一个具体例证。"[3]

二、定语从句前移

  英语句子通常是主谓二分，主语和谓语是句子的核心成分，二者往往遵循"语义靠近原则"，其他的成分如定语常后置于中心语、状语后置于动词。英语中的后置定语大概有两种：定语成分，以及用连接词连接的定语从句。英语句子中的定语成分，在汉语中则前置于中心语，构成偏正结构。

  例如：

（1）约书亚记 1：6 你当刚强壮胆.因为你必使这百姓承受那地为业、**就是我向他们列祖起誓应许赐给他们的地**。

  [ERV] Js1: 6 Be strong and of a good courage: for thou shalt cause this people to inherit **the land** which I sware unto their fathers to give them.

（2）约珥书 2：25 **我打发到你们中间的大军队**、就是蝗虫、蝻子、蚂蚱、剪虫、那些年所吃的、我要补还你们。

  [ERV] Jl2:25 And I will restore to you the years that the locust hath eaten, the cankerworm, and the caterpiller, and the palmerworm, **my great army which I sent among you**.

---

3 吴为善. 认知语言学与汉语研究[M]. 上海: 复旦大学出版有限公司, 2011, 页112.

（3）阿摩司书 3 ：1 以色列人哪、你们全家是我从埃及地领上来的、当听**耶和华攻击你们的话**、

[ERV]　　　　As3:1 Hear **this word that the LORD hath spoken against you**, O children of Israel, against the whole family which I brought up out of the land of Egypt, saying,.

（4）俄巴底亚书 1 ：20 在迦南人中被掳的**以色列众人**、必得地直到撒勒法.在西法拉中被掳的**耶路撒冷人**、必得南地的城邑。

[ERV]　　　　Ob1:20 And the captivity of this host of **the children of Israel, which are among the Canaanites**, shall possess even unto Zarephath; and the captivity of **Jerusalem, which is in Sepharad, shall possess the cities of the South**.

（5）马可福音 11 ：15 他们来到耶路撒冷.耶稣进入耶路撒冷圣殿、赶出殿里**做买卖的人**、推倒**兑换银钱之人的桌子和卖鸽子之人的凳子**.11 ：16 也不许人拿着器具从殿里经过。

[ERV]　　　　Mk 1:15 And they come to Jerusalem: and he entered into the temple, and began to cast out them **that sold** and them **that bought in the temple,** and overthrew the tables **of the money-changers**, and the seats **of them that sold the doves**; 16 and he would not suffer that any man should carry a vessel through the temple.

（6）10 ：16 主说、那些日子以后、**我与他们所立的约**乃是这样.我要将我的律法写在他们心上、又要放在他们的里面。

[ERV]　　　　Heb 10:16 This is the covenant **that I will make with them** after those days, saith the Lord; I will put my laws on their heart, And upon their mind also will I write them; then saith he,

　　和合本依照汉语习惯把定语从句前移，放在中心语之前，这是和合本汉化的句法现象之一。

三、后置结构前移

汉语句子中表示动作的性质、伴随状态等的成分，通常是在动词前面作状语，而英语句子主谓二分是基本格局，其他成分都是围绕这两个核心展开的，其附加成分常常后置于动词。和合本在处理此类语句时，通常是依照汉语习惯，其他译本也大致相同。

例如：

（1）马太福音1：20 正思念这事的时候、有主的使者**向他梦中显现**、说、

[ERV]　　Mt1: 20 But when he thought on these things, behold, an angel of the Lord **appeared unto him in a dream**, saying, Joseph, thou son of David, fear not to take unto thee Mary thy wife: for that which is conceived in her is of the Holy Ghost.

[朱　本]　　正在思想着，忽然**梦见主的使者显现**，对他说

[思高本]　　当他在思虑这事时，**在梦中上主的天使显现给他**说

[新译本]　　他一直想着这些事，主的使者就**在梦中向他呈现**，说

英语的句子是以动词为中心建构的"主——谓"框架，结构上以谓语动词为中心，而谓语动词的修饰语常常由于结构集中的需要而后置。汉语则是以事理逻辑顺序流动铺排各个语言单位的。对于英译本原文中的附加成分如修饰动词的副词或表示动作方式的介词结构，和合本都依照汉语习惯前移至状语位置。

又如：

（2）申命记13：14 你就要探听、查究、**细细的访问**、果然是真、准有这可憎恶的事行在你们中间，

[ERV]　　Dt13:14 then shalt thou inquire, and make search, and **ask diligently**; and, behold, if it be truth, and the thing certain, that such abomination is wrought in the midst of thee;

（3）申命记 15：14 要从你羊群、禾场、酒醡之中多多的给他．耶和华你的上帝怎样赐福与你、你也要照样给他。

[ERV]　　　Dt 15: 14 thou shalt **furnish him liberally out of thy flock, and out of thy threshing-floor, and out of thy winepress:** as the LORD thy God hath blessed thee thou shalt give unto him.

（4）路加福音 1：5 当犹太王希律的时候、**亚比雅班里**有一个祭司、名叫撒迦利亚．他妻子是**亚伦的后人**、名叫以利沙伯。

[ERV]　　　Lk 1: 5 There was in the days of Herod, king of Judaea, a certain priest named Zacharias, **of the course of Abijah**: and he had a wife **of the daughters of Aaron**, and her name was Elisabeth.

（5）约翰福音 3：29 娶新妇的、就是新郎．新郎的朋友站着听见新郎的声音就**甚喜乐**．故此我这喜乐满足了。

[ERV]　　　Jh 3:29 He that hath the bride is the bridegroom: but the friend of the bridegroom, which standeth and heareth him, **rejoiceth greatly** because of the bridegroom's voice: this my joy therefore is fulfilled.

汉语对语序的倚重，使和合本译者在组织句子时，不得不依照汉语的习惯调整原文的语序，从而表现出汉化的倾向。

第二节　句子成分的省略

汉语的句子，只要可以意会的，句子成分就可以省略，各个句子成分都可以根据语境隐现。所以"汉语的句子组织大多是虚实相间"、"人详我略"。而一个完整的英语句子，主、谓、宾三项却缺一不可。官话和合本有受英译本原文影响而比较僵硬的地方，也有根据语意省略句子成分的现象。

一、句子成分的省略

和合本根据语意和上下文常常句子成分，表现出倾向于汉语意会习惯的一面。英译本原文用代词性回指的地方，和合本有的时候会使用零形回指，即根据上下文省略相应的主语或宾语成分。兹分述如下。

1、主语的省略

官话和合本在变换主语时，有时会遵守汉语习惯省略前面出现的主语成分。例如：

（1）马太福音1：19 **他丈夫约瑟**是个义人、不愿意明明的羞辱他、想要暗暗的把他休了。（　　）正思念这事的时候、有主的使者向他梦中显现、说、……

[ERV] Mt1:19 And **Joseph her husband**, being a righteous man, and not willing to make her a public example, was minded to put her away privily. 20 But when **he** thought on these things, behold, an angel of the Lord appeared untohim in a dream, saying, ……

原文第一句到第二句的主语从 Joseph 变换为 angel，第二句中的 Joseph 即 he 出现在状语从句里。官话和合本用"正…的时候"来处理主语的变换，分句主语"他（约瑟）"是暗藏的。而思高本和新译本中这个分句的主语"他"是显现的。

例如：

[思高本] **她的丈夫若瑟**，因是义人，不愿公开羞辱她，有意暗暗地休退她。当**他**在思虑这事时，在梦中上主的天使显现给他说……

[新译本] **她丈夫约瑟**是个义人，不愿张扬使她受辱，就打算暗中与她解除婚约。**他**一直想着这些事，主的使者就在梦中向他呈现，说……

又如：

（2）马可福音11：11 **耶稣**进了耶路撒冷、入了耶路撒冷圣圣殿、（　　）周围看了各样物件.天色已晚、（　　）就和十二个门徒出城、往伯大尼去了。

[ERV] Mk 1:11 And **he** entered into Jerusalem, into the temple; and when **he** had looked round about upon all things, it being now eventide, **he** went out unto Bethany with the twelve.

（3）启示录 20：2 **他**捉住那龙、就是古蛇、又叫魔鬼、也叫撒但、把他捆绑一千年、3 扔在无底坑里、将无底坑关闭、用印封上、使他不得再迷惑列国、等到那一千年完了．以后（　）必须暂时释放他。

[ERV] 　　Rv20: 2 And **he** laid hold on the dragon, the old serpent, which is the Devil and Satan, and bound him for a thousand years, 3 and cast him into the abyss, and shut it, and sealed it over him, that he should deceive the nations no more, until the thousand years should be finished: after this **he** must be loosed for a little time.

（4）马可福音 14：32 他们来到一个地方、名叫客西马尼．**耶稣**对门徒说、你们坐在这里、等我祷告。14：33 于是（　）带着彼得、雅各、约翰同去．就惊恐起来、极其难过。

[ERV] 　　Mk 14: 32 And they come unto a place which was named Gethsemane: and **he** saith unto his disciples, Sit ye here, while I pray. 33 And **he** taketh with him Peter and James and John, and began to be greatly amazed, and sore troubled.

（5）路加福音 1：6 **他们二人**、在上帝面前都是义人、遵行主的一切诫命礼仪、没有可指摘的。1：7（　）只是没有孩子、因为以利沙伯不生育、两个人又年纪老迈了。

[ERV] 　　Lk 1: 6 And **they** were both righteous before God, walking in all the commandments and ordinances of the Lord blameless. 7 And **they** had no child, because that Elisabeth was barren, and they both were now well stricken in years.

（6）彼得后书 3：17 亲爱的弟兄阿、**你们**既然预先知道这事、就当防备、恐怕被恶人的错谬诱惑、（　）就从自己坚固的地步上坠落。

[ERV]   Pt 3: 17 **Ye** therefore, beloved, knowing these things beforehand, beware lest, being carried away with the error of the wicked, **ye** fall from your own stedfastness.

2、宾语的省略

英译本原文使用代词性回指作为动作对象的地方，和合本根据上下文常选择省略宾语。

例如：

（1）马太福音 8：32 耶稣（　）说、去罢.鬼就出来、进入猪群.全群忽然闯下山崖、投在海里淹死了。

[ERV]   Mt 8: 32 And he said unto **them**, Go. And they came out, and went into the swine: and behold, the whole herd rushed down the steep into the sea, and perished in the waters.

（2）马太福音 8：34 合城的人、都出来迎见耶稣.既见了（　）、就央求他礼开他们的境界。

[ERV]   Mt 8: 34 And behold, all the city came out to meet Jesus: and when they saw **him**, they besought him that he would depart from their borders.

（3）约翰福音 2：7 耶稣对用人说、把缸倒满了水.他们就倒满了（　）、直到缸口。

[ERV]   Jh 2: 7 Jesus saith unto them, Fill the waterpots with water. And they filled **them** up to the brim.

（4）约翰福音 3：16 我们因他的名、他的名便叫你们所看见所认识的这人、健壮了.正是他所赐（　）的信心、叫这人在你们众人面前全然好了。

[ERV]   Jh 3: 16 And by faith in his name hath his name made this man strong, whom ye behold and know: yea, the faith which is through him hath given **him** this perfect soundness in the presence of you all.

（5）罗马人书 7：11 因为罪趁着机会、就藉着诫命引诱我、并且
（　）杀了我。

[ERV]　　　　Rm 7: 11 for sin, finding occasion, through **the
commandment** beguiled me, and **through it** slew me.

二、关联词的省略

英语组织句子注重各种绝对形式标记，连接词必不可少。而汉语重意合，按照事理逻辑顺序排列语言单位，常不用关联词。和合本在关联词的使用上，很多时候表现出汉化倾向。兹分述如下。

1、句首时间词之前的关联词省略

例如时间状语从句常用关联词 when、before、as 等标记时间。受英译本原文影响，和合本中句首时间词前面使用介词"当"的频率增加了，但在频率上远远不及原文相关关联词的使用。很多时候，和合本是选择省略句首时间词前的关联词的。

例如：

（1）哥林多前书 3：4 <u>有说、我是属保罗的.有说、我是属亚波罗的</u>.这岂不是你们和世人一样么。

[ERV]　　　　1Co3:4 For **when** one saith, I am of Paul; and
another, I am of Apollos; are ye not men?

其他在句首时间词前省略关联词的句例如：

（2）马太福音 9：10 **<u>耶稣在屋里坐席的时候</u>**、有好些税吏和罪人来、与耶稣和他的门徒一同坐席。

[ERV]　　　　Mt 9: 10 And it came to pass, **<u>as he sat at meat in
the house,</u>** behold, many publicans and sinners came
and sat down with Jesus and his disciples.

（3）帖撒罗尼迦前书 3：4 **<u>我们在你们那里的时候</u>**、预先告诉你们、我们必受患难、以后果然应验了、你们也知道。

[ERV]　　　　1Th 3: 4 For verily, **<u>when we were with you,</u>** we told
you beforehand that we are to suffer affliction; even
as it came to pass, and ye know.

（4）提摩太前书 1：3 **我往马其顿去的时候、**曾劝你仍住在以弗
所、好嘱咐那几个人、不可传异教、

    [ERV]   1Tm 1: 3 As I exhorted thee to tarry at Ephesus,
when I was going into Macedonia, that thou
mightest charge certain men not to teach a different
doctrine,

（5）提多书 3：12 我**打发亚提马、或是推基古、到你那里去的时
候、**你要赶紧往尼哥波立去见我.因为我已经定意在那里过冬。

    [ERV]   Tt 3: 12 **When I shall send Artemas unto thee, or
Tychicus,** give diligence to come unto me to
Nicopolis: for there I have determined to winter.

（6）希伯来书 11：5 以诺因着信被接去、不至于见死.人也找不着
他、因为上帝已经把他接去了.只是**他被接去以先、**已经得了
上帝喜悦他的明证。

    [ERV]   Heb 11: 5 By faith Enoch was translated that he
should not see death; and he was not found, because
God translated him: for **before his translation** he
hath had witness borne to him that he had been
well-pleasing unto God:

2、介词的省略

对于英译本原文中的 for、to、as、of、about 等介词，和合本也有选择省
略的现象。

例如：

（1）出埃及记 22：9 两个人的案件、无论是为甚么过犯、或是为
牛、为驴、为羊、为衣裳、或是为甚么失掉之物、有一人说、
这是我的、两造就要将案件禀告审判官、审判官定谁有罪、谁
就要加倍赔还。

    [ERV]   Ex22：9 **For** every matter of trespass, whether it be
for ox, for ass, for sheep, for raiment, or for any

manner of lost thing, whereof one saith, This is it, the cause of both parties shall come before God; he whom God shall condemn shall pay double unto his neighbour.

（2）民数记 8：22 然后利未人进去、在亚伦和他儿子面前、在会幕中办事。耶和华指着利未人怎样吩咐摩西、以色列人就怎样向他们行了。

    [ERV]   Nb8: 22 And after that went the Levites in to do their service in the tent of meeting before Aaron, and before his sons: **as the LORD had commanded Moses concerning the Levites**, so did they unto them.

（3）论利未说、耶和华阿、你的土明和乌陵都在你的虔诚人那里。你在玛撒曾试验他、在米利巴水与他争论。

    [ERV]   Dt33:8 And **of** Levi he said, Thy Thummim and thy Urim are with thy godly one, Whom thou didst prove at Massah, With whom thou didst strive at the waters of Meribah;

（4）申命记 33：12 论便雅悯说、耶和华所亲爱的必同耶和华安然居住.耶和华终日遮蔽他、也住在他两肩之中。

    [ERV]   Dt33:12 **Of** Benjamin he said, The beloved of the LORD shall dwell in safety by him; He covereth him all the day long, And he dwelleth between his shoulders.

（5）路加福音 9：9 希律王说、约翰我已经斩了、这却是甚么人、我竟听见他这样的事呢、就想要见他。

    [ERV]   Lk9:9 And Herod said, John I beheaded: but who is this, **about** whom I hear such things? And he sought to see him.

或者用动词来代替，例如：

（6）约翰福音 12：41 以赛亚因为看见他的荣耀、就**指着**他说这话。

[ERV]　　Jn12:41 These things said Isaiah, because he saw his glory; and he spake **of** <u>him</u>.

（7）罗马人书 4：4 作工的得工价、不算恩典、乃是该得的、4：5 惟有不作工的、只信称罪人为义的上帝、他的信就算为义。

[ERV]　　Rm4: 4 Now <u>**to** him</u> that worketh, the reward is not reckoned as of grace, but as of debt. 5 But **to** <u>him</u> that worketh not, but believeth on him that justifieth the ungodly, his faith is reckoned for righteousness.

3、其他关联词的省略

原文中表示条件、假设等关系的连接词，和合本也有省略的现象，依照汉语习惯，按照事理逻辑关系直接铺排各个小句。

例如：

（1）腓立比书 2：1 所以、在基督里**若**有甚么劝勉、爱心（　）有甚么安慰、圣灵（　）有甚么交通、心中（　）有甚么慈悲怜悯、2 你们就要意念相同、爱心相同、有一样的心思、有一样的意念、使我的喜乐可以满足。

[ERV]　　Ph 2: 1 **If** there is therefore any comfort in Christ, **if** any consolation of love, **if** any fellowship of the Spirit, **if** any tender mercies and compassions, 2 fulfill ye my joy, that ye be of the same mind, having the same love, being of one accord, of one mind;

该用例中，英译本原文表示假设关系的 if，和合本只在第一个小句用了"若"这个假设连词，其他小句则都省略。

又如：

（2）罗马人书 5：13 <u>没有律法**之先**</u>，罪已经在世上；但<u>没有律法</u>，罪也不算罪。

[ERV]　　Rm5:13 for **<u>until</u>** the law sin was in the world: but sin is not imputed **<u>when</u>** there is no law.

（3）腓立比书 1：22 但（　）<u>我在肉身活着</u>、若成就我工夫的果子、我就不知道该挑选甚么。

[ERV]　　　Ph1:22 But **if to live in the flesh**, -- **if** this is the fruit of my work, then what I shall choose I wot not.

（4）马太福音 9：15 耶稣对他们说、新郎和陪伴之人同在的时候、陪伴之人岂能哀恸呢.但日子将到、新郎要离开他们、那时候他们就要禁食。

[ERV]　　　Mt9: 15 And Jesus said unto them, Can the sons of the bride-chamber mourn, **as long as the bridegroom is with them**? but the days will come, when the bridegroom shall be taken away from them, and then will they fast.

（5）马可福音 2：19 耶稣对他们说、新郎和陪伴之人同在的时候、倍伴之人岂能禁食呢.新郎还同在、他们不能禁食。

[ERV]　　　Mk2: 19 And Jesus said unto them, Can the sons of the bride-chamber fast, while the bridegroom is with them? **as long as they have the bridegroom with them,** they cannot fast.

汉语常常"人详我略"，在上下文意思明确的地方省略句子成分，和合本很多时候也遵照汉语这一传统，省略不必要的句子成分，表现出汉化倾向。

第三节　和合本句式的汉化

英语要用谓语动词的形态变化以及绝对连词标记来连接词语、从句和分句，介词、连词等形式连接手段是必不可少的。因此，沃尔夫认为汉语没有关系复合句，各种关系是通过一种不同的语序系统表述的。[4]这只是从形式着

4　There is no word for 'word' in Chinese. The nearest thing is the element tsz, which istranslated 'word' but means rather 'syllable' or 'syllabic element.' Many suchelements never occur free but only in a few combinations, like the 'pyr-' in 'pyrometer'.Words in the sense of vocabulary units exist as either of one or two syllables, a fact obscured bythe traditional Chinese system of writing, which keeps

眼，看到汉语句子不用英语中各种连接词显示分句的从属地位。实际上，"汉语是一种注重逻辑事理的语言。汉语各种句子的句子成分都是按照逻辑事理关系铺排的。……句子成分之间可以存在诸如假设、条件、因果等逻辑关系。这些关系或用关联词语作为标志，或不用关联词语，对句子分析都没有影响。在这个意义上可以说所有的汉语句子都是关系句。"[5]

汉语的关系句"以事件间的逻辑关系为主要着眼点"，事件之间的关系通过句子本身的铺排逻辑显示出来，在排列次序上，同信息的流向契合——已知的信息在前，新信息在后，"先'偏'后'正'，由'浅'入'深'"。[6]

和合本在处理英译本原文中的各种从句时，经常依照汉语习惯不用关联词等绝对形式标记来表示句子之间的关系，而是把各种从句变为小句，通过前后句子成分和分句铺排来表现其中的事理逻辑关系。

下面我们就定语从句和时间状语从句来认识和合本的关系句这种汉化句法现象。

一、定语从句变为小句

如果定语从句过长，或者一个中心语后面有多重定语从句，和合本的处理办法依照汉语习惯，将其分为小句，与英译本原文的主句一起构成各种关系句。

例如：

（1）使徒行传 1 : 1 耶稣基督的仆人保罗、奉召为使徒、特派传上帝的**福音**.2 这福音是上帝从前藉众先知在圣经上所应许的、3 论到他儿子我主耶稣基督.按肉体说、是从大卫后裔生的.4 按圣善的灵说、因从死里复活、以大能显明是上帝的儿子.5 我们从他受了恩惠并使徒的职分、在万国之中叫人为他的名信服真道.

---

every syllable separate. ……Chinese has norelative clauses, and that a different kind of order-system rules the logic of such relationships. Ifthe element te used in this logic be translated '-ish,' then "The House that Jack Built"would go in Chinese: 'This is Jack-ish build-ish house; this is Jack-ish build-ish house-ish inishlie-ish malt,' etc. 参见：Benjamin Lee Whorf. Language, Thought and Reality.

5 申小龙. 汉语语法学[M]. 南京：江苏教育出版社，2001.8，页 317.

6 同上。

[ERV]　　Ac1:11 Paul, a servant of Jesus Christ, called to be an apostle, separated unto **the gospel of God**, 2 **which** he promised afore by his prophets in the holy scriptures, 3 concerning **his Son**, **who** was born of the seed of David according to the flesh, 4 **who** was declared to be the Son of God with power, according to the spirit of holiness, by the resurrection of the dead; even Jesus Christ our Lord, 5 **through whom** we received grace and apostleship, unto obedience of faith among all the nations, for his name's sake:

　　原文中 the gospel of god 的定语是由 which 引导的定语从句，和合本把它变了一个主题句"这福音是上帝从前藉众先知在圣经上所应许的"，在第一个句子"耶稣基督的仆人保罗、奉召为使徒、特派传上帝的福音"之后构成一种解释说明的关系。而接下来由分词形式 concerning 所引导的句子，在原文中也是 the gospel of god 的定语，和合本把它变成了"这福音"的评论语。而 concerning 所引导的句子的中心语 his son，有多个定语从句，分别由 who、who、through whom 引导。和合本则把它们变成三个小句，以此作为对"他儿子我主耶稣基督"的评论语。

　　类似用例如：

　　（2）使徒行传 1：12 **有一座山、名叫橄榄山、离耶路撒冷不远、约有安息日可走的路程**.当下、门徒从那里回耶路撒冷去、

[ERV]　　Ac1:12 Then returned they unto Jerusalem from **the mount called Olivet, which is nigh unto Jerusalem, a sabbath day's journey off.**

　　（3）民数记 36：6 **论到西罗非哈的众女儿**、耶和华这样吩咐说、他们可以随意嫁人、只是要嫁同宗支派的人。

[ERV]　　Nb36:6 This is **the thing which the LORD doth command concerning the daughters of Zelophehad,** saying, Let them marry to whom they think best; only to the family of the tribe of their father shall they marry.

（4）使徒行传 1：13 进了城，就上了所住的**一间楼房.在那里有彼得、约翰、雅各、安得烈、腓力、多马、巴多罗买、马太、亚勒腓的儿子雅各、奋锐党的西门、和雅各的儿子犹大**。

> [ERV]　　Ac1:13 And when they were come in, they went up into **the upper chamber, where they were abiding; both Peter and John and James and Andrew, Philip and Thomas, Bartholomew and Matthew, James the son of Alphaeus, and Simon the Zealot, and Judas the son of James.**

（5）约书亚记 8：24 **以色列人在田间和旷野杀尽所追赶一切艾城的居民.艾城人倒在刀下、直到灭尽.**以色列众人就回到艾城，用刀杀了城中的人。

> [ERV]　　24 And **it** came to pass, **when Israel had made an end of slaying all the inhabitants of Ai in the field, in the wilderness wherein they pursued them, and they were all fallen by the edge of the sword,** until they were consumed, that all Israel returned unto Ai, and smote it with the edge of the sword.

（6）马太福音 2：6 '犹大地的伯利恒阿、你在犹大诸城中、并不是最小的.因为将来有**一位君王**、要从你那里出来、**牧养我以色列民**'。

> [ERV]　　Mt2:6 And thou Bethlehem, land of Judah, Art in no wise least among the princes of Judah: For **out of thee shall come forth** a governor, **which shall be shepherd of my people Israel.**

在这一点上，其他几个中译本大致相同。例如例句 6 在其他译本中分别是：

> [朱　本]　　'犹大地的伯利恒阿、你在犹大诸城中、并不是最小的.因为将来有**一位君王**、要从你那里出来、**牧养我以色列民**'。

[思高本]　'你犹大地白冷啊！你在犹大的郡邑中，决不是最
小的，因为**将由你出来一位领袖，他将牧养我的百
姓以色列**。'

[新译本]　'犹大地的伯利恒啊！你在犹大的领袖中，并不是
最小的，因为必有**一位领袖从你那里出来，牧养我
的子民以色列**。'

英译本中用 which、that 连接的定语从句，和合本往往切割为小句，这就
形成有的学者所说的"动词优势"现象——"句子中动词出现的频率惊人地
高……'偏重动词着眼，运用大量的动词结集，根据时间顺序——予以安排，
甚至尽量省略关系词以达到动词集中、动词突出的效果'"（林同济，1980）。
这种"动词优势"现象实际上是把前面的中心语变成一个主题语或施事者，
而后面的小句则以其为中心，或者是展开评论，或者依事件时序和事理逻辑
关系展开叙述，形成一种主题句和施事句合璧的现象。

二、时间状语从句变为施事句

英语句子以动词为语义、结构或关系的中心组织而成，句子成分之间除
了语序之外还要讲究形态配合，复句中分句的逻辑关系要靠关联词凸现出
来。而汉语则倾向于按事理逻辑顺序铺排各个语块，单句的各个成分、复句
的各个小句是靠逻辑关系组合起来的，有没有关联词没有本质上的区别，很
多时候为了经济而省略关联词。英译本中用 when、before、after、as 等词连接
的时间状语从句，和合本很多时候都变为小句而不用关联词，形成以事件时
序、事理顺序铺排的施事句。

例如：

（1）马太福音 2：3 **希律王听见了**、就心里不安.耶路撒冷合城的
人、也都不安。

[ERV]　Mt2:3 **And when Herod the king heard it,** he was
troubled, and all Jerusalem with him.

[朱　本]　**希律王听见，**就惊慌了，耶路撒冷合城的人，也都
惊慌起来！

[思高本]　**黑落德王一听说，**就惊慌起来，全耶路撒冷也同他
一起惊慌

[新译本]　**希律王听见了**就心里不安，全耶路撒冷的居民也是
　　　　　这样。

（2）马太福音 1：18 耶稣基督降生的事、记在下面.**他母亲马利亚**
已经许配了约瑟、还没有迎娶、马利亚就从圣灵怀了孕。

[ERV]　　　Mt1:18 Now the birth of Jesus Christ was on this
　　　　　wise: **When his mother Mary had been betrothed**
　　　　　to Joseph, before they came together she was
　　　　　found with child of the Holy Ghost.

其他译本也大多采用从句变小句的处理方式，例如：

[朱　本]　　基督耶稣降生，就是这样：他的母亲玛利亚，已经
　　　　　许配了约瑟，**还没有成婚，**玛利亚觉得自己由生灵
　　　　　怀了胎。

[新译本]　　耶稣基督的降生是这样的：耶稣的母亲马利亚许配
　　　　　了约瑟，**他们还没有同房，**马利亚就从圣灵怀了孕。

思高本则更忠实于原文的结构，把原文中表示时间的关系词对译出来：

[思高本]　　耶稣基督的诞生是这样的：他的母亲玛利亚许配于
　　　　　若瑟后，**在同居前，**她因为圣神有孕的事已显示出
　　　　　来。

又如：

（3）马太福音 24：15 **你们看见先知但以理所说的、那行毁坏可憎**
的、站在圣地、（读这经的人须要会意）那时、在犹太的、应
当逃到山上、在房上的、不要下来拿家里的东西、在田里的、
也不要回去取衣裳。

[ERV]　　　Mt24:15 **When therefore ye see the abomination of**
　　　　　desolation, which was spoken of by Daniel the
　　　　　prophet, standing in the holy place （let him that
　　　　　readeth understand），17 let him that is on the
　　　　　housetop not go down to take out the things that are
　　　　　in his house: 18 and let him that is in the field not
　　　　　return back to take his cloke.

[朱　本]　因此，**你们要看见先知但以理所说的："按败坏可恶的东西站在圣地。"** 那时候凡住在⋯⋯

[思高本]　所以，**几时你们见到达尼尔所说的"招致荒凉的可憎之物"已立于圣地；那时** 在犹太的，该逃往山中⋯⋯

[新译本]　**当你们看见但以理先知所说的'那造成荒凉的可憎者'，站在圣地的时候**，⋯⋯

四个中译本都灵活地翻译了大灾祸的时候，而和合本和朱本都没有用连接词来引入"那个时候"。

其他不用关联词而用小句的用例如：

（4）加拉太书 1：15 然而、**那把我从母腹里分别出来、又施恩召我的上帝、16 既然乐意将他儿子启示在我心里**、叫我把他传在外邦人中、我就没有与属血气的人商量、

[ERV]　Ga1:15 But **when it was the good pleasure of God, who separated me, even from my mother's womb, and called me through his grace, 16 to reveal his Son in me**, that I might preach him among the Gentiles; immediately I conferred not with flesh and blood:

（5）马太福音 8：5 **耶稣进了迦百农、** 有一个百夫长进前来、求他说、

[ERV]　Mt 8: 5 **And when he was entered into Capernaum,** there came unto him a centurion, beseeching him,

（6）何西阿书 5：13 **以法莲见自己有病、犹大见自己有伤**、他们就打发人往亚述去见耶雷布王、他却不能医治你们、不能治好你们的伤。

[ERV]　Hs 5:13 **When Ephraim saw his sickness, and Judah saw his wound,** then went Ephraim to the Assyrian, and sent to king Jareb: yet could he not heal you, nor cure you of your wound.

（7）路加福音 7 ： 12 **将近城门**、有一个死人被抬出来.这人是他母亲独生的儿子.他母亲又是寡妇.有城里的许多人同着寡妇送殡。

[ERV]　　Lk 7: 12 **Now when he drew near to the gate of the city,** behold, there was carried out one that was dead, the only son of his mother, and she was a widow: and much people of the city was with her.

由以上句例可见，对于英译本原文中的时间状语从句，除了用介词"当"来引入，或者以"……的时候"这种结构直接放在动词前以外，和合本还使用把时间状语从句变为小句的方式，直接摆列在原来的主句之前，使前后两句按照时序排列，组成具有顺承关系并列句。

和合本依照汉语习惯，对语序、句子成分以及各种从句重新组织，表现出较多的汉化倾向。所以，除了和合本受英语影响而带有的欧化现象，我们还要注意到它因尊重汉语事实而带有的汉化倾向。

第四节　　和合本之后语法词和词组结构的发展

《圣经》官话译本很多，其中官话和合本在华人教徒中具有不可替代的地位，是华人教会教徒最喜爱、接受最广、最有影响力的译本，华人教会中很多工具书和资料都是以其为基础的。和合本自 1919 年出版以来，仅在 1962 年对极个别字词和版式做了修订，与今天的汉语已有许多差异。香港联合圣经公会 1983 年陆续征求各地华人教会领袖的建议，开始修订工作。修订时尽量保持和合本原有的风格。参与修订和合本的有香港、内地、台湾、东南亚等各地学者、翻译顾问和编辑人员，历时 27 年，最终形成和合本修订版。

和合本修订版的修订原则是：

1）并非为修订而修订，故尽量以少修为原则。

2）保持和合本原有之风格。

3）所作的修订乃根据原文，也参考其他语文译本及考古学者对圣经抄本的考证、校勘等资料。

4）有关中文之表达，除忠于原文外，也尊重中文语法之通顺，并以最自然的中文来表达。

据此原则，修订版对和合本的用词进行了区分或统一，在语法上，比起和合本来，"力求反映原文文法特色，例如区分单数复数、主动被动、不同人称、名词动词"等。如此修订内容，实际上强化了白话文的欧化特征。

据我们考察，和合本在语法词、词组结构和句式的欧化程度上，明显低于后出白话文作品以及和合本修订版。下面我们就《圣经》官话和合本与后出的修订版在同一译句上关于欧化的异同现象作一比照，同时以后出的其他现代白话文作品同类型例句对比，分析和合本的汉化倾向。兹分述如下：

一、和合本之后第三人称代词应用的演变

修订版和其他后出现代白话文在第三人称代词的使用上，比之和合本，其使用频率增加、应用范围扩大，还产生了新的欧化现象，也就是第三人称代词在文字上有了性的区分。兹分述如下。

1、和合本之后第三人称代词使用频率增加

修订版了第三人称代词的使用频率比和合本更普遍。以修订版的《创世记》为据，其第三人称代词的应用比和合本多了83例。提到某个前面已提及的人物时，和合本应用名词性回指的地方，修订版一般用代词性回指替换。

例如：

[修订版] 创世记24：57 **他们**说：「我们把**她**叫来问问**她**。」

[和合本] 创世记24：57 **他们**说、我们把**女子**叫来问问**他**。

[修订版] 创世记25：2 **她**为**他**生了心兰、约珊、米但、米甸、伊施巴和书亚。

[和合本] 创世记25：2 **基士拉**给他生了心兰、约珊、米但、米甸、伊施巴和书亚。

[修订版] 马太福音2：12 因为在梦中得到主的指示，不要回去见希律，**他们**就从别的路回自己的家乡去了。

[和合本] 马太福音2：12 博士因为在梦中被主指示、不要回去见希律、就从别的路回本地去了。

[修订版] 马太福音2：19 希律死了以后，在埃及，忽然主的使者在约瑟梦中向**他**显现，

[和合本] 马太福音2：19 希律死了以后，有主的使者、在埃及向**约瑟**梦中显现、

[修订版] 马太福音10：42 无论谁，只因门徒的名，就算把一杯凉水给这些小子中的一个喝，我实在告诉你们，**他**一定会得到赏赐。

[和合本] 马太福音10：42 无论何人、因为门徒的名、只把一杯凉水给这小子里的一个喝、我实在告诉你们、**这人**不能不赏赐。

第三人称代词使用频率的增加，是现代汉语书面语发展的一个趋势，在上下文比较明确，所指可以意会而无需使用代词的地方，后出的白话文作品也经常使用第三人称代词。

例如：

（1）当**他**救出10名群众后，得知有一名要参加高考的女学生还被困在一幢楼上，**他**立即撑着小船赶去。（《中国青年报》1992-7-20）

（2）正因为叶剑英同志对共产主义事业满怀信心，具有高度的历史责任感，无私忘我，胸怀坦荡，从不计较一己之得失，所以，在退位上早有思想准备，**他**曾多次表示"归读阴那梅水滨"的愿望，并赋诗表示"八十毋劳论废兴，长征接力有来人"，"老夫喜作黄昏颂，满目青山夕照明"。（范硕 丁家琪：《以己之退 促党的事业之进》节录，《红旗杂志》1986-1-1）

而因为第三人称代词在文字上有了性的区分，使用频率更是大为增加。

例如：

（1）**他（她）们**助人为乐的热心肠、驱鬼逐怪、惩凶扶善的广大神通，以及**他们**所拥有的奇奇怪怪的宝贝，强烈地吸引着人们成仙了道。（郑晓江：《道教纵横》节录，《知识窗》1990-9-20，江西科学技术出版社）

（2）**她**送给**他**一团线球和一柄魔剑。（余俊雄《地下迷宫见天日》，《知识窗》1983-11-25，江西科技出版社）

（3）但当**她**每次到拿破伦的家里来的时候，**他**总是热烈地拥抱**她**而且要求和**她**接吻。（碧云：《实施儿童性教育的理论与方法》节录，《东方杂志》1936-5-1，商务印书馆）

根据我们的考察，老舍作品中第三人称代词约有 13491 例，鲁迅作品则约有 1206 例，大约每万字出现 129 例。[7]根据贺阳的统计，20 万字的现当代文学作品样本中，第三人称代词共出现 3344 例，约每万字出现 167 例（2008:72）而和合本则为 13943 例，约每万字出现 139 例，出现频率明显高于后出白话文作品，修订版则更多出 83 例。可见，就第三人称代词的使用频率而言，和合本及其修订版明显高于其他白话文作品，明显是受英语影响而产生的欧化语法现象。而这种欧化现象，在当今的白话文中已经成为一种常态。

2、和合本之后指物第三人称代词作主语现象增加

指物第三人称代词的应用，以修订版的《创世记》语例为据，修订版比和合本多了 12 例，修订版一般用代词性回指替换和合本中的名词性回指，其作主语的现象也随之增加。

例如：

[修订版] 创世记 8：17 凡与你一起有血肉的生物，就是飞鸟、牲畜和地上爬的一切爬行动物，都要带出来。**他们**要在地上滋生，繁殖增多。」

[修订版] 创世记 9：2 地上一切的走兽、天空一切的飞鸟、所有爬行在土地上的和海里一切的鱼都必怕你们，畏惧你们，**他们**都要交在你们手里。

[修订版] 创世记 9：2 地上一切的走兽、天空一切的飞鸟、所有爬行在土地上的和海里一切的鱼都必怕你们，畏惧你们，**他们**都要交在你们手里。

其他白话文作品中第三人称代词指物的用例如：

（1）我自作评论以来，即无时不受攻击，即如这三四月中，仅仅关于《自由谈》的，就已有这许多篇，……先前何尝不如此呢，但**它们**都与如驶的流光一样一同消逝……（鲁迅《伪自由书》1933）

（2）马克思社会主义所以称为科学的不是空想的，正因为**他**能以唯物史观的见解，说明资本主义的生产方法和资本主义的社会制度所以成立所以发达所以崩坏，都是经济发展之必然结果。（陈独秀《社会主义批评》，《广东群报》1922 年第 9 卷第 6 号）

---

7 请见本文第三章第一节。

（3）**它**设有电子医疗器械、信息与数据处理、公共电信网络、集团
电信、自动控制、微机等专业，可以承担技术培训、技术咨询、
应用开发、维修服务等任务，年培训能力可达二千人。（《中国
青年报》1991-6-4）

（4）动物和自然所发生的关系，只以同**它的**生命的维持有关的范围
为限，**它**仅仅生产**它**自身。（刘纲纪《略论"自然的人化"的
美学意义》节录，《学术月刊》1983-4-20）

可见，受英文影响而应用指物第三人称作主语的现象，在修订版中得以
继承，而其他白话文作品中这种用例也渐多，直至今日已成为汉语书面语的
一种常态。

3、和合本之后第三人称代词在文字上有了性的分别

"第三人称代词在书面上有性的分别，有人认为是 1912 年由刘半农等少
数学者提倡，后来逐渐推广起来的（参看向熹 1993：下 516）；也有人认为是
从 1917 年开始的（参看王力 1944:476；赵元任 1968:538）；还有人（参看凌
远征 1989）认为是从 1918 年开始的。"[8]

《圣经》官话和合本自 1919 年出版以后，直到 1977 年的早期版本，都
没有对第三人称代词作性的分别，一律用"他"来表示。而其他现代汉语译
本例如朱宝惠的《重译新约全书》(1936)、思高本等，都开始用"他"、"她"
作区分，新译本（1976）甚至还另外用"祂"特指神性的第三人称。修订版
（2010）用"他"、"她"、"他"来分别代替"他"。

例如：

[修订版] 创世记 4：25 亚当又与妻子同房，**她**就生了一个儿子，
给**他**起名叫塞特，说：「神给我立了另一个子嗣代替亚伯，
因为该隐杀了他。」

[修订版] 创世记 12：15 法老的臣仆看见了**她**，就在法老面前称赞
她。

[修订版] 创世记 3：6 于是女人见那棵树好作食物，又悦人的眼目，
那树令人喜爱，能使人有智慧，**她**就摘下果子吃了，又给
了与**她**一起的丈夫，**他**也吃了。

---

8 贺阳. 现代汉语欧化语法现象研究[M]. 北京：商务印书馆，2008.12，第 69 页。

[修订版] 创世记 3：12 那人说：「你赐给我、与我一起的女人，是**她**把那树上所出的给我，我就吃了。」

[修订版] 创世记 3：20 那人给**他**妻子起名叫夏娃，因为**她**是众生之母。

[修订版] 创世记 6：21 你要拿各样可吃的食物，储存在你那里，作你和**他们的**粮食。」

[修订版] 创世记 27：9 到羊群里去，从那里牵两只肥美的小山羊来给我，我就照你父亲所爱的，把**他们**做成美味给**他**。

[修订版] 创世记 30：38 **他**把剥了皮的枝子对着羊群，插在羊喝水的水沟和水槽里。羊来喝水的时候，**他们**彼此交配。

[修订版] 创世记 32：15 三十四哺乳的母骆驼和**他们的**小骆驼、四十头母牛、十头公牛、二十四母驴和十四公驴。

后出白话文作品中，第三人称代词在文字上作性的区分已经成为常态。例如：

（1）在**他（她）们**看来，真正原始的现实是个人或个体，文化不过是个体心理的抽象，甚至认为**它**不过是科学研究的虚构，或者"是统计学的虚构"。（司马云杰《文化社会学》，山东人民出版社 1987.3）

（2）**他**记得"哭泣像欢笑种在脸上**它**能把守灵人聚集到温暖的屋里"，**他**多么渴望"掉脱母亲严厉的手重新蜷缩在**她的**腹中"，于是**他**在想象中"记住了""任何人也无法回忆的出生"（《回忆母亲的葬礼》）。（朱大可《燃烧的迷津》，学林出版社 1991-11）

（3）**他**无可奈何地把**它**扔掉，走到**她的**另一边，再次递上公文。（王景愚《王景愚与哑剧艺术》，中国戏剧出版社 1988-1）

（4）可丈夫爱昵地把**她**扶起，爱昵地捧起**她**那依旧很白嫩的脸，这泪光盈盈的脸，这嗔怨、娇丽交融的脸，**它**惹起了丈夫内心的全部怜爱，**他**心肝肉疙瘩似的疼**她**，将**她**揽在怀里，跟**她**说："没哪个女人我看中过，没那回事，绝没那回事，我要的是你，只是你。"（梅汝恺《晴雨黄山寄情录》，1976-1984 中篇小说选（一），中国文联出版公司 1987-3）

　　和合本后出的白话文作品，以鲁迅和老舍的作品为据考察，鲁迅作品 1206 例第三人称代词中，指物的有 57 例，约占总数的 4.7%；老舍作品 19404 例第三人称代词中，指物的为 222 例，约占总数的 1.1%。和合本虽然没有在书面上对第三人称代词作性的区分，但 100 万字中出现 13943 例（约每万字出现 139 例），由修订版和其他后出白话文作品的用例，我们可以看出，第三人称代词在文字上作性的区分、使用频率的增加以及指物第三人称代词作主语现象的增加，这些都是随着欧化影响的加深而产生并发展的。

二、和合本之后连词"和"使用范围扩大

　　汉语固有习惯，两个以上的并列成分虽然可用'和'、'与'、'并'等连词来连接，但更常见的是把这些词语排列在一起。修订版及其他后出现代白话文作品比之和合本，使用连词"和"来连接并列成分已经成为一种常态，其使用范围甚至扩大到连接形容词和动词。以修订版的《出埃及记》为据，"和"的用例比和合本多了 22 处。其应用情况有如下数类。

　　例如：

1、用"和"连接名词性并列结构作主语

　　两个名词或名词性词组组成并列结构时，和合本有时把这些词语直接排列在一起，修订版则用"和"连接。

　　例如：

　　[修订版] 出埃及记 4：29 **摩西和亚伦**就去召集以色列的众长老。

　　[和合本] 出埃及记 4：29 **摩西亚伦**就去招聚以色列的众长老。

　　[修订版] 出埃及记 5：14 法老的监工击打他们所派的以色列工头，说：「为甚么**昨天和今天**你们没有按照以前做砖的数目，完成你们的工作呢？」

　　[和合本] 出埃及记 5：14 法老督工的、责打他所派以色列人的官长说、你们**昨天今天**为甚么没有照向来的数目作砖、完你们的工作呢。

　　[修订版] 出埃及记 24：14 对长老们说：「你们在这里等我们，直到我们再回到你们这里。看哪，**亚伦和户珥**与你们同在。谁有诉讼，可以去找他们。」

[和合本] 出埃及记24：14摩西对长老说、你们在这里等着、等到我们再回来、有**亚伦、户珥**与你们同在、凡有争讼的、都可以就近他们去。

其中有的地方和合本用"并"而修订版改用"和"：

[修订版] 出埃及记21：10若另娶一个，**她的饮食、衣服和房事**不可减少。

[和合本] 出埃及记21：10若另娶一个、**那女子的吃食、衣服、并好合的事**、仍不可减少。

"和"在和合本中的连词用法在修订版中继承下来，并得以扩展，到今天，"和"的连词用法已经基本固定下来。

其他白话文作品中"和"连接主语的用例（以下语料来自北京大学现代汉语语料库）如：

（1）我插了一句嘴，**佃户和大哥**便都看我几眼。（鲁迅《狂人日记》1918）

（2）你看**那女人"咬你几口"的话，和一伙青面獠牙人的笑，和前天佃户的话**，明明是暗号。（同上）

（3）**母亲和宏儿**下楼来了，他们大约也听到了声音。（鲁迅《故乡》1921）

（4）**他正在草拟的方案和团长的指示**结合起来，就成了个完整的作战方案。（老舍《无名高地有了名》1953）

（5）可以想象到：连**什么也不会的岳冬生，和不够进步的方今旺**，都下了决心，别人应该如何的热烈呢！（老舍《无名高地有了名》1953）

（6）"天堂"与地狱似乎只隔着一堵墙，狂欢与惨死相距咫尺，**想象不到的荒淫和想象不到的苦痛**同时并存。（老舍《正红旗下》1961-1962）

2、用"和"连接名词性并列结构作宾语

三个或三个以上的词语并列为宾语时，和合本一般直接把这些词语排列在一起，修订版则在最后一个词语前添加"和"来连接。

例如：

    [修订版] 出埃及记 12：9 不可吃生的，或用水煮的，要把羔羊**连头带腿和内脏**用火烤了吃。

    [和合本] 出埃及记 12：9 不可吃生的、断不可吃水煮的、要带着头、**腿、五脏**、用火烤了吃。

    [修订版] 出埃及记 35：28 又拿**做香，做膏油，和点灯所需的香料和油**来。

    [和合本] 出埃及记 35：28 又**拿香料作香、拿油点灯、作膏油**。

    [修订版] 出埃及记 38：3 他做坛的一切器具，就是**桶子、铲子、盘子、肉叉和火盆**；这一切器具都是用铜做的。

    [和合本] 出埃及记 38：3 他作坛上的**盆、铲子、盘子、肉锸子、火**鼎.这一切器具、都是用铜作的。

其他后出白话文作品的用例如：

（1）然而他愤然了，蓦地从书包布底下抽出誊真的**制艺和试帖**来，拿着往外走，刚近房门，却看见满眼都明亮，……（鲁迅《白光》1922）

（2）他找了**一张大纸，和一管红蓝铅笔**，用心地画出镰刀形的"老秃山"，而后微笑着计划强攻的具体办法。忘了痛苦，他感到一种新的充实与快乐。（老舍《无名高地有了名》1954）

（3）每逢下雨，不但街道整个的变成泥塘，而且臭沟的水就漾出槽来，带着**粪便和大尾巴蛆**，流进居民们比街道还低的院内、屋里淹湿了一切的东西。（老舍《龙须沟》1951）

（4）一个女人，全仗胭脂粉的沤着；多喀你不注意**你的脸和鞋**了，你就赶紧预备棺材吧！（老舍《残雾》1939）

（5）政府必能注意到**我和我的刊物**，作官是不成问题的。（同上）

3、在名词、形容词之间添加"和"

修订版在形容词及形容词性并列结构之间添加"和"。

例如：

    [修订版] 出埃及记 28：2 你要为你哥哥亚伦做圣衣，以示**尊严和华美**。

[和合本] 出埃及记 28：2 你要给你哥哥亚伦作圣衣**为荣耀、为华美**。

其他白话文作品中连接形容词的用例如：

（1）他站住了，脸上现出**欢喜和悲凉**的神情，动着嘴唇，却没有作声。（鲁迅《故乡》）

（2）于是合上眼，想赶快睡去，会他的宝儿，苦苦的呼吸通过了**静和大的空虚**，自己听得明白。（鲁迅《明天》1920.6）

（3）**气愤和失望和凄凉**，使伊不能不再掘那墙角上的新洞了。（鲁迅《兔和猫》1922）

（4）这些伟大的革命任务的完成不是简单容易的，它全靠无产阶级政党的斗争策略的**正确和坚决**。（《毛泽东选集》第一卷）

"和"连接形容词的现象在现当代白话文中开始增多，这主要是外语影响的结果。

4、在动词之间添加"和"

修订版用"和"连接动词性并列结构，并且以其作状语，这是和合本所没有的用法。

例如：

[修订版] 出埃及记 29：29「亚伦的圣衣要传给他的子孙，使他们在**受膏和承接圣职**的时候穿上。

[和合本] 出埃及记 29：29 亚伦的圣衣要留给他的子孙、可以穿着**受膏．又穿着承接圣职**。

又如其他白话文作品中连接动词性并列结构的用例：

（1）我一说到蒿草或黄瓜，三郎就向我**摆手和摇头**："不，我们家，门前是两棵柳树。"（萧红《失眠之夜》1937）

（2）难道我们还可以从容不迫地**选委员和争主席**吗？（衣萍《漫语》1928）

（3）我将用**无所为和沉默**求乞！……我至少将得到虚无。（鲁迅《求乞者》1924）

（4）再请您仔细想一想，想一想《婚姻法》的第一章。废除**包办和强迫**，明文规定，国法堂堂。（老舍《柳树井》1952）

这种连接动词的用例，虽然在和合本中并无所见，但它与和合本中"和"作为连词而大量应用一样，同样是受到英文等外语影响的而产生的欧化语法现象。

三、和合本之后"一+量词"结构应用的变异

依照汉语固有习惯，在动词之后的"一+量词"结构，往往省略"一"。和合本因为英译本原文的影响而往往把a, an等翻译出来，在"一+量词"结构中并不省略"一"。修订版及其他后出现代白话文作品中，倾向于保留这个欧化现象，甚至在有些和合本中省略"一"的地方，都增加了"一"。这也是在和合本中出现而为现代白话文所保留下来的欧化现象之一。

兹以修订版的《利未记》的语例为据，修订版比和合本增加了27例"一+量词"结构。兹分述如下。

1、添加"一些"

和合本常用"些"，修订版通常添加"一"。

例如：

[修订版] 利未记 4：17 祭司要用手指蘸**一些血**，在耶和华面前对着幔子弹七次，

[和合本] 利未记 4：17 祭司要**取些赎愆祭牲的血**、抹在求洁净人的右耳垂上和右手的大拇指上、并右脚的大拇指上。

[修订版] 利未记 4：34 祭司要用手指蘸**一些赎罪祭牲的血**，抹在燔祭坛的四个翘角上，再把其余的血全倒在坛的底座上；

[和合本] 利未记 4：34 祭司要用手指蘸**些赎罪祭牲的血**、抹在燔祭坛的四角上、所有的血、都要倒在坛的脚那里.

[修订版] 利未记 5：9 祭司要**把一些赎罪祭牲的血**弹在祭坛的边上，其余的血要倒在坛的底座上；这是赎罪祭。

[和合本] 利未记 5：9 也**把些赎罪祭牲的血**弹在坛的旁边、剩下的血要流在坛的脚那里.这是赎罪祭。

[修订版] 利未记 25：25「你的弟兄若渐渐贫穷，**卖了他的一些产业**，他的至亲就要来把弟兄所卖的赎回。

[和合本] 利未记 25：25 你的弟兄在你那里若渐渐贫穷、**卖了几分地业**、他至近的亲属、就要来把弟兄所卖的赎回。

其他白话文作品的用例如：

（1）我也知道这意思是要她**多给我一些空席**。（鲁迅《阿长与山海经》1926）

（2）后来王九妈掐着指头子细推敲，也终于**想不出一些什么缺陷**。（鲁迅《明天》1919）

（3）阿Q"先前阔"，见识高，而且"真能做"，本来几乎是一个"完人"了，但可惜他体质上还有一些缺点。（《鲁迅《阿Q》1921-1922》

（4）这样，贺重耘的努力前进不是绝无仅有的，不过**突出一些**罢了。（《无名高地有了名》1954）

（5）她能够在炮火连天之际，似乎**听到一些声响**，又似乎什么也没听见。《正红旗下》

（6）我们每月必须请几束高香，**买一些茶叶末儿**，香烛店与茶庄都讲现钱交易；概不赊欠。（《正红旗下》

（7）到我该走的时候，她**递给我一些花生**，"去吧，小子！"《我的母亲》

（8）今天，厂子里外都没有一点动静。门洞里冷清清的**只有一些败叶残花**。《四世同堂》

2、在"指示代词+量词"结构中添加"一"

修订版常在"指示代词+量词"结构中添加"一"，这也是和合本中所少有的用法。

例如：

[修订版] 利未记 14：51 他要把香柏木、牛膝草、朱红色纱和**那一只活鸟**，都蘸在被宰的鸟血和清水中，用来弹屋子七次。

[和合本] 利未记 14：51 把香柏木、牛膝草、朱红色线、并**那活鸟**，都蘸在被宰的鸟血中、与活水中、用以洒房子七次．

[修订版] 利未记 16：21 他的双手要按在活的山羊的头上，承认以色列人所有的罪孽过犯，就是他们一切的罪，把这些罪都归在羊的头上，再**指派一个人**把他送到旷野去。

[和合本] 利未记 16：21 两手按在羊头上、承认以色列人诸般的罪
孽过犯.就是他们一切的罪愆、把这罪都归在羊的头上、藉
以色列着**所派之人**的手、送到旷野去。

[修订版] 利未记 7：35 这是从耶和华的火祭中取出，作为亚伦和
他子孙受膏的份，就是摩西叫他们前来，给耶和华供祭司
职分的**那一天**开始的。

[和合本] 利未记 7：35 这是从耶和华火祭中、作亚伦受膏的分和
他子孙受膏的分、正在摩西叫他们前来给耶和华供祭司职
分的**日子**、

[修订版] 利未记 23：28 在**这一日**，任何工都不可做；因为这是赎
罪日，要在耶和华——你们的神面前赎罪。

[和合本] 利未记 23：28 当**这日**、甚么工都不可做、因为是赎罪日、
要在耶和华你们的上帝面前赎罪。

其他白话文作品中此类用例如：

（1）**这一对白兔**，似乎离娘并不久，虽然是异类，也可以看出他们
的天真烂熳来。（鲁迅《兔和猫》）

（2）**独有这一件小事**，却总是浮在我眼前，有时反更分明，教我惭
愧，催我自新，并且增长我的勇气和希望。（鲁迅《一件小事》
1920）

（3）睁眼看时，却是勃古斋旧书铺的跑外的小伙计。不见约有二十
多年了，倒**还是那一副老样子**。（鲁迅《死后》1925）

（4）那根据自然是在我的**那一篇《兔和猫》**；这是自画招供，当然
无话可说，——但倒也毫不介意。（鲁迅《狗·猫·鼠》1926）

（5）从腊八起，铺户中就加紧地上年货，街上加多了货摊子——卖
春联的、卖年画的、卖蜜供的、卖水仙花的等等都是只**在这一
季节**才会出现的。（老舍《北京的春节》1951）

（6）大妈，您**想得到这一招**吗？（老舍《龙须沟》1951）

（7）大哥纳小星的**那一天**，事情也统归我办，要办得体面，还要省
钱；我自信有这份儿本事；况且我有见不到的地方，还有我们
杨太太帮忙呢；是不是，我的太太？（老舍《残雾》1939）

（8）山不厚，由"青"的这一头转到"城"的**那一面**，只须走几里
路便够了。（老舍《青蓉略记》1942）

3、应用"……之一"、"……中的一+量词"结构

除了"…分之一"的结构，和合本并没有其他"……之一"的用法，在
对应"one of…"的地方，和合本一般遵照汉语固有习惯，在不强调数量的时
候，并不把"……之一"的意思特意表示出来。修订版则用"……之一"或
"……中的一+量词"结构补足。

例如：

[修订版] 利未记 5：5 当他**在这其中的一件事上有罪**的时候，就要
承认所犯的罪，

[和合本] 利未记 5：5 他**有了罪**的时候、就要承认所犯的罪、

[修订版] 利未记 21：18 因为凡有残疾的，无论是失明的、瘸腿的、
五官不正的、**肢体之一过长的**、

[和合本] 利未记 21：8 因为凡有残疾的、无论是瞎眼的、瘸腿的、
塌鼻子的、**肢体有余的**、

[修订版] 利未记 25：47「住在你那里的外人或寄居的，若手头渐
渐宽裕，你的弟兄却渐渐贫穷，将自己卖给那外人或寄居
的，或**外人家族的一支**，

[和合本] 利未记 25：47 住在你那里的外人、或是寄居的、若渐渐
富足、你的弟兄却渐渐穷乏、将自己卖给那外人、或是寄
居的、或是**外人的宗族**、

[修订版] 利未记 25：48 卖了以后，有权把自己赎回。**他弟兄中的
一位**可以把他赎回。

[和合本] 利未记 25：48 卖了以后、可以将他赎回.无论是**他的弟
兄**、或伯叔、伯叔的儿子、本家的近支、都可以赎他.

由以上用例可见，修订版广泛应用"一+量词"结构，对数量的表示比和
合本更倾向于原文的表达，更加精密、明确。

其他白话文作品中"之一"的使用也渐多，越是后出的作品其运用就越
是频繁，例如老舍作品中"之一"出现的频率就比鲁迅作品高。"之一"在
老舍和鲁迅作品中的用例如：

（1）三个亲人扶着棺沿哭了一场，止哭拭泪；头上络麻线的孩子退出去了，三良也避去，大约都是属**"子午卯酉"之一**的。（鲁迅《孤独者》1925）

（2）我也就是新月社的"他们"**之一**，因为我的译作和梁先生所需的条件，是全都不一样的。（鲁迅《硬译与文学的阶级性》1930）

（3）况且凡事必须有资本，文学也不能例外，如没有钱，便无从付印刷费，则杂志及集子都出不成，所以要办书店，出杂志，都得是大家拿一些私蓄出来，妻子的钱自然也是**私蓄之一**。（鲁迅《准风月谈》1934）

（4）是的，人畜两旺，就是草原上的**新气象之一**。（老舍《草原》1961）

（5）这也许是他不愿写信的**原因之一**吧？（老舍《敬悼许地山先生》1941）

（6）芦沟桥的炮火也是侵略的**手段之一**，这回能敷衍过去，过不了十天半月准保又在别处——也许就在西苑或护国寺——闹个更大的事。（老舍《四世同堂》1944）

（8）贺营长认识到：步炮协同作战是这次致胜的**关键之一**。（老舍《无名高地有了名》1954）

四、和合本之后介词"当"使用范围扩大、频率增加

"当……的时候"这种结构用于句首时间词前面，是和合本中所见欧化语法现象之一，后出译本中这种结构应用的范围和频率均有所扩大和增加。同一语句中，和合本未用而修订版则应用"当……的时候"这种结构的，以《创世记》、《出埃及记》、《利未记》三篇为据，一共9处。兹举例如下。

例如：

[修订版] 创世记 8：13 **当挪亚六百零一岁，正月初一的时候**，地上的水都干了。挪亚打开方舟的盖观看，看哪，地面干了。

[和合本] 创世记 8：13 **到挪亚六百零一岁**、正月初一日、地上的水都干了。挪亚撤去方舟的盖观看、便见地面上干了。

[修订版] 创世记 30：41 **当肥壮的羊交配的时候**，雅各就把枝子插在水沟里，使羊对着枝子交配。

[和合本] 创世记 30：41 **到羊群肥壮配合的时候**、雅各就把枝子插在水沟里、使羊对着枝子配合。

[修订版] 利未记 5：5 **当他在这其中的一件事上有罪的时候**，就要承认所犯的罪，

[和合本] 利未记 5：5 **他有了罪的时候**、就要承认所犯的罪、

[修订版] 利未记 26：34「**当你们在敌人之地的时候**，你们的地要在一切荒凉的日子重享安息；在那时候，地要休息，重享安息。

[和合本] 利未记 26：34 **你们在仇敌之地居住的时候**、你们的地荒凉、要享受众安息.正在那时候、地要歇息、享受安息。

[修订版] 利未记 26：44 虽然如此，**当他们在敌人之地时**，我却不厌弃他们，不厌恶他们，将他们全然灭绝，也不背弃我与他们的约，因为我是耶和华他们的神。

[和合本] 利未记 26：44 虽是这样、**他们在仇敌之地**、我却不厌弃他们、也不厌恶他们、将他们尽行灭绝、也不背弃我与他们所立的约.因为我是耶和华他们的上帝。

修订版甚至还出现了"当"直接连接句子，和合本从未有过类似用例。例如：

[修订版] 创世记 44：31 **当我们的父亲看见没有了这年轻人**，他就会死。这样，我们就害你仆人，我们的父亲白髮苍苍、悲悲惨惨下阴间去了。

[和合本] 创世记 44：31 **我们的父亲见没有童子**、他就必死。这便是我们使你仆人——我们的父亲白髮苍苍、悲悲惨惨地下阴间去了。

[修订版] 出埃及记 4：6 耶和华又对他说：「把手放进怀里。」他就把手放进怀里。**当他把手抽出来**，看哪，手竟然长了癞疯，像雪一样白。

[和合本] 出埃及记4：6耶和华又对他说、把手放在怀里、他就把手放在怀里、**及至抽出来**、不料、手长了大癞疯、有雪那样白。

[修订版] 出埃及记 4：7 耶和华说：「把手放回怀里—他就把手放回怀里。**当他把手从怀里再抽出来**，看哪，手复原了，与全身的肉一样

[和合本] 出埃及记4：7耶和华说、再把手放在怀里、他就再把手放在怀里、**及至从怀里抽出来**、不料、手已经复原、与周身的肉一样。

由以上语例对照可见，和合本介词"当"通常用于"当……（的）时候"结构中，"当"的后面通常是表示时间的词或词组。而修订版："当……的时候"这种结构，不止在使用频率上增加，"当"还进一步虚化为连词，欧化程度较和合本更高。

鲁迅作品中句首时间词前应用介词"当"的共有21例；老舍作品中句首时间词前应用介词"当"的句例共153例，其中17例是后置的，另外有4例"当"是作为连词使用的。

例如：

（1）我曾绕树徘徊，细看叶片的颜色，**当他青葱的时候**是从没有这么注意的。（鲁迅《腊叶》1925）

（2）**当鬼魂们一齐欢呼时**，人类的整饬地狱使者已临地狱，坐在中央，用了人类的威严，叱咤一切鬼众。（鲁迅《失掉的好地狱》1925）

（3）当我幼小的时候，本就爱看快舰激起的浪花，洪炉喷出的烈焰。不但爱看，还想看清。（鲁迅《死火》1925）

（4）**当还未做鬼之前**，有时先不欺心的人们，遥想着将来，就又不能不想在整块的公理中，来寻一点情面的末屑，这时候，我们的活无常先生便见得可亲爱了，利中取大，害中取小，我们的古哲墨翟先生谓之"小取"云。（鲁迅《无常》1926）

（5）**当我进去时**，早填平了，不但填平，上面还造了一所小小的关帝庙。（鲁迅《父亲的病》1926）

（6）他几乎得天天去开会，在会中还要说几句话，或唱两段二簧，**当有游艺节目的时候**。（老舍《四世同堂》1944）

（7）你看，**当我接到了命令，调到三连来**，我从心眼里觉得满意！（老舍《无名高地有了名》1954）

（8）**当一个英国人答应了你办一件事**，他必定给你办到。（老舍《英国人》1936）

（9）**当这个青色在你周围**，你便觉出一种恬静，一种说不出，也无须说出的舒适，假若你非去形容一下不可呢，你自然的只会找到一个字——幽。（老舍《青蓉略记》1942）

（10）**当她看到不平的事情**，她会马上冒火，准备开打。（老舍《大地的女儿》1951）

五、和合本之后"被"字句的发展

和合本的"被"字句更多地尊重了当时汉语的习惯。例如修订版和其他《圣经》现代汉语译本、后出的白话文作品，"被"字句的使用范围和频率较之和合本更加有所扩大和增加。和合本本来未用而修订版使用"被"字句的语例，以《创世记》、《出埃及记》、《利未记》三篇为据，共计 33 例，其中用于中性义或积极义的明显增加。

例如：

[修订版] 创世记 3：23 耶和华上帝就驱逐他出伊甸园，使他耕种土地，他原是从土地里**被取出来**的。

[和合本] 创世记 3：23 耶和华上帝便打发他出伊甸园去、耕种他**所自出**之土。

[修订版] 创世记 44：3 天一亮，这些人和他们的驴子就**被送走了**。

[和合本] 创世记 44：3 天一亮就打发那些人**带着驴走了**。

[修订版] 创世记 43：33 兄弟们**被安排在约瑟面前**坐席，都按着长幼的次序，这些人彼此感到诧异。

[和合本] 创世记 43：33 约瑟使众弟兄**在他面前**排列坐席、都按着长幼的次序.众弟兄就彼此诧异。

后出的白话文作品中，被字句用于中性或积极义的开始增多。根据我们的考察，鲁迅作品中用于中性义的"被"字句有 15 例，占总数的 12.6%，积极义的有 2 例，占总数的 1.7%；老舍作品中用于中性义的"被"字句有 133 例，占总数的 20.2%，用于积极义的有 17 例，占总数的 2.6%。

例如：

（1）但到第二天的早晨，肥皂就**被录用**了。（鲁迅《肥皂》1924）

（2）其实这方法，中国的官兵就常在实做的，他们总不肯扫清土匪或扑灭敌人，因为这么一来，就要不**被重视**，甚至于因失其用处而被裁汰。（鲁迅《狗·猫·鼠》1926）

（3）人的生活变了，草原上的一切都也随着变。就拿蒙古包说吧，从前每**被呼为毡庐**，今天却变了样，是用木条与草杆作成的，为是夏天住着凉爽，到冬天再改装。（老舍《草原》1961）

（4）若夫现在，则只要**被他认为**对于他不大恭顺，他便圆睁了绽着红筋的两眼，挤尖喉咙，和口角的白沫同时喷出两个字来道：猪猡！（鲁迅《"抄靶子"》1936）

（5）慢慢地他抬起头来，问翻译："我可以问点事吗？"话**被翻译过去**。师长点了点头。（老舍《无名高地有了名》1954）

本节以修订版以及其他后出的现代白话文作品的语例作为对照，来分析和合本所应用的欧化句式和语法词在应用实践上的影响。从以上分析可见，和合本在欧化句式和语法词应用实践上的影响，首先在范围上是有限的（仅限于教会和信众）；其次，参与翻译的传教士受到传教士汉语研究的影响，对汉语语法的特殊性有了清楚的认知，他们为了使译文更适合大多数中国人的习惯，在句式的选择和语法词的使用上，更加注意照顾汉语特点。

对照 2010 年出版的"和合本修订版"及其他后出白话文作品，我们更加确认：就欧化程度而言，和合本还远不如后出白话文作品（如其修订版）的欧化因素为高。事实上，和合本更多地考虑到汉语的固有特点，更多地使用了汉化的结构和句式，表现出较深的汉化倾向。

第六章 《圣经》官话译本的历史影响

虽然《圣经》官话译本在现代汉语史上的地位和影响争议颇多，但传教士在当时社会情境下选择官话（白话文）作为译文语言，在现代汉语书面语变革过程中显然增加了现代白话文的影响力。《圣经》官话和合本等传教士译著所采用的语言形式在教徒以及倾向于教会的平民中间，其影响毋庸置疑，并通过传教士设立的教堂、创办的报刊杂志等形式流传到全国各地，潜移默化地影响并造就了大批白话文受众。

第一节 关于《圣经》汉译本影响的争议

关于《圣经》官话译本在现代白话文发展过程中的影响问题，学界颇有争议。我们认为，《圣经》官话译本的影响是客观存在的，由于其翻译者的主观努力和它们所产生的客观影响，在现代汉语史中应该占据一席之地。但同时我们也不能过于高估它们在现代汉语史中的地位，应该根据其语言应用的实际，分析判断它们产生的实际影响。

目前有两种极端观点：1）认为传教士的《圣经》官话译本等译著是现代白话文的源头，这一派的代表人物有温和派周作人，激进派是袁进。2）认为传教士（《圣经》官话本）对现代白话文没有丝毫的功绩，这一观点最先由胡适提出，并为大多数人所默认。

传教士"为了影响到尽可能多的民众，必须使用一种让数量尽可能多的听众和读者能够理解的语言写作和演讲"（Peter Burke 2007,103）。这就产生了客观上的必然影响——在欧洲，《圣经》各民族语言译本对欧洲各国文学有至关重要的影响，16 世纪开始，欧洲大多数地方《圣经》的翻译通常倾向于使用一种共同的文字形式的语言，影响并促进了地方语言通用语的标准化："《圣经》的翻译通常由学者组成的委员会进行。这些译本在通用语的创立中也起到了关键作用"，"在捷克语、丹麦语、英语、匈牙利语和其他语言中，《圣经》对地方语言的书写乃至说话方式的标准化都产生了明显的影响"（Peter Burke 2007, 103-106）。

周作人从这个角度对《圣经》汉译本的影响予以肯定。他认为《圣经》必然影响和帮助中国国语及文学的改造："讲到形式的一方面，《圣书》与中国文学有一种特别重要的关系，这便因他有中国语译本的缘故。……至于中国语的全文译本，是他所独有的，因此便发生一种特别重要的关系了。……**我们看出欧洲圣书的翻译，都是于他本国文艺的发展很有关系**，如英国的维克列夫（Wyclif）德国的路得（Luther）的译本皆是。**所以现今在中国也有同一的希望，欧洲《圣书》的译本助成各国国语的统一与发展**，这动因原是宗教的，也是无意的；《圣书》在中国，时地及位置都与欧洲不同，当然不能有完全一致的结果，但**在中国国语及文学的改造上，也必然可以得到许多帮助与便利**，这是我所深信不疑的：这个动因当是文学的，又是有意的。"[1]

袁进极力主张传教士白话文译著在现代白话文发展中起了至关重要的作用，甚至将其看作是"现代白话文的源头"。他认为："现代汉语形式的文学问世远远早于'五四'，至少在十九世纪七十年代，就已经有非常成熟的现代汉语文学作品问世，其语言甚至要比五四时期的作家所写的现代汉语白话文更加像我们正在创作的白话文。它们出自西方传教士或者是西方传教士与其中国合作者之手，绝大部分是翻译作品，它们无论在语言还是形式上，都不同于中国古代的文言白话作品。"[2]他把白话文发展的原因归结到外部因素传教士翻译作品上面，称之为"现代白话"。认为现代汉语书面语的确立，西方传教士作出了"不容忽视的重要贡献"，"他们在传教的同时，也在不断尝试改造汉语"，他们"所写的现代汉语"因为"直接是从英文翻译过来的"，所以"能够比五四新文学作家所写的现代汉语更像今天的现代汉语"。[3]

1　周作人. 圣书与中国文化[A]. 小说月报丛刊（第二十五辑）. 上海：商务印书馆，1924。

2　袁进. 中国文学的近代变革[M]. 桂林：广西师范大学出版社，2006.6，绪论页 5.

3　同上。

教会人士对《圣经》官话译本的评价更高，甚至把《圣经》官话译本提高到了新文学运动先驱的地位："那些圣书的翻译者，特别是那些翻译国语《圣经》的人，助长了中国近代文艺的振兴。这些人具有先见之明，相信在外国所经历过文学的改革，在中国也必会有相同的情形，就是人民所日用的语言可为通用的文字，并且这也是最能清楚表达一个人的思想与意见。那早日将《圣经》翻译国语的人遭受许多的嘲笑与揶揄，但是他们却做了一个伟大运动的先驱，而这运动在我们今日已结了美好的果实。"[4]海恩波（Marshall Broomhall 1866-1937）在其《圣经与中华》（*The Bible in China，1934*）的引言部分认为："传教士的译经活动至少是中国语言变革之先驱，因为这些译本使用了'文学的国语'。"[5]

而对此，胡适的回应是："据我所知，在白话用作现代文字媒介的事情上，官话圣经并未发挥作用为其铺平道路。新文学运动初期的所有辩论文章里，都没有提到这些译本。那被提倡作为新文字媒介的白话，是伟大小说中的白话，这也是圣经译者取来为他们的官话本作文字媒介的同一来源。"[6]他认为传教士用各地汉语方言翻译的《圣经》即"土白本"因其大部分是这些方言首次变成书面语，才具有先驱意义和研究意义。[7]

五四新文学作家在谈到自己的创作时，几乎都没有提到西方传教士的翻译作品对他们的影响，几乎一致认为自己的创作主要是外国小说的影响，包括外文原著或英译本及林纾等中国人自己翻译的中译本。而陈独秀在其1920年《基督教与中国人》一文的观点，似乎是当时学者、作家对《圣经》的代表观点。他认为基督教的博爱、牺牲和宽恕精神才是值得称道的，而对白话文《圣经》汉译本的语言评价较低，认为这是妨碍基督教在中国传播的十大原因之一："白话文的《旧约》《新约》没有《五经》《四书》那样古雅。"[8]

受此影响，汉语语法研究领域在谈到现代汉语欧化现象时，《圣经》等传教士的翻译作品并没有引起足够重视。例如贺阳在《现代汉语欧化现象研究》

---

4 贾立言 冯雪冰. 汉文圣经译本小史[M]. 广学会，1934，第96页。

5 陈镭. 文学革命时期的汉译圣经接受——以胡适、陈独秀为中心[J]. 广州社会主义学院学报，2010（2）：53-55.

6 转引自：陈镭. 文学革命时期的汉译圣经接受——以胡适、陈独秀为中心[J]. 广州社会主义学院学报，2010（2）：53-55.

7 同上。

8 林文光. 陈独秀文选[M]. 成都：四川文艺出版社，2009.5，第69页。

（2008）一书中，提到传教士的影响时，认为传教士采用白话文写作，因为是面向普通民众的，所以"普遍持一种顺应汉语传统的语言态度"，"至少在主观上会尽力避免自己的母语对汉文表达的干扰，不会有意识地像五四时期傅斯年、鲁迅等人那样，试图通过翻译来改造汉语"，因此他们对汉语"特别是汉语语法的明显影响是不易发生的"。[9]

第二节 《圣经》官话译本的历史影响

关于《圣经》官话译本的历史影响，既要从译文所应用的白话文体结构方面加以考察，还要考察其作为白话文作品在当时的社会影响。事实上，与《圣经》官话译本同期，以及早于它出版的现代白话文作品已经大量涌现。"1898 年，现代报刊史上第一份白话文报纸《无锡白话报》创刊，接着，杭州、上海、苏州、宁波、湖州等地也出现了白话报。文学创作方面，出现了大量的白话小说。据晚清文学史专家阿英估计，晚清白话小说约有 1500 种以上。当时还出现了'中国第一部最通俗的白话字典'——《绘图白话字典》"[10] 因此，《圣经》官话译本，只是当时众多白话文作品中的一种，其社会影响也只能是局部的。中国的历史和现实，确实使西方传教士的传教意图受到了很大限制，在一定程度上限制了《圣经》官话译本对白话文的影响。但是西方传教士翻译《圣经》的主要目的，就是为了尽可能地使《圣经》面向更多的民众，使所有阶层人士都容易明白，并让熟读中国经书的文人可以接受。这种"其文言而用白话"的翻译实践，客观上又促成了白话文的改造，又因为《圣经》出版后大规模的流传，它的影响也从教会内部扩展到非信徒的圈子。

早在 1758 年，耶稣会士贺清泰就用北京话译出了《古新圣经》，即《旧约》与《新约》的合订本。他在《圣经之序》中用流畅的白话明确提出了重"道理"而不重"文法"的翻译主张：

> "天地，万物，神人，万物终始，人类归向，在世何为，什么是真正善德，真正美功，什么是罪，什么是恶，什么是卑贱，什么是过愆，这些紧要的事，《圣经》全全讲明，又有真切的凭据。天主

9　贺阳. 现代汉语欧化语法现象研究[M]. 北京：商务印书馆，2008.12，第 9 页。

10　何九盈. 中国现代语言学史[M]. 广州：广东教育出版社，2005,.9，第 19 页。

亲爱我们至极，安排这样齐备……共总紧要的是道理，贵重的是道理。至于说的体面，文法奇妙，与人真正善处，有何裨益？"[11]

《再序》又重申了这种主张：

"看书有两样人：一样是诚心爱求道理，并不管话俗不俗，说法顺不顺，只要明白出道理来足足够了，也对他的意思。这样的人，可不是贤人么？所该贵重的，他们也贵重；本来要紧的是道理。话虽是文彩光辉，若无道理，算甚呢？一口空嘘气而已。还有一样人，看书单为解闷。倘或是读书的人，单留心话的意思深奥不深奥，文法合规矩不合；讲的事情，或者从来没见过的，或是奇怪的，或是多有热闹的；一见没有，或是书上没有修饰，就厌烦了，抛下书，无心看了。论这样人，一定不服我翻的《圣经》……天主贵重的，不过是人的灵魂。聪明愚蒙，天主不分别。为几个懂文法的人，不忍耽搁了万万愚蒙的人。不能懂文深的书，他们的灵魂，也不能得受便益。天主的圣意是这样，翻《圣经》的人，敢背他的旨意么？"[12]

贺清泰之后的传教士出版了多种《圣经》官话全译本、节译本，开始"重道理不重文法"，后来对译本语言出现更高的追求。例如官话和合本委员会第一任主席狄考文极力主张采用更为口语化的"按着口语形成的"、"广泛'通行'的官话"。他"为《和合本》展望了一种官话，是'日常生活中较平易的语言'，不单为读者所理解，也能被听者所明白。它有别于文学作品中所谓的官话，例如明清两朝的伟大小说或《圣谕》"[13]。他的继任者富善认为译经所用的官话不仅应该"浅白易明"，"一种简洁清新的文体"，"而且它应是一种书写的语言（相对于书写形式的会话语言）"，"必须高雅简洁"[14]。在他的领导下，旧约部分的翻译"推向一种较高深的官话体裁"[15]。这种变化，是因为官话"逐渐成为具备文学性和影响力的语言"，使得译者

---

11 参见：陈鸿彝. 明清传教士的译著，启动了中国白话文的初澜[E]. 学术交流网/学术问题讨论/2010 年 9 月 5 日发布。

12 同上。

13 尤思德著. 蔡锦图 译. 和合本与中文圣经翻译[M]. 国际圣经协会 2002.4，第258-259 页。

14 同上，第 258-259、362 页。

15 同上，第 363 页。

对官话和合本的角色有了更高的期望，它"不再只是平民百姓的译本，也是受过教育的人的译本"，甚至期望它能够像在欧洲一样，成为标准"国语"的典范："难道我们不也希望，它会对中国语言还未曾有过的标准国语文体，作出明显的贡献吗？"（鹿依士 1919, 4）。[16]

在官话和合本翻译过程中，中国社会正处于前所未有的大变革中，在文化教育界要求汉语"言文一致"的呼声日高，白话文运动兴起的范围广阔，并陆续提出了完整的倡导白话的理论，大量白话白纸、白话书籍、白话小说随着白话狂潮涌现。《圣经》官话译本的影响，通过报刊、学校、讲经礼拜、圣经班等各种手段，从教会内部扩散到报界、教育界，以及社会基层，这同样是应该重视的。根据 1918 年 4 月出版的《中国基督教中文图书分类目录索引》，中国各教会已出版的中文图书有 3451 种（不包括天主教和东正教）。"若以 50 页以上者作为书籍来计算，上述总数可以分为：书籍 1188 种，小册子 1152 种，折页和单张 1066 种，其余的是图表和地图。"[17]仅就书籍而言，1918 年 4 月前的三年间《圣经》及其相关类书籍的出版销售情况请见下表。

表 6-1.《圣经》及其相关书籍出版销售情况表（1918 年 4 月前三年间）[18]

书籍科目	以中国人名义出版				以外国人名义出版				以中外人士合著名义出版			
	种类	页数	售出册数	共值	种类	页数	售出册数	共值	种类	页数	售出册数	共值
圣经	14	1618	4478	$ 578	23	9143	2065	$7931	3	248	242	19
旧约	2	206	310	17	23	4619	6251	1009	2	255	98	15
旧约注释	3	245	181	13	82	10627	6427	791	8	1342	301	65
新约	7	700	5598	732	30	6068	7579	2133	7	1639	306	127
新野注释	9	1223	1189	239	88	11965	6147	1323	13	2543	825	165
圣经历史和词典	1	52	65	3	6	1674	1569	3411	3	1028	303	228

---

16 同上，第 327 页。

17 参见：中华续行委办会调查特委会. 中华归主：中国基督教事业统计（1901-1920）上[M]. 中国社会科学院世界宗教研究所，1985，第 1204 页。

18 参考：《中华归主：中国基督教事业统计（1901-1920）》（上），第 1223-1226 页。

由上表可见，当时教会出版的中文图书中，以外国人名义或中外人士合著的名义出版的《圣经》及其相关书籍，无论在出版数量、页数上，还是在销售册数上，都有很大的优势。

《圣经》官话和合本的《新约》自 1907 年开始销售，全本于 1919 年初版，同时又重新修订《新约》，新版本 1920 年开始发行。"新译本一发行，《圣经》的销售量便立即达到了前所未有的数额"。[19]请见下表：

表 6-2：美国圣经会、大英圣书公会、苏格兰圣经会在华发行《圣经》总额[20]

年 份	全 本	新 约	单行本	总 计
1918	19,270	102,842	5,398,264	5,520,376
1919	38,701	95,708	5,255,340	5,389,749
1920	41,199	95,822	5,877,836	6,014,857
总计	99,170	294,372	16,531,440	16.924,982

就发行量而言，白话文本（官话本）是无可匹敌的。请见下表：

表 6-3：三种文体的《圣经》一年内发行量对比表[21]

语 言	全 本	新 约	单行本	总 计
文言文	7,687	13,285	487,606	508,578
浅近文言文	1,794	1,478	11,533	14,805
白话文	45,985	86,230	5,659,832	5,792,047
总计	55,466	100,993	6,158,971	6,315,430

官话和合本 1920 年全本的发行量为 4965 册，《新约》1979 册，单行本为 432911 册，总计发行量为 439855 册。到了其出版第十年即 1929 年，大英圣书公会驻华代理人牧作霖（G. W. Sheppard,1874-1956）写到："官话和合本的成功相当明显。超过一百万册官话新约已经售出……而五十万册官话新旧约圣经亦已发行。"[22]其后，官话和合本的影响从中国国内扩展到海外华人教

---

19 中华续行委办会调查特委会编. 1901-1920 年中国基督教调查资料（下卷）[M]. 中国社会科学出版社，1987.11，第 1242 页。

20 同上。

21 同上。

22 尤思德 著. 蔡锦图 译. 和合本与中文圣经翻译[M]. 国际圣经协会 2002.4，第 331 页。

会，1939 年的《大英圣书公会报告书》（BFBS Report 1939, 177）指出："国语《和合本》在中国取代了文理本之后，海外华侨仍然对它有所需求，但最近那些地方的大笔订单已经差不多全都是国语圣经了。"[23]由此我们可以推知，传教士"弃文言而用白话"的翻译实践，其篇幅之巨、规模之大，在当时以至后来很长一段时期内，都是位于前列的。

五四时期不少重要作家都曾采用圣经主题创作，这使《圣经》和合本的影响进一步扩大，在语言应用实际上对现代白话文的影响也随之扩大。五四时期以圣经主题创作的长篇小说有苏雪林（绿漪）的自传体小说《棘心》（1929 年，北新书局出版），老舍的长篇小说《老张的哲学》（1928 年，商务印书馆），潘予且的《小菊》，张资平的《冲击期化石》（1922 年，上海泰东书局）和《上帝的儿女们》（1931 年 7 月，上海光明书局）。短篇小说有腾固的短篇小说集《迷宫》（1926 年）里的《二人之间》，郁达夫《沉沦》（1921 年，上海泰东书局）所收的《南迁》，胡也频的短篇小说集《圣徒》（1927 年，新月书局），等等。中篇小说有巴金的《灭亡》（1929，开明书店）和《新生》（1933，开明书店），刘王立明（1896-1970）的《生命的波涛》。[24]其他作家如郭沫若、冰心、闻一多、徐志摩等也曾采用《圣经》主题写作。[25]鲁迅非常熟悉《圣经》和基督教文化，在日本留学期间曾集中关注过基督教文化，在结构设置上借鉴耶稣受难意义而创作散文《颓败线的颤动》和小说《药》。他的《复仇（其二）》除了直接取材于《圣经》的"耶稣之死"故事，还多处引用《圣经》原文。[26]周作人更是试图在中国现代白话文和新文学运动与《圣经》之间建立联系，认为官话和合本"实在很好，在文学上也有很大的价值；我们虽然不能决定怎样是最好，指定一种尽美的模范，但可以说在现今是少见的好的白话文，这译本的目的本在宗教的一面，在文学上未必有意的注重，然而因了他慎重诚实的译法，原作的文学趣味保存的很多，所以也使译文的文学价值增高了……"（周作人 1920 年在燕京大学的演讲）[27]

---

23 同上，第 332 页。

24 参考：朱维之. 基督教与文学[M]. 青年协会书局，1941.5，第 304-306 页。

25 参见：梁工 1992,1993；王本朝 1994。

26 参考：王本朝. 20 世纪中国文学与基督教文化[M]. 安徽教育出版社，2000 年 1 月，第 59-70 页。

27 尤思德 2002，第 334 页。

　　因此，《圣经》等传教士的白话文翻译作品，同当时中国的白话文作品一样，是现代白话文变革的重要实践。《圣经》官话和合本是清末民初白话文运动中新生的现代白话文的代表性作品之一。和合本译文的一些欧化因素，仅据本文所涉及的句法语例研究，其对现代白话文体发展变化的影响，也是显而易见的。通过和合本与同期和后出的其他白话文作品以及和合本修订版的对比，我们发现，和合本译文中具有欧化因素的句例，有一部分是被修订版保留下来、继续应用的。即使在《圣经》官话译本之外，其他白话文作品中，这些被修订版所沿用的句法欧化因素，也同样有所呈现。从和合本语言应用的实践及其历史影响来看，周作人认为《马太福音》是"中国的最早的欧化的文学的国语"，是有一定道理的。《圣经》官话译本直接受英文底本的制约而产生的欧化现象，作为发生在前的欧化白话文本，显然是处于起始的源头地位的。

结　语

通过对《圣经》官话和合本译文的句法现象所作的较为全面的考察和分析，我们对《圣经》官话译本在现代白话文语言体系上的欧化影响，以及在语言实践上"弃文言而用白话"的示范作用，有了比较具体而深入的认识。

《圣经》官话和合本所采用的新式标点，不仅仅是为阅读方便而设，还是句法的标志性符号，而且能够具体体现译者的句法观。例如小圈"。"和尖点"、"的运用，与中国传统句读中的圈点，并不完全相等，而是体现句子和句子成分的标点；圆点"."的应用，更是对一句之内的分句作了划分，使分句之间的关系有了形式上的标记。

关于译文的汉化现象，通过译文与原文的比较，我们发现，译者在重视表现汉语口语的基础上，能够比较多地尊重汉语固有习惯，例如句子成分的适当省略、英译本原文中后置定语和从句的前置或变更等。

对于和合本译文的欧化句法现象，我们主要是通过语法词、句式两个方面予以说明的。这两个方面的许多带有欧化因素的句例，尚不能说是和合本的首创，但是根据与英文底本的比较，这些欧化句法现象是因为采用了与英文对译的手法而实现的，在此我们看到了译本欧化因素的直接来源。

对于和合本"弃文言而用白话"的语言实践，我们给予充分肯定。这样的现代白话文作品，如此大篇幅的应用并在全国范围的传播，在白话文运动发生之前乃至白话文运动时期，都是极为罕见的。和合本译者能走在时代潮流之前，始终坚守以当时的通用语即适合大众的官话来传播《圣经》，其对于推进中国语文革新的积极影响，应该给予充分肯定。因此，《圣经》官话译本等传教士汉译作品作为现代白话文欧化的源头之一，这个观点不仅是可以成立的，还应该由此扩大我们的学术视野，将西学东渐大潮影响下涌现的大量汉文翻译作品，视为现代白话文体建设初期的重要成果。

本文的研究，主要是从《圣经》官话和合本译文所应用的白话文体的结构加以考察，结合其历史背景、修订版和同时代其他白话文作品，分析《圣经》官话译本等传教士翻译作品在现代白话文变革中的影响。《圣经》官话译本只是传教士白话文译著之一部分，即便是传教士的白话文译著也只是当时规模庞大的白话文翻译作品的一个组成部分。因此，本文的研究对象，相对于后续传教士汉文译著以及其他白话文翻译作品而言，也还是局部的。我们期待，现代白话文的早期翻译作品，能如同现代文学作品一样，成为涉足现代汉语史学术研究的不可或缺的历史文献。

后 记

关于现代白话文的形成过程的研究，一直让我比较着迷：现代白话文的源头到底是什么？是怎样发展来的？现代白话文这种内部驳杂不一的状态，欧化在其中起了多大作用？回答这些问题需要对现代白话文作品进行大量的、详尽的语料分析。当时看到袁进老师关于欧化白话文的论述，我对传教士的汉文译著产生了兴趣，觉得可以将其作为一个切入点。因此选择了《圣经》官话和合本作为具体的研究对象。除了兴趣的缘故，还有如下原因：第一：因为《圣经》在基督教信仰中的"正典"地位，"《圣经》汉译已经在《圣经》的汉语建构过程中构成了特定的'场域'，因而已经成为诸多社会诸多层面的问题，已然构成了基督宗教在中国传布的历时性社会特征，成为了一个以《圣经》汉译为基础的社会文化现象"。[1]第二：因为翻译可能"以巨大的力量构建对异域文化的再现，同时也构建着本土的主体……翻译的文本以多种多样的形式被出版、评论、阅读和教授，在不同的制度和社会环境下，产生着不同的文化和政治影响"。[2]在欧洲，《圣经》各民族语言译本的翻译对欧洲各国民族语言的统一曾经起到至关重要的作用，"甚至促成一个民族语言的形成以及宗教、社会的变革"。[3]在中国的教会和基督教徒中，《圣经》官话和合本一直有着独特的地位和深广的影响，其翻译又是在中国社会、文化、书面语言发生前所未有的剧烈变革的时代，对现代汉语书面语的发展变化不能不产生影响。第三：关于《圣

---

1 傅敬民.《圣经》汉译的文化资本解读[M]. 复旦大学出版社，2009.10，第 13 页。
2 许宝强　袁伟. 语言与翻译的政治. 北京：中央编译出版社，2001，第 362 页。
3 傅敬民 2009：13。

经》汉译本语言的现有研究成果，还不足以探索其在现代白话文发展过程中的价值。所以，本文选择了《圣经》官话和合本作为分析对象，希望通过分析其译文语言的应用情况，考察其句法的欧化因素和汉化因素，以进一步探索现代汉语书面语变革的过程。

关于现代汉语史的研究，对白话文运动的历史和现代汉语的研究，以往学者的注意力大都集中在五四时期及以后，对清末传教士的译介活动很少关注。但实际上，以《圣经》官话译本为代表的传教士翻译作品，作为当时已行的一种白话文作品，其译文的语言结构和风格，对当时及以后的现代汉语书面语也有着不可忽视的影响。近代翻译史的研究，对中国学者自己的翻译活动和翻译作品关注比较多。近年来对传教士译介活动虽然也形成了一定的研究成果，但也只占据了一个很小的部分。在传教士译介活动及其汉译作品以及其他西人汉译作品对现代汉语的影响这一领域，应该是现代汉语史有待重点研究的领域之一。

本文所作关于《圣经》官话和合本的研究，所涉及的研究对象，仅为现代白话翻译作品的组成部分之一的一部代表作，且仅限于句法层面。实际上现代汉语的所谓"现代白话文"的欧化因素，外来词影响更大，在词汇层面所反映的欧化因素，在现代以及近代白话文翻译作品中的存在，是更为宽泛的。因此，对现代白话文翻译作品在各个层面上展开深入、系统的研究，才能进一步开拓现代汉语史的研究领域。

现代汉语书面语发展到今日，已非昔日，即一个世纪以前的白话文运动时所倡导的白话文体可比。当今的现代白话文，无论在语法方面，还是在词汇方面，仍然存在着不断出现的新的欧化现象。即使对"网络语言"暂不作论，当今中文报刊上，未通用的的字母词、乃至"or"、"&"、"vs"等语法词的混用，亦时有所见，还有层出不穷的两岸三地异译的外来词。这不就是昔日在西学东渐大潮影响下渗透于白话文的庞杂的"欧化"因素的再现吗？如果能对作为早期现代白话文的翻译语言加以系统整理，进行共时、历时的研究，其规律性的成果，必将有利于当今白话文语言的丰富和发展，为现代汉语书面语的标准化和规范化提供历史的借鉴和学术支持。

本文选择《圣经》官话和合本的译文语言作为论文的研究对象，目的不仅在于探索《圣经》官话译本在现代白话文发展过程中的价值，而且希冀能进一步深入发掘现代白话文欧化因素的深层。为此，将研究的视野拓展到作为和合本底本的《圣经》英译本，以及和合本出版后的多种《圣经》汉译本和其他文学作品，并比较它们的异同。在这方面的探索成果，虽略有所获，然随研究深入，愈加感觉学力之不足，有待今后继续努力。

参考文献

专著

1. （美）爱德华·萨丕尔. 语言论[M]. 商务印书馆，1985.

2. 北京师范学院中文系汉语教研组. 五四以来汉语书面语言的变迁和发展 [M]. 商务印书馆，1959.12.

3. Benjamin Lee Whorf. Language, Thought and Reality.

4. E. H. 爱德华兹. 义和团运动时期的山西传教士[M]. 天津: 南开大学出版 社，1986.3

5. 陈惠荣. 中文圣经翻译小史[M]. 香港：中文圣经新译会，1986.

6. 刁晏斌. 现代汉语史[M]. 福建人民出版社，2006

7. 段怀清. 传教士与晚清口岸文人[M]. 广州：广东省出版集团，2008.5

8. 费锦昌. 中国语文现代化百年记事（1892-1995） [M]. 北京：语文出版 社，1997.7

9. 傅敬民. 《圣经》汉译的文化资本解读[M]. 复旦大学出版社，2009.10.

10. 顾长声. 从马礼逊到司徒雷登——来华新教传教士评传[M]. 上海：上海 人民出版社，1985.8

11. 高天如. 中国现代语言计划的理论和实践[M]. 上海：复旦大学出版社，1993.

12. 顾长声. 从马礼逊到司徒雷登——来华新教传教士评传. 上海人民出版 社，1985.9.

13. 郭德焱. 基督教新教传教士与广州口岸[M]. 广州：广东人民出版社，2002.2

14. 何大进. 晚清中美关系与社会变革 晚清美国传教士在华活动的历史考察 [M]. 江西人民出版社, 1998.8

15. 何九盈. 中国现代语言学史[M]. 广州：广东教育出版社, 2005, .9

16. 何凯立. 基督教在华出版事业 1912~1949[M]. 四川大学出版社, 2004.8

17. 何绍斌. 越界与想象. 上海：上海三联书店, 2008.4

18. 贺阳. 现代汉语欧化语法现象研究[M]. 北京：商务印书馆, 2008.12.

19. 计翔翔. 十七世纪中期汉学著作研究——以曾德昭《大中国志》和安文思《中国新志》为中心[M]. 上海：上海古籍出版社, 2002.5.

20. 贾立言 冯雪冰. 汉文圣经译本小史[M]. 广学会, 1934.

21. 江苏省鲁迅研究学会. 鲁迅与中外文化[M]. 南京：江苏教育出版社, 1988.

22. 李天纲 编校. 万国公报文选[M]. 北京：生活·读书·新知三联书店, 1998.6

23. 李伟. 中国近代翻译史[M]. 济南：齐鲁书社, 2005.

24. 李宇明. 中国语言规划论[M]. 北京：商务印书馆, 2010.2

25. （英）李提摩太. 亲历晚清四十五年——李提摩太回忆录[M]. 天津：天津人民出版社, 2005

26. 雷雨田. 近代来粤传教士评传[M]. 百家出版社, 2004.5

27. 林文光. 陈独秀文选[M]. 成都：四川文艺出版社, 2009.5.

28. 陆俭明. 现代汉语语法研究教程[M]. 北京：北京大学出版社, 2003.

29. 刘树森. 基督教在中国：比较研究视角下的近现代中西文化交流[M]. 上海：上海人民出版社, 2010.1

30. 吕叔湘. 中国文法要略[M]. 北京：商务印书馆, 1956.8.

31. 马建忠. 马氏文通[M]. 北京：商务印书馆, 1983.12.

32. （意）马西尼 著. 黄河清 译. 现代汉语词汇的形成：十九世纪汉语外来词研究[M]. 上海：汉语大词典出版社, 1997.1.

33. 畾诲. 基督教文字播道事业谈[A]. 见：张静庐.《中国近代出版史料》(二编)[M]. 上海：上海书店出版社, 1957 年 12 月，页 330-335.

34. Peter Burke. 语言的文化史[M]. 北京：北京大学出版社, 2007

35. 濮之珍. 中国语言学史[M]. 上海：上海古籍出版社, 2005.9

36. 齐小新. 口述历史分析：中国近代史上的美国传教士[M]. 北京：北京大学出版社, 2003.12

37. 任东升. 圣经汉译文化研究[M]. 武汉：湖北教育出版社, 2007.10

38. 尚智聪. 传教士与西学东渐[M]. 陕西教育出版社，2000.10

39. 申小龙. 中国句型文化[M]. 东北师范大学出版社，1988.11.

40. 申小龙. 科学主义还是人文精神？[M]. 上海：学林出版社，1989.

41. 申小龙. 当代中国语法学[M]. 广州：广东教育出版社，1995.12.

42. 申小龙. 汉语语法学[M]. 南京：江苏教育出版社，2001.8.

43. 申小龙. 汉语与中国文化[M]. 上海：复旦大学出版社，2003.8

44. 申小龙，张学文，唐厚广. 中国理论语言学的文化重建[M]. 沈阳：沈阳出版社，2006

45. 宋家珩. 加拿大传教士在中国[M]. 东方出版社，1995.1

46. 苏培成. 当代中国的语文改革和语文规范[M]. 北京：商务印书馆，2010.

47. 孙逊. 传教士汉文小说研究[M]. 上海：上海古籍出版社，2010.8

48. 谭彼岸. 晚清的白话文运动[M]. 武汉：湖北人民出版社，1956.12.

49. 谭树林. 美国传教士伯驾在华活动研究（184301857）[M].

50. （法）谢和耐. 中国文化与基督教的冲撞[M]. 辽宁人民出版社，1989.4.

51. 许宝强　袁伟. 语言与翻译的政治. 北京：中央编译出版社，2001.

52. Xu, M. The Bible and Bible Translation [M]. Hong Kong: Hong Kong Christian Literature Society, 1982

53. 阎宗临. 传教士与法国早期汉学[M]. 大象出版社，2003.9

54. 愈强. 近代沪港双城记：早期伦敦会来华传教士在沪港活动初探[M]. 宗教文化出版社，2008.11

55. 朱维之. 基督教与文学[M]. 上海：上海书店，1992

56. 王德春. 语言学通论[M]. 南京：江苏教育出版社，1990.5

57. 王力. 中国现代语法（下册）[M]. 商务印书馆，1944.8

58. 王力. 中国语法理论（下册）[M]. 中华书局，1954.12.

59. 王力. 汉语史稿（上、中、下）[M]. 科学出版社，1957，1958.

60. 王立新. 美国传教士与晚清中国现代化——近代基督新教传教士在华社会文化和教育活动研究[M]. 天津：天津人民出版社，1997.3

61. 王翔. 棕榈之岛：清末民初美国传教士看海南[M]. 海南出版公司，2001.12

62. （意）卫匡国 著. （意）白佐良 白桦 译. 中国文法[M]. 上海：华东师范大学出版社，2009.

63. 吴为善. 认知语言学与汉语研究[M]. 上海：复旦大学出版有限公司，2011.

64. 吴义雄. 在宗教与世俗之间：基督教新教传教士在华南沿海的早期活动研究[M]. 广州：广东教育出版社，2000.3

65. 姚崧龄. 影响我国维新的几个外国人[M]. 传记文学出版社，1971.

66. 游汝杰. 西洋传教士汉语方言学著作书目考述[M]. 哈尔滨：黑龙江教育出版社，2002.12

67. 尤思德 著. 蔡锦图 译. 和合本与中文圣经翻译[M]. 国际圣经协会 2002.4

68. 袁晖. 汉语标点符号流变史[M]. 武汉：湖北教育出版社，2002.9.

69. 袁进. 中国文学的近代变革[M]. 桂林：广西师范大学出版社，2006.6.

70. 余三乐. 早期西方传教士与北京[M]. 北京：北京出版社，2001.9

71. 张国刚 吴莉苇. 明清传教士与欧洲汉学[M]. 中国社会科学出版社，2001.5

72. 张静庐. 中国近代出版史料（二编）[M]. 上海：群联出版社，1954.

73. 张西平. 传教士汉学研究[M]. 大象出版社，2005.5

74. 赵维本. 译经溯源——现代五大中文圣经翻译史[M]. 香港：中神，1993

75. 赵振铎. 中国语言学史[M]. 河北教育出版社，2000.5.

76. 周宁. 去东方，收获灵魂：中华帝国的福音之路[M]. 济南：山东画报出版社，2006

77. 周有光. 周有光语文论集[M]. 上海：上海文化出版社，2002

78. 周有光. 中国语文的时代演进[M]. 北京：人民文学出版社，2009.10

79. 中华续行委办会调查特委会. 中华归主：中国基督教事业统计（1901-1920）上[M]. 中国社会科学院世界宗教研究所，1985

学位论文

1. 陈述军. 《圣经》汉译及汉译《圣经》在中国的影响[D]. 上海：华东师范大学：2006.4.

2. 巩艺超. 《圣经》和合本和现代中文译本的比较研究[D]. 济南：山东大学，2007.

3. 牟东平. 官话和合本《圣经》的翻译及其对汉语的影响[D]. 上海：上海外国语大学，2008.11.

4. 王海燕. 译介学视角下的《圣经》汉译史[D]. 西安：西北大学 2006

5. 庄黄腾. 现代汉语语法"欧化论"的全新审视[D]. 上海：复旦大学，2009：9

专书中析出的文章

1. 徐志民. 洪堡特的汉语观[A]. 见：宗廷虎. 名家论学：郑子瑜先生受聘复旦大学顾问教授纪念文集[M]. 上海：复旦大学出版社，1988.6.

2. 朱学勤等撰. 中国与欧洲文化交流志[A]. 见：中华文化通志·中外文化交流典（10-096）. 上海：上海人民出版社，1998.

3. 热尔马诺·帕塔罗. 基督教的时间观[A]. 见：中华文化通志·中外文化交流典（10-096）. 上海：上海人民出版社，1998..

4. 克洛德·拉尔. 中国人思维中的时间经验知觉和历史观[A]. 见：路易·加迪等著，胡建平译. 文化与时间[M]. 杭州：浙江人民出版社，1988..

5. 周作人. 圣书与中国文化[A]. 小说月报丛刊（第二十五辑）. 上海：商务印书馆，1924.

期刊论文

1. 蔡憬颖. "欧化"与"归化"两种翻译倾向的比较研究[J]. 科技信息（学术版），2008，503（29）：503，506.

2. 陈辉. 19世纪东西洋士人所记录的汉语官话 J]. 浙江大学学报（人文社会科学版），2010（7）：49-57.

3. 陈镭. 文学革命时期的汉译圣经接受——以胡适、陈独秀为中心[J]. 广州社会主义学院学报，2010（2）：53-55.

4. 高顺全. 试论"被"字句的教学[J]. 暨南大学华文学院学报，2001（1）：29-35.

5. （日）何群雄 著. 阮星 郑梦娟（节译）. 19世纪基督教新教传教士的汉语语法学研究——以艾约瑟为例[J]. 长江学术，2010（1）：1-8.

6. 胡洁. 《圣经》中译和合本与现代中文译本对比[J]. 考试周刊，2008（47）：213-214.

7. 蒋骁华. 《圣经》汉译及其对汉语的影响[J]. 外语教学与研究（外国语文双月刊），2003（7）：301-306

8. 卢明玉 王克非. 论晚清传教士林乐知著译的本土化取向[J]. 江西社会科学，2007.1：110-113.

9. 马乐梅. 汉语圣经和合本的翻译策略——兼论和合本的废与存[J]. 国外外语教学，2006（04）

10. Peyraube, A. Westernization of Chinese grammar in the 20th century: Myth or reality? [J]. JOURNAL OF CHINESE LINGUISTICS 28 （1）：1-25 JAN 2000.

11. 任东升. 圣经中文译者对翻译理论的探讨[J]. 外语与外语教学，2001

12. Robert Menzies. Anti-Charismatic Bias in the Chinese Union Version of the Bible [J]. Pneuma 29 （2007）: 86-101.

13. 张延俊. 论《文学书官话》的影响[J]. 见: 殷都学刊，2011 年（1）: 114-115

14. 谢耀基. 汉语语法欧化综述[J]. 语文研究，2001，78（1）

15. 姚小平.《汉文经纬》与《马氏文通》——《马氏交通》历史功绩重议[J].《当代语言学》，1999，1（2）: 1-16

16. 袁红涛. "白话"与"国语": 从国语运动认识文学革命[J]. 四川大学学报（哲学社会科学版），2005，136（1）: 67-71.

17. 袁进. 论西方传教士对中文小说发展所作的贡献[J]. 社会科学，2008（2）: 175-180.

18. 郑梦娟. 19 世纪上半叶西方汉语语法研究成果简评[J]. 长江学术，2008（1）: 121-127

19. 周作人. 圣书与中国文化[J]. 小说月报丛刊（第二十五辑）. 上海: 商务印书馆，1924。

电子文献

1. Bruce Terry. English Bible Translations （rated on a scale of 1 to 10 as to literalness）[EB].: Bruce Terry' homepage（http://bible.ovu.edu/terry/interpretation/ translat. htm），2011-3-18:

2. 陈鸿彝. 明清传教士的译著，启动了中国白话文的初澜[EB]. 学术交流网/学术问题讨论/2010 年 9 月 5 日发布。

3. 陈恒. 中国当建立自己的"圣经学"——汉译《圣经》之考察[EB].: 信仰之门（www.GODoor.net），2002-01-05: 原载于《世纪中国》（http://www.cc. org.cn/）。

4. 彭国玮. 中文圣经的翻译[EB].:香港圣经公会（ http://hkbs.org.hk/Common/Reader/News/ShowNews.jsp?Cid=40&Pid=22& Version=0&Charset=gb2312&Nid=647），转引自:《圣经季刊》13、15 期。

5. 袁进. 警惕"西化"重新审视新文学的起源——袁进教授在牛津大学的演讲[EB].: 人民网 2007-3-12: http://book.people.com.cn

附录一 《圣经》官话和合本含欧化因素的句例举要

应用指物第三人称代词的句例

（1）创世记 1：30 至于地上的走兽和空中的飞鸟、并各样爬在地上有生命的物、我将我将青草赐给他们作食物.事就这样成了。

（2）创世记 2：19 耶和华上帝用土所造成的野地各样走兽和空中各样飞鸟都带到那人面前、看他叫甚么。那人怎样叫各样的活物、那就是他的名字。

（3）创世记 4：7 你若行得好、岂不蒙悦纳、你若行得不好、罪就伏在门前。他必恋慕你、你却要制伏他。

（4）创世记 6：7 耶和华说、我要将所造的人和走兽、并昆虫、以及空中的飞鸟、都从地上除灭、因为我造他们后悔了。

（5）创世记 6：21 你要拿各样食物积蓄起来、好作你和他们的食物。

（6）创世记 8：17 在你那里凡有血肉的活物、就是飞鸟、牲畜、和一切爬在地上的昆虫、都要带出来、叫他在地上多多滋生、大大兴旺。

（7）创世记 9：4 惟独肉带着血、那就是他的生命、你们不可吃。

（8）创世记 9：5 流你们血、害你们命的、无论是兽、是人、我必讨他的罪、就是向各人的弟兄也是如此。

（9）创世记 15：11 有鸷鸟下来、落在那死畜的肉上、亚伯兰就把他吓飞了。

（10）出埃及记 4：4 耶和华对摩西说、伸出手来、拿住他的尾巴、他必在你手中仍变为杖。

（11）出埃及记13：13 凡头生的驴、你要用羊羔代赎.若不代赎、就要打折他的颈项.凡你儿子中头生的都要赎出来。

（12）出埃及记20：5 不可跪拜那些像、也不可事奉他、因为我耶和华你的上帝是忌邪的上帝。

（13）出埃及记21：28 牛若触死男人或是女人、总要用石头打死那牛、却不可吃他的肉.牛的主人可算无罪。

（14）出埃及记28：7 以弗得当有两条肩带、接上两头、使他相连。

（15）出埃及记32：8 他们快快偏离了我所吩咐的道、为自己铸了一只牛犊、向他下拜献祭、说、以色列阿、这就是领你出埃及地的上帝。

（16）出埃及记34：20 头生的驴要用羊羔代赎、若不代赎就要打折他的颈项.凡头生的儿子都要赎出来.谁也不可空手朝见我。

（17）利未记8：10 摩西用膏油抹帐幕和其中所有的、使他成圣。

（18）利未记8：11 又用膏油在坛上弹了七次、又抹了坛和坛的一切器皿、并洗濯盆和盆座、使他成圣。

（19）利未记11：11 这些无翅无鳞、以为可憎的、你们不可吃他的肉.死的也当以为可憎。

（20）利未记11：31 这些爬物都是与你们不洁净的.在他死了以后、凡摸了的、必不洁净到晚上。

（21）利未记11：39 你们可吃的走兽若是死了、有人摸他、必不洁净到晚上。

（22）利未记14：6 至于那只活鸟、祭司要把他和香柏木、朱红色线并牛膝草一同蘸于宰在活水上的鸟血中。

（23）利未记17：13 凡以色列人、或是寄居在他们中间的外人、若打猎得了可吃的禽兽、必放出他的血来、用土掩盖。

（24）利未记17：14 论到一切活物的生命、就在血中.所以我对以色列人说、无论什么活物的血、你们都不可吃、因为一切活物的血就是他的生命.凡吃了血的、必被剪除。

（25）利未记18：23 不可与兽淫合、玷污自己.女人也不可站在兽前、与他淫合、这本是逆性的事。

（26）利未记18：25 连地也玷污了、所以我追讨那地的罪孽、那地也吐出他的居民。

（27）利未记20：16女人若与兽亲近、与他淫合、你要杀那女人和那兽、总要把他们治死、罪要归到他们身上。

（28）利未记26：1你们不可作什么虚无的神像、不可立雕刻的偶像或是柱像、也不可在你们的地上安什么錾成的石像、向他跪拜、因为我是耶和华你们的上帝。

（29）民数记3：13因为凡头生的是我的.我在埃及地击杀一切头生的那日就把以色列中一切头生的、连人带牲畜都分别为圣归我.他们定要属我.我是耶和华。

（30）民数记7：1摩西立完了帐幕、就把帐幕用膏抹了、使他成圣、又把其中的器具和坛、并坛上的器具、都抹了、使他成圣。

（31）民数记18：17只是头生的牛、或是头生的绵羊和山羊、必不可赎、都是圣的、要把他的血洒在坛上、把他的脂油焚烧、当作馨香的火祭献给耶和华。

（32）民数记18：18他的肉必归你、像被摇的胸、被举的右腿归你一样。

（33）民数记22：23驴看见耶和华的使者站在路上、手里有拔出来的刀、就从路上跨进田间、巴兰便打驴、要叫他回转上路。

（34）民数记22：33驴看见我就三次从我面前偏过去.驴若没有偏过去、我早把你杀了、留他存活。

（35）民数记31：23凡能见火的、你们要叫他经火就为洁净、然而还要用除污秽的水洁净他.凡不能见火的、你们要叫他过水。

（36）民数记31：28-29又要从出去打仗所得的人口、牛、驴、羊群中、每五百取一、作为贡物奉给耶和华。从他们一半之中、要取出来交给祭司以利亚撒、作为耶和华的举祭。

（37）申命记4：19又恐怕你向天举目观看、见耶和华你的上帝为天下万民所摆列的日月星、就是天上的万象、自己便被勾引敬拜事奉他。

（38）申命记5：9不可跪拜那些像、也不可事奉他、因为我耶和华你的上帝是忌邪的上帝.恨我的、我必追讨他的罪、自父及子、直到三、四代。

（39）申命记11：4也没有看见他怎样待埃及的军兵、车马、他们追赶你们的时候、耶和华怎样使红海的水淹没他们、将他们灭绝、直到今日、

（40）申命记13：2对你说、我们去随从你素来所不认识的别神、事奉他吧.他所显的神迹奇事虽有应验、

（41）申命记 15：19 你牛群羊群中头生的、凡是公的、都要分别为圣、归耶和华你的上帝。牛群中头生的、不可用他耕地.羊群中头生的、不可剪毛。

（42）申命记 15：23 只是不可吃他的血.要倒在地上、如同倒水一样。

（43）申命记 22：1 你若看见弟兄的牛或羊失迷了路、不可佯为不见、总要把他牵回来交给你的弟兄。

（44）申命记 25：4 牛在场上踹谷的时候、不可笼住他的嘴。

（45）申命记 28：31 你的牛在你眼前宰了、你必不得吃他的肉.你的驴在你眼前被抢夺、不得归还.你的羊归了仇敌、无人搭救。

（46）撒母耳记上 17：35 我就追赶他、击打他、将羊羔从他口中救出来。他起来要害我、我就揪着他的胡子、将他打死。

（47）撒母耳记下 23：6 但匪类都必像荆棘被丢弃.人不敢用手拿他。

（48）撒母耳记下 23：7 拿他的人必带铁器和枪杆、终久他必被火焚烧。

（49）列王纪下 19：18 将列国的神像都扔在火里.因为他本不是上帝、乃是人手所造的、是木头石头的、所以灭绝他。

（50）历代志下 25：14 亚玛谢杀了以东人回来、就把西珥的神像带回、立为自己的神、在他面前叩拜烧香。

（51）历代志 25：15 因此、耶和华的怒气向亚玛谢发作、就差一个先知去见他、说、这些神不能救他的民脱离你的手、你为何寻求他呢。

（52）约伯记 3：4 愿那日变为黑暗.愿上帝不从上面寻找他.愿亮光不照于其上.

（53）约伯记 3：5 愿黑暗和死荫索取那日.愿密云停在其上.愿日蚀恐吓他。

（54）约伯记 28：4 在无人居住之处刨开矿穴、过路的人也想不到他们.又与人远离、悬在空中摇来摇去。

（55）约伯记 28：15 智慧非用黄金可得、也不能平白银为他的价值。

（56）约伯记 38：8 海水冲出、如出胎胞、那时谁将他关闭呢。

（57）约伯记 38：9 是我用云彩当海的衣服、用幽暗当包裹他的布、

（58）约伯记 38：35 你能发出闪电、叫他行去、使他对你说、我们在这里。

（59）约伯记 38：39 母狮子在洞中蹲伏、少壮狮子在隐密处埋伏. 38:40 你能为他们抓取食物、使他们饱足么。

（60）约伯记 38：41 乌鸦之雏因无食物飞来飞去、哀告上帝.那时、谁为他预备食物呢。

（61）约伯记 39：10 你岂能用套绳将野牛笼在犁沟之间、他岂肯随你耙山谷之地。

（62）约伯记 39：11 岂可因他的力大就倚靠他、岂可把你的工交给他做么。

（63）约伯记 39：12 岂可信靠他把你的粮食运到家、又收聚你禾场上的谷么。

（64）约伯记 39：14 因他把蛋留在地上、在尘土中使得温暖。

（65）约伯记 39：16 他忍心待雏、似乎不是自己的.虽然徒受劳苦、也不为雏惧怕.

（66）约伯记 39：17 因为上帝使他没有智慧、也未将悟性赐给他。

（67）约伯记 39：18 他几时挺身展开翅膀、就嗤笑马和骑马的人。

（68）约伯记 39：19 马的大力是你所赐的么、他颈项上挓挲的、是你给他披上的么。

（69）约伯记 39：20 是你叫他跳跃像蝗虫么.他喷气之威使人惊惶。

（70）约伯记 39：21 他在谷中刨地、自喜其力.他出去迎接佩带兵器的人。

（71）约珥书 1：6 有一队蝗虫又强盛又无数、侵犯我的地.他的牙齿如狮子的牙齿、大牙如母狮的大牙。

（72）约珥书 1：7 他毁坏我的葡萄树、剥了我无花果树的皮、剥尽而丢弃、使枝条露白。

（73）约珥书 2：3 他们前面如火烧灭、后面如火焰烧尽.未到以前、地如伊甸园.伊甸园过去以后、成了荒凉的旷野.没有一样能躲避他们的。

（74）约珥书 2：4 他们的形状如马、奔跑如马兵。

（75）约珥书 2：9 他们蹦上城、蹿上墙、爬上房屋、进入窗户如同盗贼。

（76）约珥书 2：10 他们一来、地震天动、日月昏暗、星宿无光。

（77）约珥书 2：20 却要使北方来的军队远离你们、将他们赶到干旱荒废之地、前队赶入东海、后队赶入西海.因为他们所行的大恶（原文是事）、臭气上升、腥味腾空。

（78）约珥书 3：12 万民都当兴起、上到约沙法谷.因为我必坐在那里、审判四围的列国。3：13 开镰罢、因为庄稼熟了.践踏罢、因为酒榨满了、酒池盈溢.他们的罪恶甚大。

（79）弥迦书 1：6 所以、我必使撒玛利亚变为田野的乱堆、又作为种葡萄之处.也必将他的石头倒在谷中、露出根基来。1：7 他一切雕刻的偶像必被打碎、他所得的财物必被火烧、所有的偶像我必毁灭.因为是从妓女雇价所聚来的、后必归为妓女的雇价。

（80）弥迦书 4：11 现在有许多国的民聚集攻击你、说、愿锡安被玷污、愿我们亲眼见他遭报。

（81）弥迦书 5：4 他必起来、倚靠耶和华的大能、并耶和华他上帝之名的威严、牧养他的羊群.他们要安然居住.因为他必日见尊大、直到地极。

（82）弥迦书 5：8 雅各余剩的人必在多国多民中、如林间百兽中的狮子、又如少壮狮子在羊群中.他若经过、就必践踏撕裂、无人搭救。

（83）弥迦书 7：16 列国看见这事、就必为自己的势力惭愧.他们必用手捂口、掩耳不听.7：17 他们必舔土如蛇、又如土中腹行的物、战战兢兢地出他们的营寨.他们必战惧投降耶和华、也必因我们的上帝而惧怕。

（84）那鸿书 1：12 耶和华如此说、尼尼微虽然势力充足、人数繁多、也被剪除、归于无有.犹大阿、我虽然使你受苦、却不再使你受苦。1：13 现在我必从你颈项上折断他的轭、扭开他的绳索。

（85）那鸿书 2：2 耶和华复兴雅各的荣华、好像以色列的荣华一样.因为使地空虚的、已经使雅各和以色列空虚、将他们的葡萄枝毁坏了。

（86）那鸿书 2：12 公狮为小狮撕碎许多食物、为母狮掐死活物、把撕碎的、掐死的充满他的洞穴。

（87）马太福音 6：26 你们看那天上的飞鸟、也不种、也不收、也不积蓄在仓里、你们的天父尚且养活他.你们不比飞鸟贵重得多么。

（88）马太福音 6：28 何必为衣裳忧虑呢.你想野地里的百合花、怎样长起来、他也不劳苦、也不纺线.

（89）马太福音 6：30 你们这小信的人哪、野地的草、今天还在、明天就丢在炉里、上帝还给他这样的妆饰、何况你们呢。

（90）马太福音 7：6 不要把圣物给狗、也不要把你们的珍珠丢在猪前、恐怕他践踏了珍珠、转过来咬你们。

（91）马太福音 7：16 凭着他们的果子、就可以认出他们来.荆棘上岂能摘葡萄呢.蒺藜里岂能摘无花果呢。

（92）马太福音 7：19-20 凡不结好果子的树、就砍下来、丢在火里.所以凭着他们的果子、就可以认出他们来。

（93）马太福音 12 ：11 耶稣说、你们中间谁有一只羊、当安息日掉在坑里、不把他抓住、拉上来呢。

（94）马太福音 13 ：7 有落在荆棘里的.荆棘长起来、把他挤住了.

（95）马太福音 13 ：32 这原是百种里最小的.等到长起来、却比各样的菜都大、且成了树、天上的飞鸟来宿在他的枝上。

（96）马太福音 13 ：44 天国好像宝贝藏在地里.人遇见了、就把他藏起来.欢欢喜喜的去变卖一切所有的买这块地。

（97）马太福音 15 ：27 妇人说、主啊、不错.但是狗也吃他主人桌子上掉下来的碎渣儿。

（98）马太福音 17 ：20 耶稣说、是因你们的信心小.我实在告诉你们、你们若有信心像一粒芥菜种、就是对这座山说、你从这边挪到那边、他也必挪去.并且你们没有一件不能作的事了。

（99）马太福音 17 ：27 但恐怕触犯他们、你且往海边去钓鱼、把先钓上来的鱼拿起来、开了他的口、必得一块钱、可以拿去给他们、作你我的税银。

（100）加拉太书 4 ：9 现在你们既然认识上帝、更可说是被上帝所认识的、怎么还要归回那懦弱无用的小学、情愿再给他作奴仆呢。

句首时间词前应用介词"当"的句例

（1）创世记 7 ：11 当挪亚六百岁、二月十七日那一天、大渊的泉源都裂开了、天上的窗户也敞开了

（2）创世记 7 ：13 正当那日、挪亚和他三个儿子闪、含、雅弗、并挪亚的妻子和三个儿妇、都进入方舟。

（3）创世记 17 ：26 正当那日、亚伯拉罕和他儿子以实玛利一同受了割礼。

（4）创世记 20 ：13 当上帝叫我离开父家、飘流在外的时候、我对她说、我们无论走到甚么地方、你可以对人说、他是我的哥哥.这就是你待我的恩典了。

（5）创世记 21 ：2 当亚伯拉罕年老的时候、撒拉怀了孕.到上帝所说的日期、就给亚伯拉罕生了一个儿子。

（6）创世记 21 ：22 当那时候、亚比米勒同他军长非各对亚伯拉罕说、凡你所行的事都有上帝的保佑。

（7）创世记 26：1 当他父亲亚伯拉罕在世的日子、他父亲的仆人所挖的井、非利士人全都塞住、填满了土。

（8）创世记 26：18 当他父亲亚伯拉罕在世之日所挖的水井因非利士人在亚伯拉罕死后塞住了、艾萨克就重新挖出来、仍照他父亲所叫的叫那些井的名字。

（9）出埃及记 12：17 你们要守无酵节、因为我正当这日把你们的军队从埃及地领出来。所以、你们要守这日、作为世世代代永远的定例。

（10）出埃及记 35：3 当安息日、不可在你们一切的住处生火。

（11）利未记 6：20 当亚伦受膏的日子、他和他子孙所要献给耶和华的供物、就是细麺伊法十分之一、为常献的素祭：早晨一半、晚上一半。

（12）利未记 23：21 当这日、你们要宣告圣会.甚么劳碌的工都不可做。这在你们一切的住处作为世世代代永远的定例。

（13）利未记 23：28 当这日、甚么工都不可做.因为是赎罪日、要在耶和华你们的上帝面前赎罪。

（14）利未记 23：29 当这日、凡不刻苦己心的、必从民中剪除。

（15）利未记 25：9 当年七月初十日、你要大发角声.这日就是赎罪日、要在遍地发出角声。

（16）民数记 1：18 当二月初一日招聚全会众.会众就照他们的家室、宗族、人名的数目、从二十岁以外的、都述说自己的家谱。

（17）民数记 5：13 有人与他行淫、事情严密、瞒过他丈夫、而且他被玷污、没有作见证的人、当他行淫的时候也没有被捉住、

（18）民数记 25：18 因为他们用诡计扰害你们、在毗珥的事上和他们的姊妹、米甸首领的女儿哥斯比的事上、用这诡计诱惑了你们.这哥斯比、当瘟疫流行的日子、因毗珥的事被杀了。

（19）民数记 27：14 因为你们在寻的旷野、当会众争闹的时候、违背了我的命、没有在寻涌涌水之地、会众眼前尊我为圣。（这水就是寻的旷野加低斯米利巴水。）

（20）民数记 28：9 当安息日、要献两只没有残疾、一岁的公羊羔、并用调油的细麺伊法伊法十分之二为素祭、又将同献的奠祭献上。

（21）申命记 14：24 当耶和华你上帝赐福与你的时候、耶和华你上帝所选择要立为他名的地方若离你太远、那路也太长、使你不能把这物带到那里去、

（22）申命记 16：6 只当在耶和华你上帝所选择要立为他名的居所、晚上日落的时候、乃是你出埃及的时候、献逾越埃及节的祭节的祭。

（23）约书亚记 4：14 当那日、耶和华使约书亚在以色列众人眼前尊大。在他平生的日子、百姓敬畏他、像从前敬畏摩西一样。

（24）约书亚记 5：11 逾越节的次日、他们就吃了那地的出产.正当那日吃无酵饼和烘的谷。

（25）约书亚记 10：12 当耶和华将亚摩利人交付以色列人的日子、约书亚就祷告耶和华、在以色列人眼前说、亚摩利以色列约书亚以色列日头啊、你要停在基遍.基遍月亮啊、你要止在亚雅仑谷。

（26）士师记 6：25 当那夜、耶和华吩咐基甸说、你取你父亲的牛来、就是基甸那七岁的第二只牛、并拆毁你父亲为巴力所筑的坛、砍下坛旁的木偶、

（27）士师记 7：9 当那夜、耶和华吩咐基甸说、起来、下到米甸营里去、因我已将他们交在你手中。

（28）士师记 15：20 当非利士人辖制以色列人的时候、参孙作以色列的士师二十年。

（29）士师记 19：1 当以色列中没有王的时候、有住以法莲山地那边的一个利未人、娶了一个犹大伯利恒的女子为妾。

（30）士师记 20：40 当烟气如柱从城中上腾的时候、便雅悯人回头观看、见全城的烟气冲天。

（31）路得记 1：1 当士师秉政的时候、国中遭遇饥荒.在犹大的伯利恒、有一个人带着妻子和两个儿子往摩押地去寄居。

（32）撒母耳记上 3：1 童子撒母耳在以利面前事奉耶和华.当那些日子、耶和华的言语稀少、不常有默示。

（33）撒母耳记上 17：12 大卫是犹大伯利恒的以法他人耶西的儿子.耶西有八个儿子.当扫罗的时候、耶西已经老迈。

（34）列王纪上 3：2 当那些日子，百姓仍在邱坛献祭，因为还没有为耶和华的名建殿。

（35）列王纪上 16：9-10 有管理他一半战车的臣子心利背叛他.当他在得撒家宰亚杂家里喝醉的时候、心利就进去杀了他、篡了他的位。

（36）列王纪下 24：11 当他军兵围困城的时候、巴比伦王尼布甲尼撒就亲自来了。

（37）历代志上 6：15 当耶和华藉尼布甲尼撒的手掳掠犹大和耶路撒冷人的时候、这约萨答也被掳去。

（38）马太福音 2：1 当希律王的时候、耶稣生在犹太的伯利恒.有几个博士从东方来到耶路撒冷、希律说、

（39）马太福音 7：22 当那日必有许多人对我说、主啊、主啊、我们不是奉你的名传道、奉你的名赶鬼、奉你的名行许多异能么。

（40）马太福音 10：15 我实在告诉你们、当审判的日子、所多玛和蛾摩拉所受的、比那城还容易受呢。

（41）马太福音 11：22 但我告诉你们、当审判的日子、泰尔、西顿所受的、比你们还容易受呢。

（42）马太福音 11：24 但我告诉你们、当审判的日子、所多玛所受的、比你还容易受呢。

（43）马太福音 12：5 再者、律法上所记的、当安息日、祭司在殿里犯了安息日还是没有罪、你们没有念过么。

（44）马太福音 12：11 耶稣说、你们中间谁有一只羊、当安息日掉在坑里、不把它抓住、拉上来呢。

（45）马太福音 12：36 我又告诉你们、凡人所说的闲话、当审判的日子、必要句句供出来.

（46）马太福音 12：41 当审判的时候、尼尼微人要起来定这世代的罪、因为尼尼微人听了约拿所传的就悔改了.看哪、在这里有一人比约拿更大。

（47）马太福音 12：42 当审判的时候、南方的女王要起来定这世代的罪.因为她从地极而来、要听所罗门的智慧话.看哪、在这里有一人比所罗门更大。

（48）马太福音 13：1 当那一天、耶稣从房子里出来、坐在海边。

（49）马太福音 13：30 容这两样一齐长、等着收割.当收割的时候、我要对收割的人说、先将稗子薅出来、捆成捆、留着烧.惟有麦子要收在仓里。

（50）马太福音 18：24 才算的时候、有人带了一个欠一千万银子的来。

（51）马太福音 19：28 耶稣说、我实在告诉你们、你们这跟从我的人、到复兴的时候、人子坐在他荣耀的宝座上、你们也要坐在十二个宝座上、审判以色列十二个支派。

（52）马太福音 22：28 这样、当复活的时候、她是七个人中哪一个的妻子呢.因为他们都娶过她。

（53）马太福音 22：30 当复活的时候、人也不娶也不嫁、乃像天上的使者一样。

（54）马太福音 24：19 当那些日子、怀孕的和奶孩子的有祸了.

（55）马太福音 24：32 你们可以从无花果树学个比方.当树枝发嫩长叶的时候、你们就知道夏天近了。

（56）马太福音 24：38 当洪水以前的日子、人照常吃喝嫁娶、直到挪亚进方舟的那日.

（57）马太福音 25：31 当人子在他荣耀里、同着众天使降临的时候、要坐在他荣耀的宝座上。

（58）马可福音 4：35 当那天晚上、耶稣对门徒说、我们渡到那边去吧。

（59）马可福音 12：23 当复活的时候、她是哪一个的妻子呢。因为他们七个人都娶过她。

（60）马可福音 13：17 当那些日子、怀孕的和奶孩子的有祸了.

（61）马可福音 13：28 你们可以从无花果树学个比方.当树枝发嫩长叶的时候、你们就知道夏天近了。

（62）马可福音 2：23 耶稣当安息日从麦地经过.他门徒行路的时候、掐了麦穗。

（63）路加福音 1：5 当犹太王希律的时候、亚比雅班里有一个祭司、名叫撒迦利亚.他妻子是亚伦的后人、名叫伊利莎白。

（64）路加福音 2：1 当那些日子、凯撒奥古斯都有旨意下来、叫天下人民都报名上册。

（65）路加福音 2：38 正当那时、她进前来称谢上帝、将孩子的事对一切盼望耶路撒冷得救赎的人讲说。

（66）路加福音 2：42 当他十二岁的时候、他们按着节期的规矩上去。

（67）路加福音 4：25 我对你们说实话、当以利亚的时候、天闭塞了三年零六个月、遍地有大饥荒、那时、以色列中有许多寡妇、

（68）路加福音 6：23 当那日、你们要欢喜跳跃、因为你们在天上的赏赐是大的.他们的祖宗待先知也是这样。

（69）路加福音 7：21 正当那时候、耶稣治好了许多有疾病的、受灾患的、被恶鬼附着的、又开恩叫好些瞎子能看见。

（70）路加福音 8：4 当许多人聚集、又有人从各城里出来见耶稣的时候、耶稣就用比喻说、

（71）路加福音 9：36 声音住了、只见耶稣一人在那里.当那些日子、门徒不提所看见的事、一样也不告诉人。

（72）路加福音 10：12 我告诉你们、当审判的日子、所多玛所受的、比那城还容易受呢。

（73）路加福音 10：14 当审判的日子、泰尔、西顿所受的、比你们还容易受呢。

（74）路加福音 10：21 正当那时、耶稣被圣灵感动就欢乐、说、父啊、天地的主、我感谢你.因为你将这些事向聪明通达人就藏起来、向婴孩就显出来.父啊、是的、因为你的美意本是如此。

（75）路加福音 11：29 当众人聚集的时候、耶稣开讲说、这世代是一个邪恶的世代。他们求看神迹、除了约拿的神迹以外、再没有神迹给他们看。

（76）路加福音 11：31 当审判的时候、南方的女王要起来定这世代的罪.因为她从地极而来、要听所罗门的智慧话。看哪、在这里有一人比所罗门更大。

（77）路加福音 11：32 当审判的时候、尼尼微人要起来定这世代的罪、因为尼尼微人听了约拿所传的就悔改了.看哪、在这里有一人比约拿更大。

（78）路加福音 13：1 正当那时、有人将彼拉多使加利利人的血搀杂在他们祭物中的事告诉耶稣。

（79）路加福音 13：31 正当那时、有几个法利赛人来对耶稣说、离开这里去罢.因为希律想要杀你。

（80）路加福音 17：31 当那日、人在房上、器具在屋里、不要下来拿.人在田里、也不要回家。

（81）路加福音 17：34 我对你们说、当那一夜、两个人在一个床上、要取去一个、撇下一个。

（82）路加福音 20：33 这样、当复活的时候、她是哪一个的妻子呢。因为他们七个人都娶过她。

（83）路加福音 21 ： 23 当那些日子、怀孕的和奶孩子的有祸了.因为将有大
　　　灾难降在这地方、也有震怒临到这百姓。

（84）路加福音 24 ： 13 正当那日、门徒中有两个人往一个村子去.这村子名
　　　叫以马忤斯、离耶路撒冷约有二十五里。

（85）约翰福音 2 ： 23 当耶稣在耶路撒冷过逾越节的时候、有许多人看见
　　　他所行的神迹、就信了他的名。

（86）约翰福音 12 ： 17 当耶稣呼唤拉撒路、叫他从死复活出坟墓的时候、
　　　同耶稣在那里的众人就作见证。

（87）使徒行传 1 ： 10 当他往上去、他们定睛望天的时候、忽然有两个人
　　　身穿白衣、站在旁边、说、

（88）使徒行传 7 ： 45 这帐幕、我们的祖宗相继承受.当上帝在他们面前赶
　　　出外邦人去的时候、他们同约书亚把帐幕搬进承受为业之地、直存到
　　　大卫的日子。

（89）使徒行传 11 ： 11 正当那时、有三个人站在我们所住的房门前、是从
　　　凯撒利亚差来见我的。

（90）使徒行传 11 ： 27 当那些日子、有几位先知从耶路撒冷下到安提阿。

（91）使徒行传 13 ： 17 这以色列民的上帝拣选了我们的祖宗、当民寄居埃
　　　及的时候抬举他们、用大能的手领他们出来.

（92）使徒行传 16 ： 13 当安息日、我们出城门、到了河边、知道那里有一
　　　个祷告的地方、我们就坐下对那聚会的妇女讲道。

（93）以弗所书 2 ： 5 当我们死在过犯中的时候、便叫我们与基督一同活过
　　　来.你们得救是本乎恩。

（94）歌罗西书 3 ： 7 当你们在这些事中活着的时候、也曾这样行过。

（95）帖撒罗尼迦前书 3 ： 13 好使你们当我们主耶稣同他众圣徒来的时候、
　　　在我们父上帝面前、心里坚固、成为圣洁、无可责备。

（96）腓利门书 1 ： 4 我祷告的时候提到你、常为你感谢我的上帝.

（97）希伯来书 7 ： 1 这麦基洗德就是撒冷王、又是至高上帝的祭司、本是
　　　长远为祭司的.他当亚伯拉罕杀败诸王回来的时候、就迎接他、给他祝福。

（98）约翰一书 2 ： 28 小子们哪、你们要住在主里面.这样、他若显现、我
　　　们就可以坦然无惧.当他来的时候、在他面前也不至于惭愧。

（99）启示录 1：10 当主日、我被圣灵感动、听见在我后面有大声音如吹号、说、

（100）启示录 2：13 我知道你的居所、就是有撒但座位之处.当我忠心的见证人安提帕在你们中间、撒但所住的地方被杀之时、你还坚守我的名、没有弃绝我的道。

存在句句首处所词前应用介词"在"的句例

（1）马太福音 12：6 但我告诉你们、在这里有一人比殿更大。

（2）马太福音 12：41 当审判的时候、尼尼微人要起来定这世代的罪、因为尼尼微人听了约拿所传的就悔改了.看哪、在这里有一人比约拿更大.

（3）马太福音 12：42 当审判的时候、南方的女王要起来定这世代的罪.因为他从地极而来、要听所罗门的智慧话.看哪、在这里有一人比所罗门更大。

（4）马太福音 18：20 因为无论在哪里、有两三个人奉我的名聚会、那里就有我在他们中间。

（5）马太福音 21：14 在殿里有瞎子、瘸子到耶稣跟前、他就治好了他们。

（6）马太福音 21：19 看见路旁有一棵无花果树、就走到跟前、在树上找不着甚么、不过有叶子、就对树说、从今以后、你永不结果子.那无花果树就立刻枯干了。

（7）马太福音 21：42 耶稣说、经上写着、匠人所弃的石头已作了房角的头块石头.这是主所做的、在我们眼中看为希奇.这经你们没有念过么。

（8）马太福音 22：25 从前、在我们这里有弟兄七人、第一个娶了妻、死了、没有孩子、撇下妻子给兄弟。

（9）马太福音 23：28 你们也是如此、在人前、外面显出公义来、里面却装满了假善和不法的事。

（10）马太福音 24：2 耶稣对他们说、你们不是看见这殿宇么.我实在告诉你们、将来在这里没有一块石头留在石头上、不被拆毁了。

（11）马可福音 1：3 在旷野有人声喊着说、预备主的道、修直他的路。

（12）马可福音 1：23 在会堂里、有一个人被污鬼附着.他喊叫说、

（13）马可福音 3：1 耶稣又进了会堂、在那里有一个人枯干了一只手。

（14）马可福音 5：11 在那里山坡上、有一大群猪吃食.

（15）马可福音 8：14 门徒忘了带饼.在船上除了一个饼、没有别的食物。

（16）马可福音 11：5 在那里站着的人、有几个说、你们解驴驹做甚么。

（17）马可福音 15：26 在上面有他的罪状、写的是、犹太人的王。

（18）路加福音 2：8 在伯利恒之野地里有牧羊的人、夜间按着更次看守羊群。

（19）路加福音 2：25 在耶路撒冷有一个人、名叫西面.这人又公义又虔诚、素常盼望以色列的安慰者来到、又有圣灵在他身上。

（20）路加福音 4：33 在会堂里有一个人、被污鬼的精气附着、大声喊叫说、

（21）路加福音 6：6 又有一个安息日、耶稣进了会堂教训人、在那里有一个人右手枯干了。

（22）路加福音 11：31 当审判的时候、南方的女王要起来定这世代的罪.因为他从地极而来、要听所罗门的智慧话.看哪、在这里有一人比所罗门更大。

（23）路加福音 11：32 当审判的时候、尼尼微人要起来定这世代的罪、因为尼尼微人听了约拿所传的就悔改了.看哪、在这里有一人比约拿更大。

（24）路加福音 14：2 在他面前有一个患水臌的人。

（25）路加福音 17：37 门徒说、主啊、在那里有这事呢.耶稣说、尸首在那里、鹰也必聚在那里。

（26）路加福音 19：38 说、奉主名来的王是应当称颂的.在天上有和平.在至高之处有荣光。

（27）路加福音 20：26 他们当着百姓、在这话上得不着把柄、又希奇他的应对、就闭口无言了。

（28）路加福音 21：6 耶稣就说、论到你们所看见的这一切、将来日子到了、在这里没有一块石头留在石头上、不被拆毁了。

（29）路加福音 23：38 在耶稣以上有一个牌子写着、这是犹太人的王。

（30）约翰福音 1：23 他说、我就是那在旷野有人声喊着说、修直主的道路.正如先知以赛亚所说的。

（31）约翰福音 2：1 第三日、在加利利的迦拿有娶亲的筵席、耶稣的母亲在那里。

（32）约翰福音 4：6 在那里有雅各井．耶稣因走路困乏、就坐在井旁．那时约有午正。

（33）约翰福音 5：2 在耶路撒冷、靠近羊门有一个池子、希伯来话叫作毕士大、旁边有五个廊子．

（34）约翰福音 5：5 在那里有一个人、病了三十八年。

（35）约翰福音 6：9 在这里有一个孩童、带着五个大麦饼、两条鱼、只是分给这许多人还算甚么呢。

（36）约翰福音 7：18 人凭着自己说、是求自己的荣耀．惟有求那差他来者的荣耀、这人是真的、在他心里没有不义。

（37）约翰福音 10：22 在耶路撒冷有修殿节、是冬天的时候。

（38）约翰福音 16：33 我将这些事告诉你们、是要叫你们在我里面有平安．在世上、你们有苦难．但你们可以放心、我已经胜了世界。

（39）约翰福音 18：1 耶稣说了这话、就同门徒出去、过了汲沦溪．在那里有一个园子、他和门徒进去了。

（40）约翰福音 14：2 在我父的家里有许多住处．若是没有、我就早已告诉你们了．我去原是为你们预备地方去。

（41）约翰福音 18：1 耶稣说了这话、就同门徒出去、过了汲沦溪．在那里有一个园子、他和门徒进去了。

（42）约翰福音 19：41 在耶稣钉十字架的地方有一个园子、园子里有一座新坟墓、是从来没有葬过人的。

（43）使徒行传 1：13 进了城、就上了所住的一间楼房．在那里有彼得、约翰、雅各、安得烈、腓力、多马、巴多罗买、马太、亚勒腓的儿子雅各、奋锐党的西门、和雅各的儿子犹大。

（44）使徒行传 4：12 除他以外、别无拯救．因为在天下人间、没有赐下别的名我们可以靠着得救。

（45）使徒行传 6：7 上帝的道兴旺起来．在耶路撒冷门徒数目加增的甚多、也有许多祭司信从了这道。

（46）使徒行传 7：12 雅各听见在埃及有粮、就打发我们的祖宗初次往那里去。

（47）使徒行传 7：30 过了四十年、在西奈山的旷野、有一位天使从荆棘火焰中向摩西显现。

（48）使徒行传 7：44 我们的祖宗在旷野、有法柜的帐幕、是上帝吩咐摩
西叫他照所看见的样式做的。

（49）使徒行传 8：8 在那城里、就大有欢喜。

（50）使徒行传 9：10 当下、在大马士革有一个门徒、名叫亚拿尼亚.主在
异象中对他说、亚拿尼亚.他说、主、我在这里。

（51）使徒行传 9：14 并且他在这里有从祭司长得来的权柄捆绑一切求告
你名的人。

（52）使徒行传 9：36 在约帕有一个女徒、名叫大比大、翻希腊话就是多
加多加.他广行善事、多施赒济。

（53）使徒行传 10：1 在凯撒利亚有一个人、名叫哥尼流、是意大利营的
百夫长。

（54）使徒行传 12：12 想了一想、就往那称呼马可的约翰、他母亲马利亚
家去、在那里有好些人聚集祷告。

（55）使徒行传 13：1 在安提阿的教会中、有几位先知和教师、就是巴拿
巴和称呼尼结的西面、古利奈人路求、与分封之王希律同养的马念、
并扫罗。

（56）使徒行传 13：6 经过全岛、直到帕弗、在那里遇见一个有法术、假
充先知的犹太人、名叫巴耶稣。

（57）使徒行传 15：21 因为从古以来、摩西的书在各城有人传讲、每逢安
息日、在会堂里诵读。

（58）使徒行传 16：1 保罗来到特庇、又到路司得.在那里有一个门徒、名
叫提摩太、是信主之犹太妇人的儿子、他父亲却是希腊人。

（59）使徒行传 16：9 在夜间有异象现与保罗.有一个马其顿人站着求他
说、请你过到马其顿来帮助我们。

（60）使徒行传 17：1 保罗和西拉经过暗妃坡里、亚波罗尼亚、来到帖撒
罗尼迦、在那里有犹太人的会堂。

（61）使徒行传 18：28 在众人面前极有能力驳倒犹太人、引圣经证明耶稣
是基督。

（62）罗马书 2：20 是蠢笨人的师傅、是小孩子的先生、在律法上有知识
和真理的模范。

（63）罗马书 7：4 我的弟兄们、这样说来、你们藉着基督的身体、在律法上也是死了、叫你们归于别人、就是归于那从死里复活的、叫我们结果子给上帝。

（64）罗马书 7：18 我也知道、在我里头、就是我肉体之中、没有良善．因为、立志为善由得我、只是行出来由不得我。

（65）罗马书 13：1 在上有权柄的、人人当顺服他、因为没有权柄不是出于上帝的．凡掌权的都是上帝所命的。

（66）罗马书 15：23 但如今、在这里再没有可传的地方、而且这好几年、我切心想望到西班牙去的时候、可以到你们那里、

（67）哥林多前书 1：7 以致你们在恩赐上没有一样不及人的、等候我们的主耶稣基督显现。

（68）哥林多前书 3：3 你们仍是属肉体的、因为在你们中间有嫉妒、纷争、这岂不是属乎肉体、照着世人的样子行么。

（69）哥林多前书 11：10 因此、女人为天使的缘故、应当在头上有服权柄的记号。

（70）哥林多前书 11：19 在你们中间不免有分门结党的事、好叫那些有经验的人显明出来。

（71）哥林多前书 11：30 因此、在你们中间有好些软弱的与患病的、死的也不少。

（72）哥林多前书 15：12 既传基督是从死里复活了、怎么在你们中间有人说没有死人复活的事呢。

（73）哥林多后书 10：4 我们争战的兵器本不是属血气的、乃是在上帝面前有能力、可以攻破坚固的营垒、

（74）腓立比书 2：1 所以、在基督里若有甚么劝勉、爱心有甚么安慰、圣灵有甚么交通、心中有甚么慈悲怜悯、2 你们就要意念相同、爱心相同、有一样的心思、有一样的意念、使我的喜乐可以满足。

（75）歌罗西书 1：2 写信给歌罗西的圣徒、在基督里有忠心的弟兄．愿恩惠、平安从上帝我们的父归与你们．

（76）帖撒罗尼迦后书 3：11 因我们听说、在你们中间有人不按规矩而行、甚么工都不做、反倒专管闲事。

（77）提摩太前书 2：5 因为只有一位上帝、在上帝和人中间、只有一位中保、乃是降世为人的基督耶稣.

（78）提摩太后书 2：20 在大户人家、不但有金器银器、也有木器瓦器.有作为贵重的、有作为卑贱的。

（79）希伯来书 13：14 我们在这里本没有常存的城、乃是寻求那将来的城。

（80）雅各书 3：16 在何处有嫉妒、纷争、就在何处有扰乱和各样的坏事。

（81）彼得后书 2：1 从前在百姓中有假先知起来、将来在你们中间也必有假师傅、私自引进陷害人的异端、连买他们的主他们也不承认、自取速速的灭亡。

（82）彼得后书 3：3 第一要紧的、该知道在末世必有好讥诮的人随从自己的私欲出来讥诮说、

（83）约翰一书 2：1 我小子们哪、我将这些话写给你们、是要叫你们不犯罪.若有人犯罪、在父那里我们有一位中保、就是那义者耶稣基督。

（84）启示录 3：2 你要警醒、坚固那剩下将要衰微的.因我见你的行为、在我上帝面前、没有一样是完全的。

（85）启示录 5：3 在天上、地上、地底下、没有能展开、能观看那书卷的。

（86）启示录 6：6 我听见在四活物中似乎有声音说、一钱银子买一升麦子、一钱银子买三升大麦.油和酒不可糟蹋。

（87）启示录 6：9 揭开第五印的时候、我看见在祭坛底下、有为上帝的道、并为作见证被杀之人的灵魂、

（88）启示录 11：19 当时、上帝天上的殿开了、在他殿中现出他的约柜.随后有闪电、声音、雷轰、地震、大雹。

（89）启示录 12：6 妇人就逃到旷野、在那里有上帝给他预备的地方、使他被养活一千二百六十天。

（90）启示录 12：7 在天上就有了争战.米迦勒同他的使者与龙争战、龙也同他的使者去争战、

（91）启示录 12：10 我听见在天上有大声音说、我上帝的救恩、能力、国度、并他基督的权柄、现在都来到了.因为那在我们上帝面前昼夜控告我们弟兄的、已经被摔下去了。

（92）启示录 13：1 我又看见一个兽从海中上来、有十角七头、在十角上戴着十个冠冕、七头上有亵渎的名号。

（93）启示录 13：18 在这里有智慧.凡有聪明的、可以算计兽的数目.因为这是人的数目、它的数目是六百六十六。

（94）启示录 14：5 在他们口中察不出谎言来.他们是没有瑕疵的。

（95）启示录 15：1 我又看见在天上有异象、大而且奇、就是七位天使掌管末了的七灾、因为上帝的大怒在这七灾中发尽了。

（96）启示录 17：5 在他额上有名写着说、奥秘哉、大巴比伦、作世上的淫妇和一切可憎之物的母。

（97）启示录 19：16 在他衣服和大腿上有名写着说、万王之王、万主之主。

（98）启示录 21：25 城门白昼总不关闭、在那里原没有黑夜。

（99）启示录 22：2 在河这边与那边有生命树、结十二样果子、每月都结果子.树上的叶子乃为医治万民。

（100）启示录 22：3 以后再没有咒诅.在城里有上帝和羔羊的宝座.他的仆人都要事奉他、

并列成分间应用连词“和”的句例

（1）创世记 1：11 上帝说、地要发生青草和结种子的菜蔬、并结果子的树木、各从其类、果子都包着核。事就这样成了。

（2）创世记 1：26 上帝说、我们要照着我们的形像、按着我们的样式造人、使他们管理海里的鱼、空中的鸟、地上的牲畜、和全地、并地上所爬的一切昆虫。

（3）创世记 1：28 上帝就赐福给他们、又对他们说、要生养众多、遍满地面、治理这地、也要管理海里的鱼、空中的鸟、和地上各样行动的活物。

（4）创世记 1：29 上帝说、看哪、我将遍地上一切结种子的菜蔬、和一切树上所结有核的果子全赐给你们作食物。

（5）创世记 1：30 至于地上的走兽和空中的飞鸟、并各样爬在地上有生命的物、我将我将青草赐给他们作食物.事就这样成了。

（6）创世记 2：9 耶和华上帝使各样的树从地里长出来、可以悦人的眼目、其上的果子其上的果子好作食物.园子当中又有生命树和分别善恶的树。

（7）创世记 2：12 并且那地的金子是好的.在那里又有珍珠和红玛瑙。

（8）创世记 2：19 耶和华上帝用土所造成的野地各样走兽和空中各样飞鸟都带到那人面前、看他叫甚么.那人怎样叫各样的活物、那就是他的名字。

（9）创世记 2：20 那人便给一切牲畜和空中飞鸟、野地走兽都起了名.只是那人没有遇见配偶帮助他。

（10）创世记 3：8 天起了凉风、耶和华上帝在园中行走.那人和他妻子听见上帝的声音、就藏在园里的树木中、躲避耶和华上帝的面。

（11）创世记 3：15 我又要叫你和女人彼此为仇.你的后裔和女人的后裔也彼此为仇.女人的后裔要伤你的头.你要伤他的脚跟。

（12）创世记 3：18 地必给你长出荆棘和蒺藜来.你也要吃田间的菜蔬。

（13）创世记 3：21 耶和华上帝为亚当和他妻子、用皮子做衣服给他们穿。

（14）创世记 3：24 于是把他赶出去了.又在伊甸园的东边安设基路伯、和四面转动发火焰的剑、要把守生命树的道路。

（15）创世记 4：4 亚伯也将他羊群中头生的和羊的脂油献上.耶和华看中了亚伯和他的供物、

（16）创世记 4：5 只是看不中该隐和他的供物.该隐就大大地发怒、变了脸色。

（17）创世记 5：29 给他起名叫挪亚、说、这个儿子必为我们的操作和手中的劳苦安慰我们.这操作劳苦是因为耶和华咒诅地。

（18）创世记 6：4 那时候有伟人在地上、后来上帝的儿子们和人的女子们交合生子.那就是上古英武有名的人。

（19）创世记 6：13 上帝就对挪亚说、凡有血气的人、他的尽头已经来到我面前.因为地上满了他们的强暴、我要把他们和地一并毁灭。

（20）创世记 6：21 你要拿各样食物积蓄起来、好作你和他们的食物。

（21）创世记 7：8 洁净的畜类和不洁净的畜类、飞鸟并地上一切的昆虫、

（22）创世记 7：13 正当那日、挪亚和他三个儿子闪、含、雅弗、并挪亚的妻子和三个儿妇、都进入方舟。

（23）创世记 7：14 他们和百兽、各从其类、一切牲畜、各从其类、爬在地上的昆虫、各从其类、一切禽鸟、各从其类、都进入方舟。

（24）创世记 7：21 凡在地上有血肉的动物、就是飞鸟、牲畜、走兽、和爬在地上的昆虫、以及所有的人、都死了。

（25）创世记 7：23 凡地上各类的活物、连人带牲畜、昆虫、以及空中的飞鸟、都从地上除灭了、只留下挪亚和那些与他同在方舟里的。

（26）创世记 8：1 上帝记念挪亚和挪亚方舟里的一切走兽牲畜．上帝叫风吹地、水势渐落。

（27）创世记 8：2 渊源和天上的窗户都闭塞了、天上的大雨也止住了。

（28）创世记 8：16 你和你的妻子、儿子、儿妇都可以出方舟。

（29）创世记 8：17 在你那里凡有血肉的活物、就是飞鸟、牲畜、和一切爬在地上的昆虫、都要带出来、叫他在地上多多滋生、大大兴旺。

（30）创世记 8：19 一切走兽、昆虫、飞鸟、和地上所有的动物、各从其类、也都出了方舟。

（31）创世记 9：1 上帝赐福给挪亚和他的儿子、对他们说、你们要生养众多、遍满了地。

（32）创世记 9：2 凡地上的走兽和空中的飞鸟都必惊恐、惧怕你们、连地上一切的昆虫并海里一切的鱼都交付你们的手。

（33）创世记 9：8 上帝晓谕挪亚和他的儿子说、

（34）创世记 9：9 我与你们和你们的后裔立约、

（35）创世记 9：15 我便记念我与你们和各样有血肉的活物所立的约、水就再不氾滥、毁坏一切有血肉的物了。

（36）创世记 9：17 上帝对挪亚说、这就是我与地上一切有血肉之物立约的记号了。

（37）创世记 9：23 于是闪和雅弗拿件衣服搭在肩上、倒退着进去、给他父亲盖上．他们背着脸就看不见父亲的赤身。

（38）创世记 10：12 和尼尼微、迦拉中间的利鲜、这就是那大城。

（39）创世记 11：4 他们说、来吧、我们要建造一座城和一座塔、塔顶通天、为要传扬我们的名、免得我们分散在全地上。

（40）创世记 11：5 耶和华降临、要看看世人所建造的城和塔。

（41）出埃及记 4：15 你要将当说的话传给他．我也要赐你和他口才、又要指教你们所当行的事。

（42）出埃及记 39：36 桌子和桌子的一切器具并陈设饼、

（43）出埃及记 39：37 精金的灯台和摆列的灯盏、与灯台的一切器具、并点灯的油、

（44）出埃及记 39：40 院子的帷子和柱子、并带卯的座、院子的门帘、绳子、橛子、并帐幕和会幕中一切使用的器具。

（45）马太福音 24：3 耶稣在橄榄山上坐橄榄山着、门徒暗暗的来说、请告诉我们、甚么时候有这些事．你降临和世界的末了有甚么预兆呢。

（46）路加福音 8：47 那女人知道不能隐藏、就战战兢兢的来俯伏在耶稣脚前、把摸他的缘故和怎样立刻得好了、当着众人都说出来。

（47）路加福音 24：35 两个人就把路上所遇见、和擘饼的时候怎么被他们认出来的事、都述说了一遍。

（48）使徒行传 12：11 彼得醒悟过来、说、我现在真知道主差遣他的使者、救我脱离希律的手和犹太百姓一切所盼望的。

（49）歌罗西书 2：18 不可让人因着故意谦虚和敬拜天使、就夺去你们的奖赏．这等人拘泥在所见过的、随着自己的欲心、无故的自高自大、

（50）帖撒罗尼迦后书 2：1-2 弟兄们、论到我们主耶稣基督降临和我们到他那里聚集、我劝你们、无论有灵有言语、有冒我名的书信、说主的日子现在到了、（现在或作就）不要轻易动心、也不要惊慌。

（51）马太福音 6：2 所以、你施舍的时候、不可在你前面吹号、像那假冒为善的人在会堂里和街道上所行的、故意要得人的荣耀．我实在告诉你们、他们已经得了他们的赏赐。

（52）马太福音 20：5 约在午正和申初又出去、也是这样行。

（53）约翰福音 18：20 耶稣回答说、我从来是明明的对世人说话．我常在会堂和殿里、就是犹太人聚集的地方教训人．我在暗地里并没有说甚么。

（54）使徒行传 1：8 但圣灵降临在你们身上、你们就必得着能力、并要在耶路撒冷、犹太全地、和撒马利亚、直到地极、作我的见证。

（55）使徒行传 7：38 这人曾在旷野会中和西奈山上、与那对他说话的天使同在、又与我们的祖宗同在、并且领受活泼的圣言传给我们。

（56）使徒行传 25：24 非斯都说、亚基帕王和在这里的诸位啊、你们看这人、就是一切犹太人、在耶路撒冷和这里、曾向我恳求、呼叫说、不可容他再活亚基帕着。

（57）使徒行传 26：20 先在大马士革、后在耶路撒冷和犹太全地、以及外邦、劝勉他们应当悔改归向上帝、行事与悔改的心相称。

（58）启示录 5：13 我又听见在天上、地上、地底下、沧海里、和天地间一切所有被造之物、都说、但愿颂赞、尊贵、荣耀、权势都归给坐宝座的和羔羊、直到永永远远。

（59）腓立比书 1：9 我所祷告的、就是要你们的爱心在知识和各样见识上多而又多、

（60）腓立比书 1：13 以致我受的捆锁在御营全军和其余的人中、已经显明是为基督的缘故。

（61）歌罗西书 2：13 你们从前在过犯和未受割礼的肉体中死了、上帝赦免了你们一切过犯、便叫你们与基督一同活过来.

（62）提摩太前书 2：5 因为只有一位上帝、在上帝和人中间、只有一位中保、乃是降世为人的基督耶稣.

（63）提摩太前书 4：6 你若将这些事提醒弟兄们、便是基督耶稣的好执事、在真道的话语和你向来所服从的善道上得了教育。

（64）提摩太前书 5：21 我在上帝和基督耶稣并蒙拣选的天使面前嘱咐你、要遵守这些话、不可存成见、行事也不可有偏心。

（65）彼得后书 3：18 你们却要在我们主、救主耶稣基督的恩典和知识上有长进.愿荣耀归给他、从今直到永远。阿们。

（66）启示录 19：16 在他衣服和大腿上有名写着说、万王之王、万主之主。

（67）哥林多前书 15：41 日有日的荣光、月有月的荣光、星有星的荣光.这星和那星的荣光也有分别。

（68）哥林多前书 16：18 他们叫我和你们心里都快活.这样的人、你们务要敬重。

（69）加拉太书 4：2 乃在师傅和管家的手下、直等他父亲预定的时候来到。

（70）以弗所书 2：20 并且被建造在使徒和先知的根基上、有基督耶稣自己为房角石、

（71）以弗所书 5：5 因为你们确实地知道、无论是淫乱的、是污秽的、是有贪心的、在基督和上帝的国里都是无分的.有贪心的、就与拜偶像的一样。

（72）帖撒罗尼迦前书 1：7 甚至你们作了马其顿和亚该亚所有信主之人的榜样。

（73）帖撒罗尼迦前书 3：6 但提摩太刚才从你们那里回来、将你们信心和爱心的好消息报给我们、又说你们常常记念我们、切切地想见我们、如同我们想见你们一样。

（74）提摩太前书 1：1 奉我们救主上帝和我们的盼望基督耶稣之命、作基督耶稣使徒的保罗、

（75）提摩太前书 4：1 圣灵明说、在后来的时候、必有人离弃真道、听从那引诱人的邪灵和鬼魔的道理。

（76）提多书 2：13 等候所盼望的福、并等候至大的上帝和我们救主耶稣基督的荣耀显现。

（77）提多书 3：4 但到了上帝我们救主的恩慈和他向人所施的慈爱显明的时候、

（78）希伯来书 5：2 他能体谅那愚蒙的和失迷的人、因为他自己也是被软弱所困。

（79）雅各书 1：1 作上帝和主耶稣基督仆人的雅各请散住十二个支派之人的安。

（80）犹大书 1：7 又如所多玛、蛾摩拉和周围城邑的人、也照他们一味地行淫、随从逆性的情欲、就受永火的刑罚、作为鉴戒。

（81）启示录 1：18 又是那存活的.我曾死过、现在又活了、直活到永永远远.并且拿着死亡和阴间的钥匙。

（82）启示录 1：20 论到你所看见、在我右手中的七星和七个金灯台的奥秘、那七星就是七个教会的使者、七灯台就是七个教会。

（83）启示录 3：5 凡得胜的必这样穿白衣、我也必不从生命册上涂抹他的名.且要在我父面前、和我父众使者面前、认他的名。

（84）启示录 7 ：9 此后、我观看、见有许多的人、没有人能数过来、是从各国、各族、各民、各方来的、站在宝座和羔羊面前、身穿白衣、手拿棕树枝、

（85）启示录 7 ：11 众天使都站在宝座和众长老并四活物的周围、在宝座前、面伏于地、敬拜上帝、

（86）使徒行传 26 ：30 于是、王和巡抚并百妮基与同坐的人都起来、

（87）使徒行传 27 ：10 众位、我看这次行船、不但货物和船要受损伤、大遭破坏、连我们的性命也难保。

（88）使徒行传 27 ：20 太阳和星辰多日不显露、又有狂风大浪催逼、我们得救的指望就都绝了。

（89）罗马书 1 ：20 自从造天地以来、上帝的永能和神性是明明可知的、虽是眼不能见、但藉着所造之物就可以晓得、叫人无可推诿。

（90）罗马书 1 ：27 男人也是如此、弃了女人顺性的用处、欲火攻心、彼此贪恋、男和男行可羞耻的事、就在自己身上受这妄为当得的报应。

（91）罗马书 3 ：9 这却怎么样呢.我们比他们强么.决不是的、因我们已经证明、犹太人和希腊人都在罪恶之下。

（92）加拉太书 3 ：16 所应许的原是向亚伯拉罕和他子孙说的.上帝并不是说众子孙、指着许多人、乃是说你那一个子孙、指着一个人、就是基督。

（93）加拉太书 4 ：30 然而经上是怎么说的呢.是说是说、把使女和她儿子赶出去、因为使女的儿子不可与自主妇人的儿子一同承受产业。

（94）加拉太书 6 ：16 凡照此理而行的、愿平安、怜悯加给他们、和上帝的以色列民。

（95）以弗所书 1 ：2 愿恩惠、平安从上帝我们的父和主耶稣基督归与你们、

（96）以弗所书 1 ：17 求我们主耶稣基督的上帝、荣耀的父、将那赐人智慧和启示的灵赏给你们、使你们真知道他、

（97）以弗所书 1 ：21 远超过一切执政的、掌权的、有能的、主治的、和一切有名的.不但是今世的、连来世的也都超过了。

（98）以弗所书 2 ：3 我们从前也都在他们中间、放纵肉体的私欲、随着肉体和心中所喜好的去行、本为可怒之子、和别人一样。

（99）以弗所书 2：19 这样、你们不再作外人和客旅、是与圣徒同国、是上帝家里的人了.

（100）以弗所书 3：5 这奥秘在以前的世代没有叫人知道、像如今藉着圣灵启示他的圣使徒和先知一样。

并列小句间应用连接词"并"、"并且"的句例

（1）马太福音 10：17 你们要防备人.因为他们要把你们交给公会、也要在会堂鞭打你们. 18 并且你们要为我的缘故被送到诸侯君王面前、对他们和外邦人作见证。

（2）马太福音 10：21 弟兄要把弟兄、父亲要把儿子、送到死地.儿女要与父母为敌、害死他们. 22 并且你们要为我的名被众人恨恶.惟有忍耐到底的必然得救。

（3）马太福音 17：5 说话之间、忽然有一朵光明的云彩遮盖他们、且有声音从云彩里出来、说、这是我的爱子、我所喜悦的.你们要听他。

（4）马太福音 17：20 耶稣说、是因你们的信心小.我实在告诉你们、你们若有信心、像一粒芥菜种、就是对这座山说、你从这边挪到那边、它也必挪去.并且你们没有一件不能做的事了。

（5）马可福音 12：32-33 那文士对耶稣说、夫子说、上帝是一位、实在不错.除了他以外、再没有别的上帝.并且尽心、尽智、尽力爱他、又爱人如己、就比一切燔祭和各样祭祀好的多。

（6）马可福音 13：9 但你们要谨慎.因为人要把你们交给公会、并且你们在会堂里要受鞭打、又为我的缘故站在诸侯与君王面前、对他们作见证。

（7）马可福音 13：12-13 弟兄要把弟兄、父亲要把儿子、送到死地.儿女要起来与父母为敌, 害死他们.并且你们要为我的名被众人恨恶.惟有忍耐到底的、必然得救。

（8）路加福音 3：19 只是分封的王希律、因他兄弟之妻希罗底的缘故、并因他所行的一切恶事、受了约翰的责备.

（9）路加福音 5：36 耶稣又设一个比喻、对他们说、没有人把新衣服撕下一块来补在旧衣服上.若是这样、就把新的撕破了、并且所撕下来的那块新的和旧的也不相称。

（10）路加福音 23：14 就对他们说、你们解这人到我这里、说他是诱惑百姓的。看哪、我也曾将你们告他的事、在你们面前审问他、并没有查出他甚么罪来.

（11）路加福音 23：22 第三次对他们说、为甚么呢.这人做了甚么恶事呢.我并没有查出他甚么该死的罪来.所以、我要责打他、把他释放了。

（12）路加福音 23：51 众人所谋所为、他并没有附从.他本是犹太、亚利马太城里素常盼望上帝国的人。

（13）路加福音 24：21 但我们素来所盼望、要赎以色列民的就是他.不但如此、而且这事成就、现在已经三天了。

（14）路加福音 24：46-47 又对他们说、照经上所写的、基督必受害、第三日从死里复活.并且人要奉他的名传悔改、赦罪的道、从耶路撒冷起直传到万邦。

（15）约翰福音 1：16 从他丰满的恩典里、我们都领受了、而且恩上加恩。

（16）约翰福音 2：14 看见殿里有卖牛、羊、鸽子的、并有兑换银钱的人坐在那里、

（17）约翰福音 5：26 因为父怎样在自己有生命、就赐给他儿子也照样在自己有生命.27 并且因为他是人子、就赐给他行审判的权柄。

（18）约翰福音 6：40 因为我父的意思是叫一切见子而信的人得永生、并且在末日我要叫他复活。

（19）约翰福音 8：21 耶稣又对他们说、我要去了、你们要找我、并且你们要死在罪中.我所去的地方、你们不能到。

（20）约翰福音 10：10 盗贼来、无非要偷窃、杀害、毁坏.我来了、是要叫羊得生命、并且得的更丰盛。

（21）约翰福音 10：15 正如父认识我、我也认识父一样.并且我为羊舍命。

（22）约翰福音 12：16 这些事门徒起先不明白、等到耶稣得了荣耀以后才想起这话是指着他写的、并且众人果然向他这样行了。

（23）约翰福音 14：23 耶稣回答说、人若爱我、就必遵守我的道.我父也必爱他、并且我们要到他那里去、与他同住。

（24）约翰福音 14：31 但要叫世人知道我爱父、并且父怎样吩咐我、我就怎样行.起来、我们走吧。

（25）约翰福音 16：2 人要把你们赶出会堂、并且时候将到、凡杀你们的就以为是事奉上帝。

（26）约翰福音 21：24 为这些事作见证、并且记载这些事的就是这门徒．我们也知道他的见证是真的。

（27）约翰福音 17：10 凡是我的、都是你的．你的也是我的、并且我因他们得了荣耀。

（28）约翰福音 19：35 看见这事的那人就作见证、他的见证也是真的、并且他知道自己所说的是真的、叫你们也可以信。

（29）使徒行传 2：26 所以、我心里欢喜、我的灵快乐．并且我的肉身要安居在指望中。

（30）使徒行传 2：29 弟兄们、先祖大卫的事、我可以明明地对你们说、他死了、也葬埋了、并且他的坟墓直到今日还在我们这里。

（31）使徒行传 9：13-14 亚拿尼亚回答说、主阿、我听见许多人说、这人怎样在耶路撒冷多多苦害你的圣徒．并且他在这里有从祭司长得来的权柄捆绑一切求告你名的人。

（32）使徒行传 9：21 凡听见的人都惊奇、说、在耶路撒冷残害求告这名的、不是这人么．并且他到这里来、特要捆绑他们、带到祭司长那里。

（33）使徒行传 14：27 到了那里、聚集了会众、就述说上帝藉他们所行的一切事、并上帝怎样为外邦人开了信道的门。

（34）使徒行传 22：19-20 我就说、主阿、他们知道我从前把你的人、收在监里、又在各会堂里鞭打他们．并且你的见证人司提反被害流血的时候、我也站在旁边欢喜．又看守害死他之人的衣裳。

（35）使徒行传 24：3 腓力斯大人、我们因你得以大享太平、并且这一国的弊病、因着你的先见得以更正了．我们随时随地满心感谢不尽。

（36）使徒行传 25：25 但我查明他没有犯甚么该死的罪、并且他自己上告于皇帝、所以我定意把他解去。

（37）使徒行传 26：4 我从起初在本国的民中、并在耶路撒冷、自幼为人如何、犹太人都知道。

（38）使徒行传 27：12 且因在这海口过冬不便、船上的人就多半说、不如开船离开这地方、或者能到菲尼基过冬．菲尼基是克里特的一个海口、一面朝东北、一面朝东南。

（39）使徒行传 27：24 保罗、不要害怕、你必定站在凯撒面前、并且与你同船的人、上帝都赐给你了。

（40）罗马书 2：13-15（原来在上帝面前、不是听律法的为义、乃是行律法的称义.没有律法的外邦人、若顺着本性行律法上的事、他们虽然没有律法、自己就是自己的律法.这是显出律法的功用刻在他们心里、他们是非之心同作见证、并且他们的思念互相较量、或以为是、或以为非）

（41）罗马书 4：10-11 是怎么算的呢.是在他受割礼的时候呢.是在他未受割礼的时候呢.不是在受割礼的时候、乃是在未受割礼的时候.并且他受了割礼的记号、作他未受割礼的时候因信称义的印证、叫他作一切未受割礼而信之人的父、使他们也算为义.

（42）罗马书 11：22-23 可见上帝的恩慈、和严厉.向那跌倒的人、是严厉的.向你是有恩慈的、只要你长久在他的恩慈里.不然、你也要被砍下来.而且他们若不是长久不信、仍要被接上、因为上帝能够把他们重新接上。

（43）罗马书 14：4 你是谁、竟论断别人的仆人呢.他或站住或跌倒、自有他的主人在.而且他也必要站住、因为主能使他站住。

（44）罗马书 15：23 但如今、在这里再没有可传的地方.而且这好几年、我切心想望到西班牙去的时候、可以到你们那里、

（45）哥林多前书 2：2 因为我曾定了主意、在你们中间不知道别的、只知道耶稣基督并他钉十字架。

（46）哥林多前书 2：12-13 我们所领受的、并不是世上的灵、乃是从上帝来的灵、叫我们能知道上帝开恩赐给我们的事.并且我们讲说这些事、不是用人智慧所指教的言语、乃是用圣圣灵所指教的言语、将属灵的话解释属灵的事。

（47）哥林多前书 3：22-23 或保罗、或亚波罗、或矶法、或世界、或生、或死、或现今的事、或将来的事、全是你们的.并且你们是属基督的、基督又是属上帝的。

（48）哥林多前书 4：19 然而、主若许我、我必快到你们那里去、并且我所要知道的、不是那些自高自大之人的言语、乃是他们的权能。

（49）哥林多前书 6：13-14 食物是为肚腹、肚腹是为食物.但上帝要叫这两样都废坏.身子不是为淫乱、乃是为主.主也是为身子.并且上帝已经叫主复活、也要用自己的能力叫我们复活。

（50）哥林多前书 6：19 岂不知你们的身子就是圣灵的殿么.这圣灵是从上帝而来、住在你们里头的.并且你们不是自己的人、

（51）哥林多前书 7：14 因为不信的丈夫就因着妻子成了圣洁、并且不信的妻子就因着丈夫成了圣洁.不然、你们的儿女就不洁净、但如今他们是圣洁的了。

（52）哥林多前书 1：8-9 起初、男人不是由女人而出.女人乃是由男人而出.并且男人不是为女人造的、女人乃是为男人造的。

（53）哥林多前书 15：1-2 弟兄们、我如今把先前所传给你们的福音、告诉你们知道、这福音你们也领受了、又靠着站立得住.并且你们若不是徒然相信、能以持守我所传给你们的、就必因这福音得救。

（54）哥林多前书 15：10 然而、我今日成了何等人、是蒙上帝的恩才成的、并且他所赐我的恩不是徒然的.我比众使徒格外劳苦.这原不是我、乃是上帝的恩与我同在。

（55）哥林多前书 15：14-15 若基督没有复活、我们所传的便是枉然、你们所信的也是枉然.并且明显我们是为上帝妄作见证的、因我们见证上帝是叫基督复活了.若死人真不复活、上帝也就没有叫基督复活了。

（56）哥林多前书 15：36-37 无知的人哪、你所种的、若不死就不能生.并且你所种的不是那将来的形体、不过是子粒、即如麦子、或是别样的穀。

（57）哥林多前书 16：9 因为有宽大又有功效的门为我开了、并且反对的人也多。

（58）哥林多前书 16：15 弟兄们、你们晓得司提法那一家、是亚该亚初结的果子、并且他们专以服事圣徒为念。

（59）哥林多后书 1：10 他曾救我们脱离那极大的死亡、现在仍要救我们、并且我们指望他将来还要救我们。

（60）哥林多后书 4：5 我们原不是传自己、乃是传基督耶稣为主、并且自己因耶稣作你们的仆人。

（61）哥林多后书 5：14-15 原来基督的爱激励我们.因我们想一人既替众人死、众人就都死了.并且他替众人死、是叫那些活着的人不再为自己活、乃为替他们死而复活的主主活。

（62）哥林多后书 7：13 故此、我们得了安慰.并且在安慰之中、因你们众人使提多心里畅快欢喜、我们就更加欢喜了。

（63）哥林多后书 7 ：14-15 我若对提多夸奖了你们甚么、也觉得没有惭愧.因我对提多夸奖你们的话、成了真的.正如我对你们所说的话、也都是真的.并且提多想起你们众人的顺服、是怎样恐惧战兢地接待他、他爱你们的心肠就越发热了。

（64）哥林多后书 8 ：4-5 再三的求我们、准他们在这供给圣徒的恩情上有分.并且他们所做的、不但照我们所想望的、更照上帝的旨意先把自己献给主、又归附了我们。

（65）哥林多后书 9 ：2 因为我知道你们乐意的心、常对马其顿人夸奖你们、说亚该亚人预备好了、已经有一年了.并且你们的热心激动了许多人。

（66）哥林多后书 10 ：4-6 我们争战的兵器、本不是属血气的、乃是在上帝面前有能力可以攻破坚固的营垒、将各样的计谋、各样拦阻人认识上帝的那些自高之事、一概攻破了、又将人所有的心意夺回、使他都顺服基督.并且我已经预备好了、等你们十分顺服的时候、要责罚那一切不顺服的人。

（67）哥林多后书 13 ：9 即便我们软弱、你们刚强、我们也欢喜.并且我们所求的、就是你们作完全人。

（68）加拉太书 2 ：20 我已经与基督同钉十字架、现在活着的不再是我、乃是基督在我里面活着.并且我如今在肉身活着、是因信上帝的儿子而活.他是爱我、为我舍己。

（69）加拉太书 3 ：7 所以你们要知道那以信为本的人、就是亚伯拉罕的子孙.8 并且圣经既然预先看明、上帝要叫外邦人因信称义、就早已传福音给亚伯拉罕、说说、万国都必因你得福。

（70）以弗所书 1 ：19 并知道他向我们这信的人所显的能力是何等浩大、

（71）腓立比书 1 ：12-14 弟兄们、我愿意你们知道、我所遭遇的事、更是叫福音兴旺.以致我受的捆锁、在御营全军、和其余的人中、已经显明是为基督的缘故.并且那在主里的弟兄多半因我受的捆锁就笃信不疑、越发放胆传上帝的道、无所惧怕。

（72）帖撒罗尼迦前书 1 ：5-6 因为我的福音传到你们那里、不独在乎言语、也在乎权能和圣灵、并充足的信心、正如你们知道我们在你们那里、为你们的缘故是怎样为人.并且你们在大难之中、蒙了圣灵所赐的喜乐、领受真道就效法我们、也效法了主.

（73）帖撒罗尼迦后书 1：3 弟兄们、我们该为你们常常感谢上帝、这本是合宜的.因你们的信心格外增长、并且你们众人彼此相爱的心也都充足。

（74）提摩太前书 1：13-14 我从前是亵渎上帝的、逼迫人的、悔慢人的.然而我还蒙了怜悯、因我是不信不明白的时候而作的.并且我主的恩是格外丰盛、使我在基督耶稣里有信心和爱心。

（75）提摩太前书 2：14 且不是亚当被引诱、乃是女人被引诱、陷在罪里。

（76）提摩太前书 55：12-13 他们被定罪、是因废弃了当初所许的愿.并且他们又习惯懒惰、挨家闲游.不但是懒惰、又说长道短、好管闲事、说些不当说的话。

（77）提多书 3：13-14 你要赶紧给律师西纳、和亚波罗送行、叫他们没有缺乏.并且我们的人要学习正经事业、预备所需用的、免得不结果子。

（78）希伯来书 4：12-13 上帝的道是活泼的、是有功效的、比一切两刃的剑更快、甚至魂与灵、骨节与骨髓、都能刺入剖开、连心中的思念和主意、都能辨明.并且被造的没有一样在他面前不显然的.原来万物在那与我们有关系的主眼前、都是赤露敞开的。

（79）希伯来书 10：21-22 又有一位大祭司治理上帝的家.并我们心中天良的亏欠已经洒去、身体用清水洗净了、就当存着诚心和充足的信心来到上帝面前.

（80）希伯来书 10：34 因为你们体恤了那些被捆锁的人、并且你们的家业被人抢去、也甘心忍受、知道自己有更美长存的家业。

（81）雅各书 2：22 可见、信心是与他的行为并行、而且信心因着行为才得成全。

（82）雅各书 3：17-18 惟独从上头来的智慧、先是清洁、后是和平、温良柔顺、满有怜悯、多结善果、没有偏见、没有假冒.并且使人和平的、是用和平所栽种的义果。

（83）雅各书 5：4 工人给你们收割庄稼、你们亏欠他们的工钱、这工钱有声音呼叫、并且那收割之人的冤声已经入了万军之主的耳了。

（84）彼得后书 1：14-15 因为知道我脱离这帐棚的时候快到了、正如我们主耶稣基督所指示我的.并且、我要尽心竭力、使你们在我去世以后时常记念这些事。

（85）约翰一书 3：21-22 亲爱的弟兄阿、我们的心若不责备我们、就可以
向上帝坦然无惧了.并且我们一切所求的、就从他得着.因为我们遵守他
的命令、行他所喜悦的事。

（86）约翰一书 5：3 我们遵守上帝的诫命、这就是爱他了、并且他的诫命
不是难守的。

（87）启示录 4：11 我们的主、我们的上帝、你是配得荣耀、尊贵、权柄的.
因为你创造了万物、并且万物是因你的旨意被创造而有的。

（88）启示录 14：2 我听见从天上有声音、像众水的声音和大雷的声音、
并且我所听见的好像弹琴的所弹的琴声。

（89）路加福音 9：26 凡把我和我的道当作可耻的、人子在自己的荣耀里、
并天父与圣天使的荣耀里降临的时候、也要把那人当作可耻的。

（90）犹大书 1：25 愿荣耀、威严、能力、权柄、因我们的主耶稣基督归
与他、从万古以前并现今、直到永永远远。阿们。

（91）罗马书 16：25 惟有上帝能照我所传的福音和所讲的耶稣基督、并照
永古隐藏不言的奥秘、坚固你们的心。

（92）以弗所书 3：21 但愿他在教会中、并在基督耶稣里、得着荣耀、直
到世世代代、永永远远。阿们。

（93）帖撒罗尼迦前书 3：2 打发我们的兄弟在基督福音上作上帝执事的提
摩太前去、坚固你们、并在你们所信的道上劝慰你们、

（94）提摩太前书 6：13 我在叫万物生活的上帝面前、并在向本丢彼拉多
作过那美好见证的基督耶稣面前嘱咐你.

（95）提摩太后书 4：1 我在上帝面前、并在将来审判活人死人的基督耶稣
面前、凭着他的显现和他的国度嘱咐你.

（96）启示录 14：3 他们在宝座前、并在四活物和众长老前唱歌、仿佛是
新歌.除了从地上买来的那十四万四千人以外、没有人能学这歌。

（97）罗马书 14：9 因此、基督死了、又活了、为要作死人并活人的主。

（98）歌罗西书 4：13 他为你们和老底嘉并希拉坡里的弟兄多多地劳苦、
这是我可以给他作见证的。

（99）帖撒罗尼迦后书 1：12 叫我们主耶稣的名在你们身上得荣耀、你们
也在他身上得荣耀、都照着我们的上帝并主耶稣基督的恩。

（100）彼得前书 2：1 所以、你们既除去一切的恶毒、诡诈、并假善、嫉妒、
和一切毁谤的话、

动词后"一+量词"结构不省略"一"的句例

（1）利未记 27：22 他若将所买的一块地、不是承受为业的、分别为圣归给耶和华、

（2）马太福音 6：27 你们那一个能用思虑使寿数多加一刻呢。

（3）马太福音 8：2 有一个长大痲疯的来拜他、说、主若肯、必能叫我洁净了。

（4）马太福音 8：5 耶稣进了迦百农、有一个百夫长进前来、求他说、

（5）马太福音 8：19 有一个文士来、对他说、夫子、你无论往哪里去、我要跟从你。

（6）马太福音 8：21 又有一个门徒对耶稣说、主啊、容我先回去埋葬我的父亲。

（7）马可福音 2：9 或对瘫子说你的罪赦了、或说起来拿你的褥子行走、那一样容易呢.

（8）马可福音 12：23 当复活的时候、他是那一个的妻子呢.因为他们七个人都娶过他。

（9）约翰福音 10：32 耶稣对他们说、我从父显出许多善事给你们看、你们是为那一件拿石头打我呢.

（10）路加福音 5：23 或说你的罪赦了、或说你起来行走、那一样容易呢.

（11）路加福音 7：42 因为他们无力偿还、债主就开恩免了他们两个人的债.这两个人那一个更爱他呢.

（12）路加福音 10：36 你想、这三个人那一个是落在强盗手中的邻舍呢.

（13）路加福音 12：25 你们那一个能用思虑使寿数多加一刻呢.

（14）路加福音 14：28 你们那一个要盖一座楼、不先坐下算计花费、能盖成不能呢。

（15）路加福音 19：11 众人正在听见这些话的时候、耶稣因为将近耶路撒冷、又因他们以为上帝的国快要显出来、就另设一个比喻、说、

（16）路加福音 20：3 耶稣回答说、我也要问你们一句话、你们且告诉我。

（17）路加福音 20：9 耶稣就设比喻对百姓说、有人栽了一个葡萄园、租给园户、就往外国去住了许久。

（18）路加福音 20：10 了时候、打发一个仆人到园户那里去、叫他们把园中当纳的果子交给他.园户竟打了他、叫他空手回去。

（19）路加福音 20：24 拿一个银钱来给我看。这像和这号是谁的。他们说、是凯撒的。

（20）路加福音 20：33 这样、当复活的时候、他是那一个的妻子呢.因为他们七个人都娶过他。

（21）路加福音 22：23 他们就彼此对问、是那一个要做这事。

（22）路加福音 22：24 门徒起了争论、他们中间那一个可算为大。

（23）路加福音 21：18 然而、你们连一根头发也必不损坏。

（24）路加福音 22：10 耶稣说、你们进了城、必有人拿着一瓶水迎面而来、你们就跟着他、到他所进的房子里去、

（25）路加福音 22：41 于是离开他们约有扔一块石头那么远、跪下祷告、

（26）路加福音 23：8 希律看见耶稣、就很欢喜.因为听见过他的事、久已想要见他、并且指望看他行一件上帝迹、

（27）路加福音 23：12 从前希律和彼拉多彼此有仇、在那一天就成了朋友。

（28）路加福音 23：33 到了一个地方、名叫髑髅地、就在那里把耶稣钉在十字架上、又钉了两个犯人：一个在左边、一个在右边。

（29）路加福音 24：35 两个人就把路上所遇见、和擘饼的时候怎么被他们认出来的事、都述说了一遍。

（30）使徒行传 1：9 说了这话、他们正看的时候、他就被取上升、有一朵云彩把他接去、便看不见他了。

（31）使徒行传 1：12 有一座山、名叫橄榄山、离耶路撒冷不远、约有安息日可走的路程。当下、门徒从那里回耶路撒冷去、

（32）使徒行传 1：13 进了城、就上了所住的一间楼房.在那里有彼得、约翰、雅各、安得烈、腓力、多马、巴多罗买、马太、亚勒腓的儿子雅各、奋锐党的西门、和雅各的儿子犹大。

（33）使徒行传 1：18 这人用他作恶的工价买了一块田、以后身子仆倒、肚腹崩裂、肠子都流出来。

（34）使徒行传 2：41 于是领受他话的人就受了洗.那一天、门徒约添了三千人。

（35）使徒行传 3：2 有一个人、生来是瘸腿的、天天被人抬来、放在殿的一个门口（那门名叫美门门）、要求进殿的人赒济。

（36）使徒行传 3：14 你们弃绝了那圣洁公义者、反求着释放一个凶手给你们。

（37）使徒行传 4：16 我们当怎样办这两个人呢.因为他们诚然行了一件明显的神迹、凡住耶路撒冷的人都知道、我们也不能说没有。

（38）使徒行传 4：36 有一个利未人、生在塞浦路斯、名叫约瑟、使徒称他为巴拿巴（巴拿巴翻出来就是劝慰子）。

（39）使徒行传 5：1 有一个人、名叫亚拿尼亚、同他的妻子撒非喇卖了田产、

（40）使徒行传 5：25 有一个人来禀报说、你们收在监里的人、现在站在殿里教训百姓。

（41）使徒行传 5：34 但有一个法利赛人、名叫迦玛列、是众百姓所敬重的教法师、在公会中站起来、吩咐人把使徒暂且带到外面去、

（42）使徒行传 7：30 过了四十年、在西奈山的旷野、有一位天使从荆棘火焰中向摩西显现。

（43）使徒行传 7：52 哪一个先知不是你们祖宗逼迫呢.他们也把预先传说那义者要来的人杀了.如今你们又把那义者卖了、杀了。

（44）使徒行传 8：9 有一个人、名叫西门、向来在那城里行邪术、妄自尊大、使撒马利亚的百姓惊奇.

（45）使徒行传 8：26 有主的一个使者对腓利说、起来.向南走、往那从耶路撒冷下迦萨的路上去.那路是旷野。

（46）使徒行传 8：27 腓利就起身去了、不料、有一个衣索匹亚人、是个有大权的太监、在衣索匹亚女王甘大基的手下总管银库.他上耶路撒冷礼拜去了。

（47）使徒行传 9：10 当下、在大马士革有一个门徒、名叫亚拿尼亚。主在异象中对他说、亚拿尼亚。他说、主、我在这里。

（48）使徒行传 9：36 在约帕有一个女徒、名叫大比大、约帕就是多加.她广行善事、多施赒济。

（49）使徒行传 10：30 哥尼流说、前四天、这个时候、我在家中守着申初的祷告、忽然有一个人穿着光明的衣裳、站在我面前、

（50）使徒行传 12：13 彼得敲外门、有一个使女、名叫罗大、出来探听、

（51）使徒行传 16：13 当安息日、我们出城门、到了河边、知道那里有一个祷告的地方、我们就坐下对那聚会的妇女讲道。

（52）使徒行传 16：14 有一个卖紫色布疋的妇人、名叫吕底亚、是推雅推喇城的人、素来敬拜上帝.他听见了、主就开导他的心、叫他留心听保罗所讲的话。

（53）使徒行传 18：24 有一个犹太人、名叫亚波罗、来到以弗所。他生在亚歷山大、是有学问犹太的、最能讲解圣经。

（54）使徒行传 19：24 有一个银匠、名叫底米丢、是制造亚底米神银龛的、他使这样手艺人生意发达。

（55）使徒行传 20：9 有一个少年人、名叫犹推古、坐在窗台上、困倦沉睡。保罗讲了多时、少年人睡熟了、就从三层楼上掉下去.扶起他来、已经死了。

（56）使徒行传 21：10 我们在那里多住了几天、有一个先知、名叫亚迦布、从犹太下来、

（57）使徒行传 24：14 但有一件事、我向你承认、就是他们所称为异端的道、我正按着那道事奉我祖宗的上帝、又信合乎律法的和先知书上一切所记载的、

（58）罗马书 9：9 因为所应许的话是这样说、到明年这时候我要来、撒拉必生一个儿子。

（59）罗马书 9：21 窑匠难道没有权柄从一团泥里拿一块做成贵重的器皿、又拿一块做成卑贱的器皿么.

（60）罗马书 9：33 就如经上所记、我在锡安放一块绊脚的石头、跌人的盘石.信靠他的人必不至于羞愧。

（61）罗马书 13：9 像那不可奸淫、不可杀人、不可偷盗、不可贪婪、或有别的诫命、都包在爱人如己这一句话之内了。

（62）哥林多前书 3：10 我照上帝所给我的恩、好像一个聪明的工头、立好了根基、有别人在上面建造.只是各人要谨慎怎样在上面建造。

（63）哥林多前书 10：17 我们虽多、仍是一个饼、一个身体、因为我们都是分受这一个饼。

（64）哥林多后书 8：18 我们还打发一位兄弟和他同去、这人在福音上得了众教会的称赞。

（65）哥林多后书 8：22 我们又打发一位兄弟同去.这人的热心、我们在许多事上屡次试验过.现在他因为深信你们、就更加热心了。

（66）哥林多后书 11：1 但愿你们宽容我这一点愚妄、其实你们原是宽容我的。

（67）哥林多后书 12：13 除了我不累着你们这一件事、你们还有甚么事不及别的教会呢.这不公之处、求你们饶恕我吧。

（68）加拉太书 3：2 我只要问你们这一件.你们受了圣灵、是因行律法呢.是因听信福音福音呢.

（69）加拉太书 5：14 因为全律法都包在爱人如己这一句话之内了。

（70）腓立比书 1：16 这一等是出于爱心、知道我是为辩明福音设立的.

（71）歌罗西书 4：9 我又打发一位亲爱忠心的兄弟阿尼西谋同去.他也是你们那里的人。他们要把这里一切的事都告诉你们。

（72）歌罗西书 2：22 这都是照人所吩咐、所教导的.说到这一切、正用的时候就都败坏了。

（73）帖撒罗尼迦前书 4：6 不要一个人在这事上越分、欺负他的弟兄.因为这一类的事、主必报应、正如我预先对你们说过、又切切嘱咐你们的。

（74）希伯来书 7：11 从前百姓在利未人祭司职任以下受律法、倘若藉这职任能得完全、又何用另外兴起一位祭司、照麦基洗德的等次、不照亚伦的等次呢。

（75）希伯来书 7：15 倘若照麦基洗德的样式、另外兴起一位祭司来、我的话我的话更是显而易见的了。

（76）希伯来书 9：2 因为有预备的帐幕、头一层叫作圣所、里面有灯台、桌子、和陈设饼。

（77）希伯来书 9：6 这些对象既如此预备齐了、众祭司就常进头一层帐幕、行拜上帝的礼。

（78）希伯来书 10：20 是藉着他给我们开了一条又新又活的路、从幔子经过、这幔子就是他的身体。

（79）希伯来书 11：12 所以从一个仿佛已死的人就生出子孙子孙、如同天上的星那样众多、海边的萨那样无数。

（80）雅各书 4：14 其实明天如何、你们还不知道.你们的生命是甚么呢.你们原来是一片云雾、出现少时就不见了。

（81）启示录 14：14 我又观看、见有一片白云、云上坐着一位好像人子、头上戴着金冠冕、手里拿着快镰刀。

（82）马太福音 13：1 当那一天、耶稣从房子里出来、坐在海边。

（83）马可福音 6：55 就跑遍那一带地方、听见他在何处、便将有病的人用褥子抬到那里。

（84）马可福音 14：12 除酵节的第一天、就是宰逾越羊羔的那一天、门徒对耶稣说、你吃逾越节的筵席节的筵席要我们往哪里去预备呢.

（85）路加福音 17：34 我对你们说、当那一夜、两个人在一个床上、要取去一个、撇下一个。

（86）路加福音 22：7 除酵节节、须宰逾越羊羔的那一天到了。

（87）路加福音 23：12 从前希律和彼拉多彼此有仇、在那一天就成了朋友。

（88）路加福音 23：40 那一个就应声责备他、说、你既是一样受刑的、还不怕上帝么。

（89）约翰福音 1：45 腓力找着拿但业、对他说、摩西在律法上所写的和众先知所记的那一位、我们遇见了、就是约瑟的儿子拿撒勒人耶稣。

（90）约翰福音 21：3 西门彼得对他们说、我打鱼去.他们说、我们也和你同去.他们就出去、上了船.那一夜并没有打着甚么。

（91）使徒行传 2：41 于是领受他话的人就受了洗.那一天、门徒约添了三千人。

（92）使徒行传 12：20 希律恼怒泰尔、西顿的人.他们那一带地方是从王的地土得粮、因此就托了王的内侍臣伯拉斯都的情、一心来求和。

（93）使徒行传 13：49 于是主的道传遍了那一带地方。

（94）使徒行传 20：2 走遍了那一带地方、用许多话劝勉门徒、然后来到希腊。

（95）哥林多前书 11：23 我当日传给你们的、原是从主领受的、就是主耶稣被卖的那一夜、拿起饼来、

（96）哥林多前书 16：15 弟兄们、你们晓得司提法那一家、是亚该亚初结的果子、并且他们专以服事圣徒为念。

（97）腓立比书 1：17 那一等传基督是出于结党、并不诚实、意思要加增我捆锁的苦楚。

（98）希伯来书 5：5 如此、基督也不是自取荣耀作大祭司、乃是在乎向他
　　　说你是我的儿子、我今日生你的那一位.

（99）希伯来书 1：5 所有的天使、上帝从来对那一个说、你是我的儿子、
　　　我今日生你.又指着那一个说、我要作他的父、他要作我的子。

（100）希伯来书 1：13 所有的天使、上帝从来对那一个说、你坐在我的右
　　　边、等我使你仇敌作你的脚凳。

原因从句后置的句例

（1）马太福音 23：8 但你们不要受拉比的称呼、因为只有一位是你们的
　　　夫子.你们都是弟兄。

（2）马太福音 23：15 你们这假冒为善的文士和法利赛人有祸了.因为你们
　　　走遍洋海陆地、勾引一个人入教、既入了教、却使他作地狱之子、比
　　　你们还加倍。

（3）马太福音 23：23 你们这假冒为善的文士和法利赛人有祸了.因为你们
　　　将薄荷、茴香、芹菜献上十分之一、那律法上更重的事、就是公义、
　　　怜悯、信实、反倒不行了.这更重的是你们当行的.那也是不可不行的。

（4）马太福音 25：13 所以、你们要警醒.因为那日子、那时辰、你们不知
　　　道。

（5）马太福音 26：31 那时、耶稣对他们说、今夜、你们为我的缘故都要
　　　跌倒.因为经上记着说、我要击打牧人、羊就分散了。

（6）马太福音 26：43 又来、见他们睡着了、因为他们的眼睛困倦。

（7）马太福音 27：19 正坐堂的时候、他的夫人打发人来说、这义人的事、
　　　你一点不可管、因为我今天在梦中为他受了许多的苦。

（8）马太福音 27：43 他倚靠上帝、上帝若喜悦他、现在可以救他.因为他
　　　曾说、我是上帝的儿子。

（9）马可福音 2：15 耶稣在利未家里坐席的时候、有好些税吏和罪人与
　　　耶稣并门徒一同坐席.因为这样的人多、他们也跟随耶稣。

（10）马可福音 3：21 耶稣的亲属听见、就出来要拉住他、因为他们说他
　　　癫狂了。

（11）马可福音 4：29 谷既熟了、就用镰刀去割、因为收成的时候到了。

（12）马可福音 6：17 先是希律为他兄弟腓力的妻子希罗底的缘故、差人去拿住约翰、锁在监里、因为希律已经娶了那妇人。

（13）马可福音 6：34 耶稣出来、见有许多的人、就怜悯他们、因为他们如同羊没有牧人一般、于是开口教训他们许多道理。

（14）马可福音 8：2 我怜悯这众人.因为他们同我在这里已经三天、也没有吃的了。

（15）马可福音 8：33 耶稣转过来、看着门徒、就责备彼得说、撒但、退我后边去吧.因为你不体贴上帝的意思、只体贴人的意思。

（16）马可福音 9：6 彼得不知道说甚么才好、因为他们甚是惧怕。

（17）马可福音 9：34 门徒不作声、因为他们在路上彼此争论谁为大。

（18）马可福音 9：38 约翰对耶稣说、夫子、我们看见一个人奉你的名赶鬼、我们就禁止他、因为他不跟从我们。

（19）马可福音 10：14 耶稣看见就恼怒、对门徒说、让小孩子到我这里来、不要禁止他们.因为在上帝国的、正是这样的人。

（20）马可福音 10：27 耶稣看着他们、说、在人是不能、在上帝却不然、因为上帝凡事都能。

（21）马可福音 11：13 远远地看见一棵无花果树、树上有叶子、就往那里去、或者在树上可以找着甚么.到了树下、竟找不着甚么、不过有叶子、因为不是收无花果的时候。

（22）马可福音 11：18 祭司长和文士听见这话、就想法子要除灭耶稣、却又怕他、因为众人都希奇他的教训。

（23）路加福音 1：7 只是没有孩子.因为伊利莎白不生育、两个人又年纪老迈了。

（24）路加福音 1：13 天使对他说、撒迦利亚、不要害怕.因为你的祈祷已经被听见了.你的妻子伊利莎白要给你生一个儿子、你要给他起名叫约翰。

（25）路加福音 1：22 及至他出来、不能和他们说话、他们就知道他在殿里见了异象.因为他直向他们打手式、竟成了哑巴。

（26）路加福音 1：45 这相信的女子是有福的.因为主对她所说的话都要应验。

（27）路加福音 1：76 孩子啊、你要称为至高者的先知.因为你要行在主的
前面、预备他的道路、

（28）路加福音 2：4 也从加利利的拿撒勒城上犹太去、到了大卫的城、名
叫伯利恒、因他本是大卫一族一家的人、

（29）路加福音 2：7 就生了头胎的儿子、用布包起来、放在马槽里、因为
客店里没有地方.

（30）路加福音 4：6 对他说、这一切权柄、荣华、我都要给你.因为这原是
交付我的、我愿意给谁就给谁。

（31）路加福音 4：18 主的灵在我身上、因为他用膏膏我、叫我传福音给
贫穷的人.差遣我报告、被掳的得释放、瞎眼的得看见、叫那受压制的
得自由、

（32）路加福音 4：32 他们很希奇他的教训、因为他的话里有权柄。

（33）路加福音 4：41 又有鬼从好些人身上出来、喊着说、你是上帝的儿
子.耶稣斥责他们、不许他们说话、因为他们知道他是基督。

（34）路加福音 4：43 耶稣对他们说、我也必须在别城传上帝国的福音、
因我奉差原是为此。

（35）路加福音 6：19 众人都想要摸他.因为有能力从他身上发出来、医好
了他们。

（36）路加福音 6：20 耶稣举目看着门徒、说、你们贫穷的人有福了.因为
上帝的国是你们的。

（37）路加福音 6：21 你们饥饿的人有福了.因为你们将要饱足。你们哀哭
的人有福了.因为你们将要喜笑。

（38）路加福音 6：23 当那日、你们要欢喜跳跃、因为你们在天上的赏赐
是大的.他们的祖宗待先知也是这样。

（39）路加福音 6：24 但你们富足的人有祸了.因为你们受过你们的安慰。

（40）路加福音 6：25 你们饱足的人有祸了.因为你们将要饥饿。你们喜笑
的人有祸了.因为你们将要哀恸哭泣。

（41）约翰福音 1：15 为他作见证，喊着说、这就是我曾说、那在我以后
来的、反成了在我以前的、因他本来在我以前。

（42）约翰福音 1：30 这就是我曾说、有一位在我以后来、反成了在我以
前的、因他本来在我以前。

（43）约翰福音 2：24 耶稣却不将自己交托他们．因为他知道万人、

（44）约翰福音 2：25 也用不着谁见证人怎样、因他知道人心里所存的。

（45）约翰福音 3：2 这人夜里来见耶稣、说、拉比、我们知道你是由上帝那里来作师傅的．因为你所行的神迹、若没有上帝同在、无人能行。

（46）约翰福音 3：18 信他的人、不被定罪．不信的人、罪已经定了、因为他不信上帝独生子的名。

（47）约翰福音 3：23 约翰在靠近撒冷的哀嫩也施洗．因为那里水多、众人都去受洗。

（48）约翰福音 3：34 上帝所差来的就说上帝的话、因为上帝赐圣灵给他是没有限量的。

（49）约翰福音 4：22 你们所拜的、你们不知道．我们所拜的、我们知道、因为救恩是从犹太人出来的。

（50）约翰福音 4：23 时候将到、如今就是了、那真正拜父的、要用心灵和诚实拜他、因为父要这样的人拜他。

（51）约翰福音 4：39 那城里有好些撒马利亚人信了耶稣、因为那妇人作见证说、他将我素来所行的一切事都给我说出来了。

（52）约翰福音 4：45 到了加利利、加利利人既然看见他在耶路撒冷过节所行的一切事、就接待他、因为他们也是上去过节。

（53）约翰福音 4：47 他听见耶稣从犹太到了加利利、就来见他、求他下去医治他的儿子、因为他儿子快要死了。

（54）约翰福音 5：13 那医好的人不知道是谁．因为那里的人多、耶稣已经躲开了。

（55）使徒行传 2：15 你们想这些人是醉了．其实不是醉了、因为时候刚到巳初。

（56）使徒行传 2：24 上帝却将死的痛苦解释了、叫他复活、因为他原不能被死拘禁。

（57）使徒行传 4：3 于是下手拿住他们．因为天已经晚了、就把他们押到第二天。

（58）使徒行传 4：12 除他以外、别无拯救．因为在天下人间、没有赐下别的名、我们可以靠着得救。

（59）使徒行传 4：34 内中也没有一个缺乏的.因为人人将田产房屋都卖了、把所卖的价银拿来、

（60）使徒行传 5：26 于是守殿官和差役去带使徒来、并没有用强暴、因为怕百姓用石头打他们。

（61）使徒行传 5：41 他们离开公会、心里欢喜、因被算是配为这名受辱。

（62）使徒行传 6：1 那时、门徒增多、有说希腊话的犹太人向希伯来人发怨言、因为在天天的供给上忽略了他们的寡妇。

（63）使徒行传 7：40 对亚伦说、你且为我们造些神像、在我们前面引路.因为领我们出埃及地的那个摩西、我们不知道他遭了甚么事。

（64）使徒行传 7：33 主对他说、把你脚上的鞋脱下来、因为你所站之地是圣地。

（65）使徒行传 8：21 你在这道上无分无关.因为在上帝面前、你的心不正。

（66）使徒行传 8：11 他们听从他、因他久用邪术、使他们惊奇。

（67）使徒行传 10：20 起来、下去、和他们同往、不要疑惑、因为是我差他们来的。

（68）使徒行传 10：38 上帝怎样以圣灵和能力膏拿撒勒人耶稣、这都是你们知道的。他周流四方、行善事、医好凡被魔鬼压制的人、因为上帝与他同在。

（69）使徒行传 13：27 耶路撒冷居住的人和他们的官长、因为不认识基督、也不明白每安息日所读众先知的书、就把基督定了死罪、正应了先知的预言.

（70）使徒行传 13：41 主说、你们这轻慢的人要观看、要惊奇、要灭亡.因为在你们的时候、我行一件事、虽有人告诉你们、你们总是不信。

（71）罗马书 3：20 所以凡有血气的、没有一个因行律法能在上帝面前称义、因为律法本是叫人知罪。

（72）罗马书 3：25 上帝设立耶稣作挽回祭、是凭着耶稣的血、藉着人的信、要显明上帝的义.因为他用忍耐的心宽容人先时所犯的罪、

（73）罗马书 5：3 不但如此、就是在患难中也是欢欢喜喜的.因为知道患难生忍耐、

（74）罗马书 5：5 盼望不至于羞耻、因为所赐给我们的圣灵将上帝的爱浇灌在我们心里。

（75）罗马书 5：12 这就如罪是从一人入了世界、死又是从罪来的、于是死就临到众人、因为众人都犯了罪。

（76）罗马书 6：17 感谢上帝．因为你们从前虽然作罪的奴仆、现今却从心里顺服了所传给你们道理的模范。

（77）罗马书 7：8 然而、罪趁着机会、就藉着诫命叫诸般的贪心在我里头发动．因为没有律法、罪是死的。

（78）帖撒罗尼迦前书 2：8 我们既是这样爱你们、不但愿意将上帝的福音给你们、连自己的性命也愿意给你们、因你们是我们所疼爱的。

（79）帖撒罗尼迦前书 2：13 为此，我们也不住地感谢上帝、因你们听见我们所传上帝的道就领受了．不以为是人的道、乃以为是师弟的道．这道实在是上帝的、并且运行在你们信主的人心中。

（80）提摩太前书 1：12 我感谢那给我力量的我们主基督耶稣、因他以我有忠心、派我服事他。

（81）提摩太前书 1：13 我从前是亵渎上帝的、逼迫人的、侮慢人的．然而我还蒙了怜悯、因我是不信不明白的时候而做的。

（82）希伯来书 2：9 惟独见那成为比天使小一点的耶稣．因为受死的苦、就得了尊贵荣耀为冠冕、叫他因着上帝的恩、为人人尝了死味。

（83）希伯来书 4：2 因为有福音传给我们、像传给他们一样．只是所听见的道与他们无益、因为他们没有信心与所听见的道调和。

（84）希伯来书 4：6 既有必进安息的人、那先前听见福音的、因为不信从、不得进去。

（85）希伯来书 5：2 他能体谅那愚蒙的和失迷的人、因为他自己也是被软弱所困。

（86）希伯来书 5：11 论到麦基洗德、我们有好些话、并且难以解明、因为你们听不进去。

（87）希伯来书 5：13 凡只能吃奶的都不熟练仁义的道理、因为他是婴孩．

（88）希伯来书 6：6 若是离弃道道理、就不能叫他们重新懊悔了．因为他们把上帝的儿子重钉十字架、明明的羞辱他。

（89）希伯来书 6：13 当初上帝应许亚伯拉罕的时候、因为没有比自己更大可以指着起誓的、就指着自己起誓、说、

（90）希伯来书 7 ：21 至于那些祭司、原不是起誓立的、只有耶稣是起誓立的.因为那立他的对他说、主起了誓、决不后悔、你是永远为祭司。

（91）希伯来书 7 ：25 凡靠着他进到上帝面前的人、他都能拯救到底.因为他是长远活着、替他们祈求。

（92）希伯来书 7 ：27 他不像那些大祭司、每日必须先为自己的罪、后为百姓的罪献祭.因为他只一次将自己献上、就把这事成全了。

（93）希伯来书 8 ：4 他若在地上、必不得为祭司、因为已经有照律法献礼物的祭司。

（94）雅各书 1 ：6 只要凭着信心求、一点不疑惑.因为那疑惑的人、就像海中的波浪、被风吹动翻腾。

（95）雅各书 1 ：10 富足的降卑、也该如此.因为他必要过去、如同草上的花一样。

（96）雅各书 1 ：12 忍受试探的人是有福的、因为他经过试验以后、必得生命的冠冕.这是主应许给那些爱他之人的。

（97）雅各书 1 ：13 人被试探、不可说、我是被上帝试探.因为上帝不能被恶试探、他也不试探人。

（98）彼得前书 4 ：1 基督既在肉身受苦、你们也当将这样的心志作为兵器、因为在肉身受过苦的、就已经与罪断绝了。

（99）彼得前书 5 ：5 你们年幼的、也要顺服年长.就是你们众人也都要以谦卑束腰、彼此顺服。因为上帝阻挡骄傲的人、赐恩给谦卑的人。

（100）彼得前书 5 ：7 你们要将一切的忧虑卸给上帝、因为他顾念你们。

"被"字句

（1）马太福音 13 ：57 他们就厌弃他.耶稣对他们说、大凡先知、除了本地本家之外、没有不被人尊敬的。

（2）马可福音 6 ：4 耶稣对他们说、大凡先知、除了本地、亲属、本家之外、没有不被人尊敬的。

（3）马可福音 12 ：36 被圣灵感动、说、主对我主说、你坐在我的右边、等我使你仇敌作你的脚凳。

（4）马太福音 22 ：43 耶稣说、这样、大卫被圣灵感动、怎么还称他为主、说、

（5）路加福音 1：74 叫我们既从仇敌手中被救出来、

（6）路加福音 4：24 又说、我实在告诉你们、没有先知在自己家乡被人悦纳的。

（7）歌罗西书 3：16 当用各样的智慧、把基督的道理丰丰富富的存在心里、用诗章、颂词、灵歌、彼此教导、互相劝戒、心被恩感、歌颂上帝。

（8）帖撒罗尼迦前书 1：4 被上帝所爱的弟兄阿、我知道你们是蒙拣选的.

（9）希伯来书 10：2 若不然、献祭的事岂不早已止住了么.因为礼拜的人、良心既被洁净、就不再觉得有罪了。

（10）希伯来书 12：23 有名录在天上诸长子之会所共聚的总会、有审判众人的上帝和被成全之义人的灵魂、

（11）彼得前书 3：1 你们作妻子的要顺服自己的丈夫.这样、若有不信从道理的丈夫、他们虽然不听道、也可以因妻子的品行被感化过来.

（12）启示录 9：15 那四个使者就被释放.他们原是预备好了、到某年某月某日某时、要杀人的三分之一。

（13）启示录 12：6 妇人就逃到旷野、在那里有上帝给他预备的地方、使他被养活一千二百六十天。

（14）启示录 12：14 于是有大鹰的两个翅膀赐给妇人、叫他能飞到旷野、到自己的地方、躲避那蛇.他在那里被养活一载二载半载。

（15）路加福音 1：13 天使对他说、撒迦利亚、不要害怕、因为你的祈祷已经被听见了.你的妻子以利沙伯要给你生一个儿子、你要给他起名叫约翰。

（16）路加福音 1：15 他在主面前将要为大、淡酒浓酒都不喝、从母腹里就被圣灵充满了。

（17）路加福音 1：41 以利沙伯一听马利亚问安、所怀的胎就在腹里跳动.以利沙伯且被圣灵充满、

（18）路加福音 1：51 他用膀臂施展大能.那狂傲的人正心里妄想就被他赶散了。

（19）路加福音 1：67 他父亲撒迦利亚被圣灵充满了、就预言说、

（20）路加福音 2：34 西面给他们祝福、又对孩子的母亲马利亚说、这孩子被立、是要叫以色列中许多人跌倒、许多人兴起.又要作毁谤的话柄、叫许多人心里的意念显露出来.你自己的心也要被刀刺透。

（21）路加福音 4 ：1 耶稣被圣灵充满、从约旦河回来、圣灵将他引到旷野、

（22）路加福音 7 ：12 将近城门、有一个死人被抬出来.这人是他母亲独生的儿子.他母亲又是寡妇.有城里的许多人同着寡妇送殡。

（23）路加福音 9 ：51 耶稣被接上升的日子将到、他就定意向耶路撒冷去、

（24）路加福音 10 ：21 正当那时、耶稣被圣灵感动就欢乐、说、父啊、天地的主、我感谢你.因为你将这些事向聪明通达人就藏起来、向婴孩就显出来。父啊.是的、因为你的美意本是如此。

（25）路加福音 12 ：2 掩盖的事没有不露出来的.隐藏的事没有不被人知道的。

（26）路加福音 12 ：3 因此、你们在暗中所说的、将要在明处被人听见.在内室附耳所说的、将要在房上被人宣扬。

（27）路加福音 12 ：7 就是你们的头发、也都被数过了.不要惧怕、你们比许多麻雀还贵重。

（28）路加福音 14 ：8 你被人请去赴婚姻的筵席、不要坐在首位上、恐怕有比你尊贵的客被他请来.

（29）路加福音 14 ：10 你被请的时候、就去坐在末位上、好叫那请你的人来对你说、朋友、请上座.那时、你在同席的人面前就有光彩了。

（30）路加福音 16 ：20 又有一个讨饭的、名叫拉撒路、浑身生疮、被人放在财主门口、

（31）路加福音 16 ：22 后来那讨饭的死了、被天使带去放在亚伯拉罕的怀里.财主也死了、并且埋葬了。

（32）路加福音 22 ：37 我告诉你们、经上写着说、他被列在罪犯之中.这话必应验在我身上、因为那关系我的事必然成就。

（33）路加福音 24 ：35 两个人就把路上所遇见、和擘饼的时候怎么被他们认出来的事、都述说了一遍。

（34）正祝福的时候、他就离开他们、被带到天上去了。

（35）约翰福音 1 ：3 万物是藉着他造的.凡被造的、没有一样不是藉着他造的。

（36）约翰福音 2 ：2 耶稣和他的门徒也被请去赴席。

（37）约翰福音 3 ：14 在旷野怎样举蛇、人子也必照样被举起来、

（38）约翰福音 12：32 我若从地上被举起来、就要吸引万人来归我。

（39）约翰福音 12：34 众人回答说、我们听见律法上有话说、基督是永存的、你怎么说人子必须被举起来呢.这人子是谁呢。

（40）使徒行传 1：2 直到他藉着圣灵吩咐所拣选的使徒、以后被接上升的日子为止。

（41）使徒行传 1：9 说了这话、他们正看的时候、他就被取上升、有一朵云彩把他接去、便看不见他了。

（42）使徒行传 1：11 加利利人哪、你们为甚么站着望天呢.这离开你们被接升天的耶稣、你们见他怎样往天上去、他还要怎样来。

（43）使徒行传 1：22 就是从约翰施洗起、直到主离开我们被接上升的日子为止、必须从那常与我们作伴的人中立一位与我们同作耶稣复活的见证。

（44）使徒行传 2：4 他们就都被圣灵充满、按着圣灵所赐的口才说起别国的话来。

（45）使徒行传 2：33 他既被上帝的右手高举、又从父受了所应许的圣灵、就把你们所看见所听见的、浇灌下来。

（46）使徒行传 3：2 有一个人、生来是瘸腿的、天天被人抬来、放在殿的一个门口（那门名叫美门）、要求进殿的人赒济。

（47）使徒行传 4：23 二人既被释放、就到会友那里去、把祭司长和长老所说的话都告诉他们。

（48）使徒行传 4：31 祷告完了、聚会的地方震动、他们就都被圣灵充满、放胆讲论上帝的道。

（49）使徒行传 5：41 他们离开公会、心里欢喜、因被算是配为这名受辱。

（50）使徒行传 7：13 第二次约瑟与弟兄们相认、他的亲族也被法老知道了。

（51）使徒行传 7：16 又被带到示剑、葬于亚伯拉罕在示剑用银子从哈抹子孙买来的坟墓里。

（52）使徒行传 7：55 但司提反被圣灵充满、定睛望天、看见上帝的荣耀、又看见耶稣站在上帝的右边、

（53）使徒行传 9：17 亚拿尼亚就去了、进入那家、把手按在扫罗身上、说、兄弟扫罗、在你来的路上向你显现的主、就是耶稣、打发我来、叫你能看见、又被圣灵充满。

（54）使徒行传 9：24 他们的计谋被扫罗知道了.他们又昼夜在城门守候、
要杀他。

（55）使徒行传 9：31 那时、犹太、加利利、撒马利亚各处的教会都得平
安、被建立.凡事敬畏主、蒙圣灵的安慰、人数就增多了。

（56）使徒行传 10：29 所以我被请的时候、就不推辞而来.现在请问、你们
叫我来有甚么意思呢。

（57）使徒行传 11：24 这巴拿巴原是个好人、被圣灵充满、大有信心.于是
有许多人归服了主。

（58）使徒行传 13：4 他们既被圣灵差遣、就下到西流基、从那里坐船往
塞浦路斯去。

（59）使徒行传 13：9 扫罗又名保罗、被圣灵充满、定睛看他、

（60）使徒行传 13：52 门徒满心喜乐、又被圣灵充满。

（61）使徒行传 14：26 从那里坐船、往安提阿去.当初、他们被众人所託、
蒙上帝之恩、要办现在所做之工、就是在这地方。

（62）使徒行传 19：40 今日的扰乱本是无缘无故、我们难免被查问.论到这
样聚众、我们也说不出所以然来。

（63）使徒行传 21：4 找着了门徒、就在那里住了七天.他们被圣灵感动、
对保罗说、不要上耶路撒冷去。

（64）罗马书 3：4 断乎不能.不如说、上帝是真实的、人都是虚谎的.如经
上所记.你责备人的时候、显为公义.被人议论的时候、可以得胜。

（65）罗马书 6：20 因为你们作罪之奴仆的时候、就不被义约束了。

（66）罗马书 7：2 就如女人有了丈夫、丈夫还活着、就被律法约束.丈夫若
死了、就脱离了丈夫的律法。

（67）罗马书 8：14 因为凡被上帝的灵引导的、都是上帝的儿子。

（68）罗马书 8：28 我们晓得万事都互相效力、叫爱上帝的人得益处、就
是按他旨意被召的人。

（69）罗马书 9：1 我在基督里说真话、并不谎言、有我良心被圣灵感动、
给我作见证.

（70）罗马书 9：24 这器皿就是我们被上帝所召的、不但是从犹太人中、
也是从外邦人中.这有甚么不可呢。

（71）罗马书 11：15 若他们被丢弃、天下就得与上帝和好、他们被收纳、岂不是死而复生么。

（72）罗马书 11：23 而且他们若不是长久不信、仍要被接上、因为上帝能够把他们重新接上。

（73）罗马书 15：20 我立了志向、不在基督的名被称过的地方传福音、免得建造在别人的根基上。

（74）哥林多前书 1：9 上帝是信实的、你们原是被他所召、好与他儿子我们的主耶稣基督一同得分。

（75）哥林多前书 4：3 我被你们论断、或被别人论断、我都以为极小的事．连我自己也不论断自己。

（76）哥林多前书 7：39 丈夫活着的时候、妻子是被约束的．丈夫若死了、妻子就可以自由、随意再嫁、只是要嫁这在主里面的人。

（77）哥林多前书 7：40 然而按我的意见、若常守节更有福气．我也想自己是被上帝的灵感动了。

（78）哥林多前书 10：29 我说的良心不是你的、乃是他的．我这自由为甚么被别人的良心论断呢。

（79）哥林多前书 12：3 所以我告诉你们、被上帝的灵感动的、没有说耶稣是可咒诅的．若不是被圣灵感动的、也没有能说耶稣是主的。

（80）哥林多前书 14：5 我愿意你们都说方言、更愿意你们作先知讲道．因为说方言的、若不翻出来、使教会被造就、那作先知讲道的、就比他强了。

（81）哥林多前书 14：24 若都作先知讲道、偶然有不信的、或是不通方言的人进来、就被众人劝醒、被众人审明、

（82）哥林多后书 3：2 你们就是我们的荐信、写在我们的心里、被众人所知道所念诵的。

（83）哥林多后书 5：3 倘若穿上、被遇见的时候就不至于赤身了。

（84）哥林多后书 8：19 不但这样、他也被众教会挑选、和我们同行、把所託与我们的这捐资送到了、可以荣耀主、又表明我们乐意的心。

（85）哥林多后书 11：33 我就从窗户中、在筐子里、从城墙上被人缒下去、脱离了他的手。

（86）哥林多后书 12：2 我认得一个在基督里的人、他前十四年被提到第三层天上去.（或在身内、我不知道.或在身外、我也不知道.只有上帝知道。）

（87）哥林多后书 12：4 他被提到乐园里、听见隐秘的言语、是人不可说的。

（88）加拉太书 3：23 但这因信得救的理还未来以先、我们被看守在律法之下、直圈到那将来的真道显明出来。

（89）加拉太书 4：9 现在你们既然认识上帝、更可说是被上帝所认识的、怎么还要归回那懦弱无用的小学、情愿再给他作奴仆呢。

（90）加拉太书 5：18 但你们若被圣灵引导、就不在律法以下。

（91）加拉太书 6：1 弟兄们、若有人偶然被过犯所胜、你们属灵的人就当用温柔的心把他挽回过来.又当自己小心、恐怕也被引诱。

（92）以弗所书 1：14 这圣灵是我们得基业的凭据、直等到上帝之民被赎、使他的荣耀得着称赞。

（93）以弗所书 2：18 因为我们两下藉着他被一个圣灵所感、得以进到父面前。

（94）以弗所书 2：22 你们也靠他同被建造、成为上帝藉着圣灵居住的所在。

（95）以弗所书 5：13 凡事受了责备、就被光显明出来、因为一切能显明的就是光。

（96）以弗所书 5：18 不要醉酒、酒能使人放荡.乃要被圣灵充满。

（97）腓立比书 1：18 这有何妨呢.或是假意、或是真心、无论怎样、基督究竟被传开了.为此、我就欢喜、并且还要欢喜.

（98）腓立比书 2：17 我以你们的信心为供献的祭物、我若被浇奠在其上、也是喜乐、并且与你们众人一同喜乐。

（99）帖撒罗尼迦前书 4：17 以后我们这活着还存留的人必和他们一同被提到云里、在空中与主相遇.这样、我们就要和主永远同在。

（100）帖撒罗尼迦后书 2：13 主所爱的弟兄们哪、我们本该常为你们感谢上帝.因为他从起初拣选了你们、叫你们因信真道、又被圣灵感动、成为圣洁、能以得救。

附录二 《圣经》官话和合本篇目名称的中英文对照表

旧约全书（Old Testament）

中文名称	中文简称	英文名称	英文简称
创世纪	创	Genesis	Gn
出埃及记	出	Exodus	Ex
利未记	利	Leviticus	Lv
民数记	民	Numbers	Nb
申命记	申	Deuteronomy	Dt
约书亚记	书	Joshua	Jos
士师记	士	Judges	Jg
路得记	得	Ruth	Rt
撒母尔记上	撒上	1 Samuel	1S
撒母尔记下	撒下	2 Samuel	2S
列王纪上	王上	1 Kings	1K
列王纪下	王下	2 Kings	2K
历代志上	代上	1 Chronicles	1Ch
历代志下	代下	2 Chronicles	2Ch
以斯拉记	拉	1 Esdras	Ezr

尼希米记	尼	2 Esdras	Ne
/	/	Tobit	Tb
/	/	Judith	Jdt
以斯帖记	斯	Esther	Est
/	/	1 Maccabees	1Mc
/	/	2 Maccabees	2Mc
约伯记	伯	Job	Jb
诗篇	诗	Psalms	Ps
箴言	箴	Proverbs	Pr
传道书	传	Ecclesiastes	Qo
雅歌	歌	Song of Solomon	Sg
/	/	Wisdom of Solomon	Ws
/	/	Wisdom of Jesus Son of Sirach	Si
以赛亚书	赛	Isaiah	Is
耶利米书	耶	Jeremiah	Jr
耶利米哀歌	哀	Lamentations	Lm
/	/	Baruch	Ba
以西结书	结	Ezekiel	Ezk
但以理书	但	Daniel	Dn
何西阿书	何	Hosea	Ho
约珥书	珥	Joel	Jl
阿摩司书	摩	Amos	Am
俄巴底亚书	俄	Obadiah	Ob
约拿书	拿	Jonah	Jon
弥迦书	弥	Micah	Mi
那鸿	鸿	Nahum	Na
哈巴谷书	哈	Habakkuk	Hab
西番亚书	番	Zephaniah	Zp
哈该书	该	Haggai	Hg
撒迦利亚书	亚	Zechariah	Zc
玛拉基书	玛	Malachi	Ml

新约全书（New Testament）

中文名称	中文简称	英文名称	英文简称
马太福音	太	Matthew	Mt
马可福音	可	Mark	Mk
路加福音	路	Luke	Lk
约翰福音	约	John	Jn
使徒行传	徒	Acts	Ac
罗马人书	罗	Romans	Rm
哥林多前书	林前	1 Corinthians	1Co
哥林多后书	林后	2 Corinthians	2Co
加拉太书	加	Galatians	Ga
以弗所书	弗	Ephesians	Ep
腓立比书	腓	Philippians	Ph
哥罗西书	西	Colossians	Col
帖撒罗尼迦前书	帖前	1 Thessalonians	1Th
帖撒罗尼迦后书	帖后	2 Thessalonians	2Th
提摩太前书	提前	1 Timothy	1Tm
提摩太后书	提后	2 Timothy	2Tm
提多书	多	Titus	Tt
腓利门书	门	Philemon	Phm
希伯来书	来	Hebrews	Heb
雅各书	雅	James	Jm
彼得前书	彼前	1 Peter	1P
彼得后书	彼后	2 Peter	2P
约翰一书	约壹	1 John	1Jn
约翰二书	约贰	2 John	2Jn
约翰三书	约参	3 John	3Jn
犹大书	犹	Jude	Ude
启示录	启	Revelation	Rv

附录三 和合本前后的《圣经》官话译本情况简表[1]

译本名称	译　者	发行机构	出版年份
贺清泰译本《古新圣经》（Poirot's Version）	贺清泰（Louis de Poirot，1735-1814）	手抄本	1803
南京官话译本（新约）	麦都思（Walter Henry Medhurst，1796-1857） 约翰·施敦力（John Stronach，1810-1888）	大英圣书公会	1856
诗篇官话译本	宾为霖（William Chalmers Burns，1815-1868）		1867
北京官话译本（新约）	艾约瑟（Joseph Edkins，1823-1905） 丁韪良（William Alexander Parsons Martin，1827-1916） 包约翰（John Shaw Burdon，1827-1907） 白汉理（Henry Blodget，1825-1903） 施约瑟（Samuel Isaac Joseph Schereschewsky，1831-1906）	大英圣书公会 美国圣经会 苏格兰圣经会	1872

1　参考：尤思德著《和合本与中文圣经翻译》。

旧约全书		施约瑟	美国圣经会	1874	
新约全书	官话福音书	杨格非（Griffith John, 1831-1912）	大英圣书公会 苏格兰圣经会	1887	1899
	新约、创世记、出埃及记			1889	
	诗篇、箴言			1898	
北京官话译本（全本）		施约瑟	美国圣经会	1899	
创世记至雅歌		杨格非	苏格兰圣经会	1905	
诗篇		鲍康宁（Frederich William Baller, 1852-1922）		1908	
新约译本		赛兆祥（Absalom Sydenstricker, 1852-1931）	美华书馆	1929	
王元德译本（新约）		王元德	中华基督教会青岛分会	1933	
重译新约全书		朱宝惠	自行出版	1936	

附录四 《圣经》官话和合本出版情况简表[1]

《圣经》官话和合本单行本、全本、修订版出版情况

圣经篇目名称	出版时间
使徒行传	1899
约翰福音	1900
马可福音	1900
马太福音	1901
路加福音	1901
罗马书至腓立比书	1903
歌罗西书至帖撒罗尼迦后书	1904
希伯来书	1904
提摩太前书至腓利门书；雅各书至启示录	1905
福音书（第一次修订版）	1905
新约（第一次修订版）	**1907**
诗篇	1910

---

1 参见：尤思德著《和合本与中文圣经翻译》，第405-407页。

新约（第二次修订版）	1910
约伯记	1911
新旧约全书（新约第三次修订版；摩西五经、约伯记和诗篇第一次修订版）	1919
新旧约全书	**1919**
新旧约全书（第一次修订版）	
马太福音（修订版）	1986
新旧约全书（温和修订版）	1986
新旧约全书（温和修订版）	1988
罗马书（修订版）	1991
新旧约全书（温和修订版）	1993
新旧约全书（修订版）	2010

附录五 《圣经》官话（现代汉语）全译本简称全称对照表[1]

简 称	全 称	译 者	出版机构	出版时间
和合本 CUV	圣经官话和合本 （圣经国语和合本） Mandarin Chinese Union Version of the Bible	官话和合本委员会 （新教传教士）	联合圣经公会	1907 1919
	新经全集	萧静山	献县直隶东南耶稣会 （修订版：台中光启）	1922 （1948，1956）
王本	王元德译本	王元德	中华基督教会青岛分会	1933
朱本	重译新约全书	朱宝惠	上海竞新书馆	1936
新旧库 译本	国语新旧库译本： 新约全书	鲁亨理（Heinrich Ruck） 郑寿麟	北京新旧库 （修订版：香港）	1939
	新经全书	李山甫（G. Litvanyi，主席）、申自天（R. Archen）、狄守仁（E. Petit）、萧舜华	北平：独立出版社	1949
吕本	旧新约圣经 （吕振中译本）	吕振中	燕京大学宗教学院 二版：香港圣经公会	1946，1952 1970

---

1 参考："百度百科"、"维基百科"、"中美百万图书合作计划"、尤思德著《和合本与中文圣经翻译》。

思高本	思高圣经译释本	雷永明（G. M. Allegra）等	香港思高圣经学会（1949 年前由北京方济堂出版）	1968
	新经全集新译本	狄守仁、宋安得	台中光启	1969
	新译新约全集	萧铁笛（Theodore E. Hsiao）	香港灵粮出版社（修订版：横滨日本圣经研究会）	1976
	当代圣经（今日圣经）	翻译委员会主席：张慕皑	新力出版社（当代圣经出版社）（早起版本由香港天道书楼出版；1992 年后由香港国际圣经协会出版）	1979
	当代圣经	新力出版社	香港亚洲归主协会 中国圣经出版社	1979
现代本	现代中文译本	许牧世、周联华、王成章、焦明、骆维仁	联合圣经公会	1980
新译本	圣经新世界译本	中文圣经新译会	环球圣经公会	1976 1992
	新经	佘山修院	上海光启	1994
	牧灵圣经	王凌、李玉、姚安丽、曹雪、卢媛媛等	马德里天主教国际圣经学会	1998
恢复本	圣经恢复本	李常受主持	台北台湾福音书房	1987 2003
修订版 RCUV	和合本修订版圣经 Revised Chinese Union Version of the Bible	华人学者、牧师集体译经	香港圣经公会	2006 2010

附录六 《圣经》主要英译本情况简表[1]

简　称	全　称	出版时间
WB	Wyclif's Bible（威克利夫译本）	1380-1390
钦定版 KJV	King James Version（英王钦定版）	1611
ERV	English Revised Vision（修订版圣经）	1881 1885
ASV	American Standard Version（美国标准版圣经）	1901
RSV	Revised Standard Version（修订标准版圣经）	1946-1952
NWT	New World Translation of Holy Scriptures（圣经新世界译本）	1961 1984
NIV	New International Version（新国际版圣经）	1973 1978
NKJV	New King James Version of the Bible（新钦定版圣经）	1979-1982
NJB	The New Jerusalem Bible（新耶路撒冷圣经）	1985
NASV	New American Standard Bible（美国标准版圣经）	1995
NLT	The New Living Translation（当代圣经）	1996
RV	Recovery Version of the Bible（圣经恢复本）	1987 1997
ESV	English Standard Version（英语标准版）	2001

1　参考："百度百科"、"维基百科"。